高等教育会计类创新应用型规划教材

省级精品课程教材

U0792062

Bank Accounting

银行会计学

代桂霞 石国鑫 林莹莹 主编

东北财经大学出版社
Dongbei University of Finance & Economics Press
大连

图书在版编目（CIP）数据

银行会计学 / 代桂霞，石国鑫，林莹莹主编．—大连：东北财经大学出版社，2022.12（2024.7重印）
（高等教育会计类创新应用型规划教材）
ISBN 978-7-5654-4757-0

Ⅰ．银…　Ⅱ．①代…②石…③林…　Ⅲ．银行会计-高等学校-教材　Ⅳ．F830.42

中国版本图书馆CIP数据核字（2022）第254333号

东北财经大学出版社出版
（大连市黑石礁尖山街217号　邮政编码　116025）
网　址：http://www.dufep.cn
读者信箱：dufep@dufe.edu.cn
大连天骄彩色印刷有限公司印刷　　东北财经大学出版社发行

幅面尺寸：185mm×260mm　　字数：379千字　　印张：16
2022年12月第1版　　2024年7月第3次印刷
责任编辑：王　莹　吴　茜　周　晗　　责任校对：周小涣
封面设计：冀贵收　　版式设计：原　皓

定价：42.00元

教学支持　售后服务　联系电话：（0411）84710309
版权所有　侵权必究　举报电话：（0411）84710523
如有印装质量问题，请联系营销部：（0411）84710711

前言

党的二十大报告提出："坚持把发展经济的着力点放在实体经济上。"实体经济是强国之本、兴国之基。推动经济高质量发展，必须着力做强实体经济。金融是实体经济的血脉，要把为实体经济服务作为出发点和落脚点，更好地满足实体经济高质量发展的金融需求。银行是现代经济活动的中枢系统，是金融体系的主体，在经济运转过程中发挥着货币流通和资金清算的重要职能。银行会计作为银行的一项基础性工作，是银行经营管理的重要组成部分，是实现银行职能的重要工具，是各项业务工作的基础。它通过核算、反映和监督，实现对国民经济进行组织、控制、调节的管理职能，因此，只有懂得银行会计，才能充分了解银行，并引导金融资源更好地支持经济社会发展的重点领域和薄弱环节，以高质量的金融服务促进中国经济高质量发展。

银行会计学以金融理论和会计理论作为理论基础，着重介绍如何运用会计核算方法，促进金融宏观调控，实现金融业务活动目标，履行金融企业各项职责并服务于社会经济。通过本课程的学习，学生可以明确会计在银行整体工作中的地位、作用以及承担的任务，了解银行会计工作内容以及核算、监督、检查、分析等方面的基本理论、基础知识和基本技能，理解银行有效经营管理思想在会计上的体现，掌握会计核算方法以及运用会计核算资料对经营状况进行分析的方法。银行会计学是一门实践性很强的课程，学习该课程必须做到学练结合，并且要特别注意其与企业会计的区别。本教材的主要内容包括银行会计的基本核算方法与存款业务的核算、贷款业务的核算、现金出纳业务的核算、票据结算业务的核算、非票据结算业务的核算、金融机构往来的核算等。第一章和第二章介绍银行会计的基础知识和基本核算方法；第三章至第八章介绍银行会计各项业务的处理方法，也是本书的重点；最后两章介绍银行会计的损益及权益类的核算、年度决算，是一个会计年度银行会计的总结。

本教材的主要特色是理论和实践紧密结合，融入我国银行会计工作的最新动态；突出应用型教育，注重模拟银行会计真实环境，反映会计的应用特征；在章节安排上，注重循序渐进；在体例设计上，突出理论目标与实践目标的双重教学目标；在栏目设计上，"金牌讲师说"和"实务经验谈"分别介绍银行会计考试的相关经验、银行员工的职业道德和业务技能；"课程思政案例""思政课堂"模块是对相应章节内容思政元素的深入挖掘，通过课程思政改革实现思政教育与专业教育的有机融合。课程思政的基本目标是引导学生恪守银行会计人员"诚信为本、操守为重"的基本道德素养。银行会计作为国民经济的总出纳、总会计，要对企业、对社会尽责，遵纪守法，坚守"法不可违，规不可破"的底线。本书旨在用科学的教学理念、教学方法，培养具有家国情怀、创新思维的银行会计人才。

全书业务核算中都配有业务核算流程图，使学习内容更加清晰明了、直观；在每章末提供复习思考题；课件和习题答案等其他配套资源请登录东北财经大学出版社网站（http：//www.dufep.cn）下载使用。在我国一些高校向应用技术大学转型发展之际，本教材也可作为学生实践教学的教材，强化学生实际操作技能的训练，以达到培养应用型人才的目标，为学生毕业后从事银行会计工作打下坚实的基础。

本教材由吉林财经大学代桂霞、长春财经学院石国鑫、长春工业大学人文信息学院林莹莹主编，长春财经学院王海倩参与编写。全书共十章，具体分工如下：第一章、第二章、第三章、第四章、第五章由林莹莹编写；第六章、第七章由代桂霞编写；第八章由石国鑫编写；第九章、第十章由王海倩编写。全书由代桂霞总纂。此外，东北财经大学出版社对本书的出版提供了大力支持，在此表示诚挚的感谢！

由于时间仓促、编者水平有限，不当之处在所难免，恳请专家学者和各位读者批评指正。

编　者

2022年10月

2023年12月修改

目　录

第一章　银行会计概述

【学习目标】

理论目标：（1）了解我国银行体系的构成；（2）掌握银行会计的概念、特点、对象和基本原则；（3）了解银行会计工作的组织和会计制度。

实践目标：（1）熟练掌握银行会计的特点及其应用；（2）熟练掌握银行会计的基本原则及其应用。

【课程思政案例1-1】

大额存款“不翼而飞”，银行柜员盗取存款案

基本案情：

2022年3月17日，某银行分行逾2.5亿元存款“不翼而飞”。造成多位储户大额存款丢失的始作俑者是该行个人金融业务部总经理梁某。本案中，梁某于2018年杜撰出一个情况：国家对小微企业贷款有政策倾斜，支持小微企业发展，银行对企业放款的条件是企业做出放款额30%的存款贡献，但有一些企业没有多余资金做出存款贡献，所以希望有外来资金替企业做出存款贡献。因此，梁某先以为贷款企业做出存款贡献为由，通过多位中间人找到有闲置资金的客户到银行办理大额存款业务，承诺除给予正常的银行大额存款利息外，额外支付给中间人每个月4.5%左右的收益。在储户办理大额存款业务时，梁某许诺，除了银行规定的正常利息外，每个月还额外补贴2%的利息。随后，储户在银行办理大额存单时，被要求设置指定存单密码。在受害储户钱款存入银行后，进行存单封存时，梁某及其下属时某利用事先伪造好的大额存单，趁受害储户不备之机，将真实存单调换，随后，又以核验客户身份为由，让受害储户将身份证原件上交。利用客户身份证原件、受害储户的真实存单、事先掌握的密码，储户的钱款便被取出。

2022年11月9日，法院做出一审判决，梁某因犯盗窃罪、诈骗罪、伪造金融票证罪等，被判处无期徒刑；时某及另两名案犯分获七至十五年不等有期徒刑；责令各被告人退赔各受害储户的经济损失。

资料来源：宋亦桐．2.5亿“不翼而飞”　银行员工暗箱操作，银行如何担责再引争议［EB/OL］.［2022-03-17］. https：//www.163.com/dy/article/H2ML5RG30519DFFO.html. 有删改.

思考题：

1.近年来，储户存款、理财资金被银行员工转走、盗用的情况时有发生。那么，储户应该如何防范存款被盗用的风险呢？

2.该案例对银行有哪些启示？

3.银行员工暗箱操作盗取储户存款资金、监守自盗盗取银行金库等案件的发生，暴露出银行某些从业人员的职业道德问题。银行从业人员应该具备哪些职业道德素养，应该如何提升自己的道德水平和法律意识？

分析提示：

2020年中国银行业协会印发了《银行业从业人员职业操守和行为准则》，第三章“行为规范”中，在行为守法部分，对银行业从业人员提出了八项“严禁”，即严禁违法犯罪行为，严禁非法催收，严禁组织、参与非法民间融资，严禁信用卡犯罪行为，严禁信息领域违法犯罪行为，严禁内幕交易行为，严禁挪用资金行为，严禁骗取信贷行为；在履职遵纪部分，还提出了两项“严禁”，即严禁非法利益输送交易，严禁违规兼职谋利。

第一节 商业银行会计概述

商业银行以经营管理货币资金为其业务的核心内容，其全部经营活动都离不开货币资金的收付，所以，从货币发行到货币资金流通、存放，都需要通过会计部门进行收付、记录和反映。银行在业务经营过程中离不开会计，会计核算与银行业务处理是同步展开的，核算过程即是办理业务的过程。因此，银行会计工作始终处于经营活动的第一线。

一、商业银行会计的概念

商业银行会计是以货币为主要计量单位，采用专门的方法和核算程序，对银行的经营活动过程进行连续、全面、系统的核算和监督，为银行的管理者和有关方面提供银行财务状况、经营成果和现金流量等一系列财务会计信息的专业会计。

关于商业银行会计，还有如下定义：商业银行会计是以货币为计量单位，运用确认、计量、记录和报告等专门的会计基本原理与方法，对商业银行的业务和财务活动进行全面、连续、系统的核算、反映、控制与监督的重要信息系统和管理活动。

在理解银行会计的过程中，需要注意以下几点：

（1）实质：商业银行会计是管理活动，即管理信息系统。

（2）职能：商业银行会计的职能是反映和监督、进行预测、参与决策等。

（3）循环：商业银行会计是一个完整的确认、计量、记录和报告的过程。

（4）主体：商业银行会计的主体是商业银行。转变对会计主体的认识，是每个初学银行会计者必须要经历的过程。

（5）内容（对象）：商业银行会计是商业银行的业务经营活动。

（6）手段：商业银行会计以货币为主要计量单位。

（7）业务特点：商业银行会计具有全面、连续、系统等特点。

（8）方法：商业银行会计采用专门的会计核算方法，与工商企业、其他金融机构均不相同。

（9）会计目标：商业银行会计的目的是向会计信息的使用者提供反映银行财务状况、经营成果和现金流量的核算信息。会计信息的使用者包括所有者（投资人）、经营管理者、债权人、宏观调控部门等。

二、商业银行会计的对象

商业银行会计的对象是由银行业务活动决定的，实质上就是银行业务活动背后的资金运动。

商业银行会计的对象是指银行会计所反映和监督的内容。银行会计的对象是银行的资金及其运动结果以及由此产生的分配关系，具体包括中央银行业务（如货币发行业务、支付清算业务、经理国库业务）、商业银行业务（资产业务、负债业务以及中间业务）和银行本身的内部资金费用收支及利润成果等。商业银行会计的对象具体体现在会计的六个要素上，即资产、负债、所有者权益、收入、成本与费用、利润。

1.资产

商业银行的资产是指过去的交易或事项形成并由银行拥有或控制的、预期会给银行带来经济利益的资源。商业银行最主要的资产是贷款和投资。商业银行的资产按其流动性不同可以分为流动资产、中长期贷款、长期投资、固定资产、无形资产和其他资产。

（1）流动资产。流动资产是指商业银行拥有的可以在一年内或者超过一年的一个营业周期内变现或耗用的资产。它具体包括：①现金资产，是指商业银行存放的库存现金，以及存放中央银行款项、存放同业行和系统行款项及其他形式的现金资产；②短期贷款，是指一年以内的流动资金贷款；③短期投资，是指购入的各种能够随时变现并且持有时间不准备超过一年（含一年）的投资，包括商业银行购入的各种股票、债券和基金等；④应收及预付款项，是指商业银行在日常经营过程中发生的各种债权，包括应收账款（如应收贷款利息）和预付账款等；⑤存货，是指为业务经营需要或耗用而储存的各种资产，如各类库存物资及低值易耗品等。

（2）中长期贷款。中长期贷款是指对借款单位发放的贷款期限在一年以上的各种贷款。

（3）长期投资。长期投资是指除短期投资以外的投资，包括持有时间准备超过一年（不含一年）的各种股权性质的投资、不能变现或不准备随时变现的债券、其他债权投资和其他长期投资。

（4）固定资产。固定资产是指银行使用期限超过一年的房屋、建筑物、机器、机械、运输工具以及其他与经营有关的设备、器具、工具等。不属于主要经营设备的物品，单位价值在2 000元以上，并且使用年限超过两年的，也应当作为固定资产。

（5）无形资产。无形资产是指为生产产品、提供劳务、出租或者经营管理而持有的、没有实物形态的非货币性长期资产，包括专利权、商标权、著作权、土地使用权、非专利技术、商誉等。

（6）其他资产。商业银行的其他资产包括长期待摊费用、抵债资产、被冻结存款、被冻结物资以及涉及诉讼的财产等。

2.负债

商业银行的负债是指过去的交易或事项形成的、预期会导致经济利益流出银行的现时义务。商业银行最主要的负债是通过吸收存款获得的资金。商业银行的负债按其流动性分为流动负债和非流动负债。

（1）流动负债。流动负债是指在一年（含一年）或者超过一年的一个营业周期内偿还的债务。它具体包括：吸收的各项短期存款；向中央银行借款、同业行和系统行存放款项、同业拆入资金；应解汇款、汇出汇款；应付利息、应付职工薪酬、其他应付款、应交税费和一年内到期的长期借款等。

（2）非流动负债。非流动负债是指偿还期在一年或者超过一年的一个营业周期以上的负债。它具体包括：吸收的各种一年以上的定期存款；各种贷款基金；长期借款、应付债券、长期应付款等。

3.所有者权益

所有者权益是所有者（股东）在银行资产中享有的经济利益，从数量上看等于资产减去负债的差额。它是银行资产扣除债权人权益后应由所有者享有的部分，既反映了所有者投入资本的保值增值情况，又体现了保护债权人权益的理念。其包括投资者（所有者或者股东）初始投入的资本和商业银行经营过程中的积累资金。按照企业会计准则，我国商业银行的所有者权益包括实收资本、资本公积、盈余公积、未分配利润和一般准备。

（1）实收资本。资本金是银行的实收资本，是银行为从事业务经营活动而由投资者实际投入的资本。它是银行自主经营、自负盈亏的前提条件，也是银行最可靠、最稳定的经营资金。

（2）资本公积。资本公积是资本金的准备形态，包括资本溢价、接受捐赠资产、拨款转入、外币资本折算差额等。

（3）盈余公积。盈余公积是指按国家规定从税后利润中提取的法定盈余公积和任意盈余公积。

（4）未分配利润。未分配利润是银行经营实现的未进行分配的利润，在以后年度可继续进行分配，在未进行分配之前属于权益的组成部分。从数量上来看，未分配利润是期初未分配利润加上本期实现的净利润，减去提取的各种盈余公积和分出的利润后的余额。

（5）一般准备。一般准备是从事存贷款业务的商业银行按一定比例从净利润中提取的一般风险准备。

4.收入

收入是商业银行利用资产取得的各类经济利益的流入。商业银行的收入主要包括：利息收入、金融企业往来收入和有关金融服务收入等主营业务收入；与本行业务经营无直接关系的各种其他业务收入及营业外收入等。商业银行的收入不包括为第三方或者客户代收的款项，如代邮电部门收取的邮电费、企业代垫的工本费等。随着商业银行对中间业务重视程度的提高，非利息收入的比重逐渐提高。

5.成本与费用

成本，是指企业为提供劳务和产品而发生的各种耗费。银行的成本主要是银行在业务经营过程中发生的与业务经营有关的营业成本，包括利息支出、金融企业往来支出、手续费支出、卖出回购证券支出、汇兑损失等。

费用，是指企业为销售商品、提供劳务等日常活动所发生的经济利益的流出。银行的费用主要是银行在各项业务经营过程中所发生的各种经济利益的流出，主要包括银行在业务经营过程中发生的与主营业务有关的成本支出和与主营业务无直接关系的其他业务支出及营业外支出等。

金融企业的会计核算应当合理划分收益性支出与资本性支出。凡支出的效益仅与本会计年度相关的，应当作为收益性支出；凡支出的效益与未来几个会计年度相关的，应当作为资本性支出。在会计核算工作中划分资本性支出与收益性支出，要求企业在会计核算工作中确认支出时区分两类不同性质的支出，将资本性支出计列于资产负债表中，作为资产反映，以真实地反映企业的财务状况；将收益性支出计列于利润表中，计入当期损益，以正确地计算企业当期的经营成果。这主要是因为，资本性支出的效益可以在几个连续的会计期间发挥作用，而收益性支出的效益只在当期发挥作用。

6.利润

利润是商业银行在一定会计期间的经营成果，包括营业利润、利润总额和净利润。

营业利润，是指营业收入减去营业成本和营业费用加上投资净收益后的金额。

利润总额，是指营业利润减去税金及附加，加上营业外收入，减去营业外支出后的金额。

净利润，是指扣除资产损失后的利润总额减去所得税费用后的金额。

综上所述，商业银行会计的具体对象就是会计要素，也就是在银行业务活动和财务活动过程中以货币为计量单位来核算、反映和监督银行资金筹集与分配的增减变化过程和结果。

三、银行会计要素在其业务经营中的增减变化

1.存款业务中的资金增减变动

存款是商业银行的基本负债业务。商业银行办理存款业务时，与相应的单位、个人之间是存取款关系。存款单位、个人不断地将资金存入、支取、再存入、再支取，引起了商业银行的存款业务资金变动（如图1-1所示）。

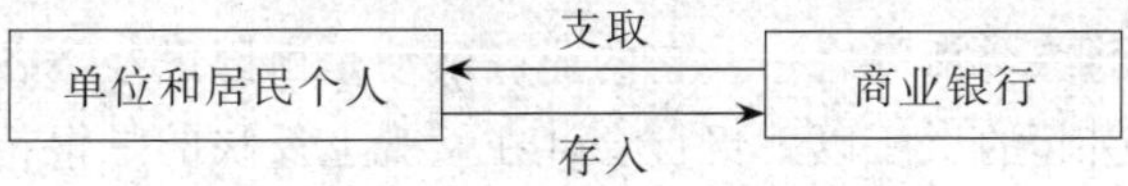

图1-1 存款业务中的资金增减变动

当存款单位、个人将资金存入商业银行时，商业银行的负债增加；当存款单位、个人支取存款时，商业银行的负债减少。

2.贷款业务中的资金增减变动

贷款是商业银行的基本营利性资产业务。商业银行办理贷款业务时，与相应的借款单位、个人之间是借贷关系。商业银行不断对借款人发放贷款和收回贷款，引起了商业银行的贷款业务资金变动（如图1-2所示）。

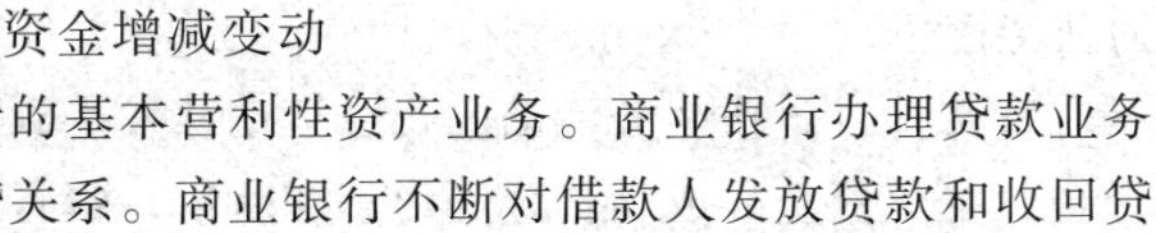

图1-2 贷款业务中的资金增减变动

当商业银行对借款单位、个人发放贷款时，商业银行的资产增加；当收回借款单位、个人归还的贷款时，商业银行的资产减少。

3.现金出纳业务中的资金增减变动

商业银行现金的收付，主要是单位和居民个人向商业银行存取货币资金（如图1-3所示）。此外，商业银行还要向其开户的人民银行领存货币资金。

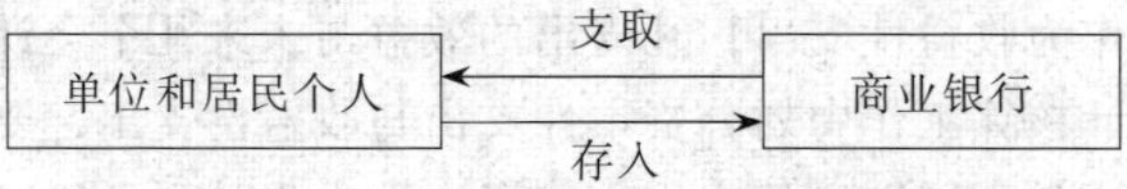

图1-3 现金出纳业务中的主要资金增减变动

当单位和居民个人向商业银行存入货币资金，或商业银行向其开户的人民银行领取货币资金时，商业银行的现金资产增加；当单位和居民个人支取货币资金，或商业银行向其开户的人民银行交存货币资金时，商业银行的现金资产减少。

第二节 商业银行会计的特点、原则和基本假设

一、商业银行会计的特点

商业银行会计与其他部门的会计相比具有较突出的特点，主要体现在以下几个方面：

1.会计核算和业务处理的统一性

与工商企业和其他非营利性机构相比，银行会计与业务的联系更加紧密。一般情况下，企业的生产业务活动和财务会计活动是分离的，生产业务活动处于整个企业生产经营过程的第一线，由生产业务部门完成；财务会计活动处于整个企业生产经营过程的第二线，由财会部门根据证明生产业务活动已发生或完成的会计凭证来完成。银行由于是经营货币资金的特殊企业，绝大部分业务活动的发生直接引起货币资金的增减变动。银行在处理各项业务的同时，必须通过会计部门来直接完成，银行会计核算的过程就是办理银行业务的过程。除了银行内部的业务外，商业银行面向客户的一线业务部门同时也是银行的会计核算部门。所以，银行会计核算活动和业务处理活动是同步进行的，是统一的。

2.反映国民经济活动情况的综合性

银行是国民经济的综合部门之一，它的业务活动是由国民经济各部门、各单位和广大城乡居民的经济活动引起的。所以，银行会计在微观上反映的是银行本身的业务活动情况和国民经济各部门、各单位及城乡居民个人的经济活动情况，通过将各分支行的会计报表逐级上报汇总，就可以综合反映出一个地区乃至全国的经济活动情况。如果说银行是国民经济的总会计，那么银行会计就是总会计的会计。

3.会计核算方法的独特性

银行经营的商品具有特殊性，各项业务活动的资金运动从发生到完成，除货币资金这一形态外，还有储备资金、生产资金、成品资金等形态。所以，银行会计具有独特的会计核算方法。

4.提供会计核算资料的准确性和及时性

银行与国民经济各部门、各单位和广大城乡居民的经济活动具有密切联系，其对外提供的资料是国家有关部门了解国民经济活动情况、制定宏观政策、进行宏观决策的重要依据。另外，银行经营的商品具有特殊性，所有这一切都要求银行会计必须及时对外提供会计核算资料。银行的会计核算活动与业务处理活动同步进行，可以体现出这一特点。更重要的是，银行每天的业务活动于当日核算完毕后，在当日账务核对无误的基础上，要编制当日的内部会计报表——日计表。银行会计提供的核算资料的及时性，是其他行业会计无法比拟的。

5.会计核算和内部监督的严密性

银行经营商品的特殊性决定了银行会计在核算手续和内部监督措施上比其他行业会计更严密。这主要体现在：现金收付款业务的换人复核、双人临柜制度，储蓄存款业务的账折见面、换人复核制度，基本核算方法的双线核算体系，当天业务当天必须入账、结账并编制当天的日计表制度，每天必须清点库存制度，以及内外对账制度等。

二、商业银行会计核算的基本假设

会计假设，又称会计假定或会计核算的基本前提，是指会计准则中规定的各种程序和方法适用的前提条件。会计核算对象的确定、会计方法的选择、会计数据的搜集等，都要以会计核算的基本前提为依据。我国银行会计核算的基本假设包括会计主体、持续经营、会计分期和货币计量。

1.会计主体

会计主体，是指会计核算应当以银行发生的各项交易或事项为对象，记录和反映银行本身的各项生产经营活动，而不能核算、反映银行的投资者或者其他经济主体的经济活动。

只有明确这一基本前提，才能划定会计所要处理的各项交易或事项的范围，才能把握会计处理的立场，才能将会计主体的经济活动与会计主体所有者的经济活动区分开来。

会计主体不同于法律主体。一般来说，法律主体必然是会计主体，但会计主体不一定是法律主体。

2.持续经营

持续经营，是指会计核算应当以企业持续、正常的生产经营活动为前提。企业是否持续经营，在会计原则、会计方法的选择上有很大差别。一般情况下，应当假定企业将会按当前的规模和状态继续经营下去，既不会停业，也不会大规模削减业务。

只要明确这个基本前提，会计人员就可以在此基础上选择会计原则和会计方法。需要注意的是，任何企业都存在破产、清算的风险，如果判断企业不会持续经营下去，就应当改变会计核算的原则和方法，并在企业财务会计报告中作相应披露。

3.会计分期

会计分期，是指会计核算应当划分会计期间，分期结算账目并编制财务会计报告。会计期间分为年度、半年度、季度和月度，均按公历起讫日期确定。其中，半年度、季度和月度均称为会计中期。

会计分期的目的在于通过会计期间的划分，将持续经营的生产经营活动划分成连续、相等的期间，据以结算盈亏，按期编报财务会计报告，从而及时向各方面提供有关企业财务状况、经营成果和现金流量的信息。

4.货币计量

货币计量，是指银行会计应以货币为计量尺度。它包括三层含义：一是假设货币币值保持不变。二是银行会计表内核算的对象只包括能用货币计量的经济活动，表内核算方法采用借贷记账法。三是我国商业银行会计核算以人民币为记账本位币。业务收支以人民币以外的货币为主的商业银行，可以选定其中一种货币作为记账本位币，但是编报的财务会计报告应当折算为人民币。在境外设立的中国商业银行向国内报送的财务会计报告应当折算为人民币。

三、商业银行会计基础

根据《企业会计准则——基本准则》的要求，商业银行的会计核算应当以权责发生制为基础。凡是当期已经实现的收入和已经发生或应当负担的费用，不论款项是否收付，都应当作为当期的收入和费用；凡是不属于当期的收入和费用，即使款项已在当期收付，也不应当作为当期的收入和费用。有时，企业发生的货币收支业务与交易或事项本身并不完全一致。为了明确会计核算的确认基础，更真实地反映特定会计期间的财务状况和经营成果，就要求企业在会计核算过程中以权责发生制为基础。权责发生制属于会计要素确认与计量方面的要求，它解决的是收入和费用何时确认及确认多少的问题。

四、银行会计信息质量要求

1.客观性

金融企业的会计核算应当以实际发生的交易或事项为依据，如实反映其财务状况、经营成果和现金流量。企业提供会计信息是为了满足会计信息使用者的决策需要，因此，应做到内容真实、数字准确、资料可靠。在会计核算工作中坚持这一原则，就应当在会计核算时客观地反映企业的财务状况、经营成果和现金流量，保证会计信息的真实性；应当在会计工作中正确运用会计原则和方法，准确反映企业的实际情况；应当使会计信息能够经受检验和核实。

2.可比性

金融企业应当按照规定的会计处理方法进行会计核算，会计指标应当口径一致、相互可比。不同的会计主体可能处于不同地区，各经济业务发生于不同的时间，为了保证会计信息能够满足决策的需要，便于比较不同会计主体的财务状况、经营成果和现金流量，只要是相同的交易或事项，就应当采用相同的会计处理方法。

3.相关性

金融企业提供的会计信息应当能够反映其财务状况、经营成果和现金流量，以满足会计信息使用者的需要。会计信息的价值在于其与决策相关，有助于决策。在会计核算工作中坚持这一基本原则，就要求在收集、加工、处理和提供会计信息的过程中，充分考虑会计信息使用者的信息需求。

4.明晰性

金融企业的会计核算应当清晰明了，便于理解和利用。提供会计信息的目的在于使用。要使用会计信息，首先必须了解会计信息的内涵，弄懂会计信息的内容，这就要求会计核算和财务会计报告清晰明了。在会计核算工作中坚持明晰性原则，要求会计记录准确、清晰，在填制会计凭证、登记会计账簿时必须做到依据合法、账户对应关系清楚、文字摘要完整，在编制会计报表时必须做到钩稽关系清楚、项目完整、数字准确。

5.及时性

金融企业的会计核算应当及时进行，不得提前或延后。会计核算的意义在于及时为会计信息使用者提供可靠的决策信息。在会计核算过程中坚持这一基本原则，必须做到以下三点：一要及时收集会计信息；二要及时处理会计信息；三要及时传递会计信息。

6.谨慎性

谨慎性原则又称稳健性原则，要求银行在对交易或者事项进行会计确认、计量和报告时保持应有的谨慎，不应高估资产或收益、低估负债或费用，应合理核算可能发生的损失和费用。

7.实质重于形式

金融企业应当按照交易或事项的实质和经济现实进行会计核算，不应当仅仅把它们的法律形式作为会计核算的依据。这是因为，在实际工作中，交易或事项的外在法律形式或人为形式并不总能完全真实地反映其实质内容。

8.重要性

金融企业的会计核算应当遵循重要性原则。对于那些对资产、负债、损益等有较大影响进而影响财务会计报告使用者据以做出合理判断的重要会计事项，必须按照规定的会计方法和程序进行处理，并在财务会计报告中予以充分披露；对于次要的会计事项，在不影响会计信息真实性和不致误导会计信息使用者做出正确判断的前提下，可适当简化处理。

第三节 银行会计工作的组织

一、银行会计机构

商业银行会计机构是银行内部领导、组织和直接从事会计工作的职能部门，是银行职能机构体系的重要组成部分。

银行会计机构的设置，应当与该行的管理体制、业务量相适应。目前我国银行的管理体制实行分支行制，相应地，在每一级银行都要设置会计机构，一般实行四级核算制，即总行设会计司，分行设会计处，地（市）中心支行设会计（部）科，县（市）支行设会计科（股）。办事处或营业所不设置独立的会计机构，但必须配备专职会计人员和会计主管，负责处理会计工作。

根据以上核算制度，银行会计各部门的职能分工如下：（1）总行、分行和中心支行设置的会计司、处、部、科，是会计工作的管理机构；（2）县（市）支行的会计科、股，多数既是会计工作的管理机构，又是直接办理柜台业务的部门；（3）储蓄所等基层营业机构，是直接办理对外业务、从事会计核算的部门。

银行会计要求由全行汇总为一张会计报表，全行效益由总行负责。具体来说，总行对各分行下达目标责任考核指标，分行对各支行下达目标责任考核指标，支行为基本核算单位，各下级行处的会计部门，除了应在行长的领导下开展会计工作外，还应接受上级行处会计部门的领导。因此，从银行会计机构的领导关系来看，实行的是自上而下的纵向领导关系；从银行会计机构账表的划报程序来看，实行的是自下而上的纵向逐级划报。另外，从银行会计机构的业务范围来看，支行及其所属办事处和营业所是直接对外办理业务的基层行处，称为基层行（或经办行）；支行以上的中心支行、分行及总行的会计机构不直接对外办理业务，是银行内部会计工作的管理机构，称为管理行（或管辖行）。

二、银行会计工作的劳动组织和会计人员

1.银行会计工作的劳动组织

银行会计工作的劳动组织，是指基层的经办行会计机构人员的分工和组织形式。由于各经办行的会计人员素质高低不齐，业务量多少不一，业务范围不同，会计核算手段有先进与落后之分，因而所选择的劳动组织形式也不完全相同。我国银行的支行及其所属的办事处或营业所会计工作的劳动组织形式主要有以下两种：

（1）专柜制。专柜制是指按照经济业务的内容由3~5人组成专柜或小组，负责办理对各客户的资金收付存取、联行往来、综合核算等业务的劳动组织形式。这种形式主要适用于实行手工操作的支行及其所属的办事处或营业所。

（2）柜员制。柜员制是指银行专设的接柜员在受理业务的同时，兼办出纳、记账、复核等项工作的劳动组织形式。这种形式主要适用于电算化程度非常高的支行及其所属的办事处或营业所。

当前，我国商业银行电子化设备齐全，银行会计部门人员的分工和组织形式主要采用柜员制。

2.银行会计人员

银行会计机构是由会计人员组成的，会计机构的工作任务是由会计人员操作完成的。银行会计部门处于银行业务活动的第一线，是“银行的钱柜”，而会计人员是掌管“钱柜”钥匙的人。随着我国金融改革的深化和金融服务业的逐步开放，会计人员只有不断提高水平，才能适应客观形势发展的需要。因此，银行会计人员必须具备较高的政治素质和业务水平，熟悉国家颁布的财经法规、会计制度，同时还要精通业务技术，懂得电脑操作。会计人员的政治素质、业务水平是决定银行会计工作质量的关键因素。商业银行会计人员包括会计主管和一般会计人员。

（1）会计主管

会计主管是各级会计管理部门、会计控制部门、后台处理部门的负责人以及基层会计机构会计业务负责人，包括总行会计主管、分行会计主管、分行部门会计主管以及基层营业机构会计主管，主要职责是负责银行会计核算的管理工作。

（2）一般会计人员

一般会计人员是从事本外币对公和对私会计结算业务和各项代理业务的一般会计管理人员和业务处理人员，包括从事经办、复核、授权、监督、检查辅导、制度管理、参数管理、风险管理等会计管理或者账务的人员。

一般会计人员的主要职责如下：①对外办理存取款、计息业务，包括输入电脑记账，打印凭证、存折、存单，收付现金；②办理营业用现金的出入库、保管，并做好登记；③领发、登记和保管存单、存折等重要空白凭证和有价单证，登记有价单证和重要空白凭证登记簿；④办理柜台轧账，打印轧账单，清理、核对当班库存现金，结存有价单证和重要空白凭证，正确使用和保管业务用章和名章；⑤处理与管辖行会计部门的内部往来业务；⑥办理年度结息；⑦办理所在行处的对账，整理凭证并编制科目日结单，打印所在行处的流水账，定期打印总账、明细账、存款科目分户账、表外科目登记簿，备份数据及打印，装订与保管会计凭证、账、表、簿等会计资料，以备事后监督；⑧编制营业日、月、

季、年度报表。

银行会计人员的权限主要有：①有权要求开户单位及本行的其他业务部门认真执行财经纪律和银行有关规章制度、办法，如有违反，会计人员有权拒绝办理。对违法乱纪行为，会计人员有权拒绝受理，并向本行行长或上级行报告。②有权越级反映情况。会计人员在行使职权过程中，对违反国家政策、财经纪律和财务制度的事项，同本行处主管行长（主任）意见相悖时，遇主管行长（主任）坚持办理的，会计人员可以执行，但有权保留意见和越级向上级行提出书面报告，请求处理。③有权对本行各职能部门在资金使用、财产管理、财务收支等方面实行会计监督。

【思政课堂1-1】

银行业从业人员职业操守和行为准则（节选）

第一章 总则

第一条【宗旨及依据】

为规范银行业从业人员职业行为，提高中国银行业从业人员整体素质和职业道德水准，在银行业内建立良好的清廉文化，维护银行业良好信誉，促进银行业的健康发展，依据《中华人民共和国商业银行法》《中华人民共和国银行业监督管理法》等法律法规及《中国银监会关于印发银行业金融机构从业人员职业操守指引的通知》《中国银监会关于印发银行业金融机构从业人员行为管理指引的通知》《银行业协会工作指引》《中国银行业协会章程》等有关规范，制定本准则。

……

第二章 职业操守

第三条【爱国爱行】

银行业从业人员应当拥护中国共产党的领导，认真贯彻执行党和国家的金融路线方针政策，严格遵守监管部门要求，认真践行服务实体经济、防范化解金融风险、深化金融改革的任务；热爱银行业工作，忠诚金融事业，切实履行岗位职责，爱岗敬业，努力维护所在银行商业信誉，为银行业改革发展做出贡献。

第四条【诚实守信】

银行业从业人员应当恪守诚实信用原则，真诚对待客户，珍视声誉、信守承诺，践行“三严三实”的要求，发扬银行业“三铁”精神，谋事要实、创业要实、做人要实，通过踏实劳动实现职业理想和人生价值。

第五条【依法合规】

银行业从业人员应当敬畏党纪国法，严格遵守法律法规、监管规制、行业自律规范以及所在机构的规章制度，自觉抵制违法违规违纪行为，坚持不碰政治底线、不越纪律红线，“一以贯之”守纪律，积极维护所在机构和客户的合法权益。

第六条【专业胜任】

银行业从业人员应当具备现代金融岗位所需的专业知识、执业资格与专业技能；树立终身学习和知识创造价值的理念，及时了解国际国内金融市场动态，不断学习提高政策法规、银行业务、风险管控的水平，通过“学中干”和“干中学”锤炼品格、补充知识、增长能力。

第七条【勤勉履职】

银行业从业人员应当遵守岗位管理规范，严格执行业务规定和操作规程，防范利益冲突和道德风险，尽责、尽心、尽力做好本职工作。

第八条【服务为本】

银行业从业人员应当秉持服务为本的理念，以服务战略、服务实体经济、服务客户为天职，借助科技赋能，竭诚为客户和社会提供规范、快捷、高效的金融服务。

第九条【严守秘密】

银行业从业人员应当谨慎负责，严格保守工作中知悉的秘密、商业秘密、工作秘密和客户隐私，坚决抵制泄密、窃密等违法违规行为。

资料来源：中国银行业协会. 关于印发《银行业从业人员职业操守和行为准则》的通知（银协发〔2020〕120号）[EB/OL]. [2020-09-07]. https://www.china-cba.net/Index/show/catid/15/id/36995.html.

三、银行会计制度

按照《中华人民共和国会计法》（以下简称《会计法》）的解释，国家统一的会计制度，是指国务院财政部门根据本法制定的关于会计核算、会计监督、会计机构和会计人员以及会计工作管理的制度。企业会计制度是企业的一项重大制度，一方面受国家法令和制度的约束，另一方面要符合相应的条件。基层单位的会计制度要根据统一的企业会计制度规定，并符合企业的内部条件。

企业会计制度是各项会计业务的具体处理办法，通常包括以下几个方面：一是有关会计制度的原则规定，一般称为总则，包括会计工作的任务、会计制度所应遵循的原则等；二是有关会计业务核算的具体规定，例如会计科目及其使用方法的规定，会计凭证、账簿、记账程序和记账方法的规定，会计报表的格式及其编制方法；三是有关财产管理、成本计算方面的规定，例如有关固定资产和各项流动资金核算办法的规定、成本计算办法等；四是有关财产清查、会计人员交接和会计档案管理方面的规定等。

银行会计制度是处理会计事项的原则、程序和方法的总称，是规范和约束银行会计工作的标准和措施。银行会计人员在办理银行业务和处理账务时，必须按照银行会计制度的规定规范运作，以保证银行业务处理的正确性和会计信息的准确、可靠性。

银行会计制度实行“统一领导，分级管理”的会计管理体制，根据中国人民银行统一的会计规章制度及实施细则组织实施。银行的会计工作应在行长的领导下，由运营管理部作为会计工作的主管部门，对全行会计工作实行统一管理。行长对本行的会计工作和会计资料的真实性、完整性负责。任何单位和个人不得以任何方式授意、指使、强令会计机构、会计人员伪造、变造会计凭证、会计账簿和其他会计资料，提供虚假的会计报告。

目前，我国的银行会计制度体系由《会计法》、企业会计准则（1个基本准则、42个具体准则、36个应用指南、1个附录——会计科目和主要账务处理）和《金融企业财务规则》三个层次构成。

1.《会计法》

《会计法》是银行会计核算法规制度体系的第一层内容。《会计法》是一切会计工作最重要的根本大法，是我国会计法规、制度体系的基本法，是会计核算工作最高层次的规范。1985年1月，《会计法》经全国人民代表大会第六届第九次会议通过后以主席令的方式发布，同年7月开始施行，并于1993年12月进行了第一次修正，1999年10月进行了修订，2017年11月又进行了第二次修正。

2.企业会计准则

企业会计准则是会计核算工作的基本规范，就会计核算的原则和会计处理方法及程序做出规定，为会计制度的制定提供直接依据。

企业会计准则是开展会计核算工作必须共同遵守的基本要求，体现了会计核算的规律，是对会计核算要求所做的原则性规定，为具体准则和会计制度的制定提供基本架构。我国会计准则由财政部负责制定和解释，报国务院批准后颁布施行。会计准则分为基本准则和具体准则两个层次。

1992年11月颁布、自1993年7月1日起施行的企业会计准则是基本准则性质的会计准则，对会计核算的一般原则以及会计要素的确认、计量和报告原则做出了明确规定。2006年以来，财政部公布了修订后的企业会计准则。《企业会计准则——基本准则》居于主导地位，规范了企业财务报告目标、会计基本假设、会计信息质量要求、会计要素的定义及确认计量原则和财务报告等基本问题，是制定具体准则的基础，对各项具体准则的制定起着统驭作用，并确保各项准则的一致性。具体准则是根据基本准则的要求，对经济业务的会计处理及其程序做出的具体规定。修改后的企业会计准则取消了过去分行业的会计制度，就各类企业会计实务的具体业务、各项经济交易或事项的处理等由若干具体准则加以规范，截至2022年已发布42个具体准则。

3.《金融企业财务规则》

《金融企业财务规则》规范的主要内容和结构适用于所有金融企业，是国家财政根据金融企业特点，重点从加强金融企业财务管理、规范金融企业财务行为、促进金融企业法人治理结构的建立和完善、防范金融企业财务风险、保护金融企业及相关方合法权益、维护经济社会秩序的角度来予以规范。各商业银行可以根据以上规定，制定适合本行的会计核算办法，从而作为银行开展会计工作具体而直接的依据。

中国特色社会主义进入新时代，以数字经济快速发展，大数据、人工智能、移动互联网、物联网、区块链为代表的新一代信息技术在银行中广泛运用，极大地改变了银行传统的业务模式和会计制度的适应性，银行会计制度凸显出一定的局限性，对现有银行会计概念、会计原则、会计核算、会计目标和财务报告都产生了影响，因此，应进一步完善银行会计制度，尽快适应这一新变化，推动制度创新，为推动新时代新技术发展做出贡献。

【本章小结】

本章主要讲授商业银行会计的定义、对象，银行会计的特点、基本原则和假设，银行会计工作组织与会计制度。

商业银行会计是以货币为主要计量单位，采用专门的方法和核算程序，对银行的经营活动过程进行连续、全面、系统的核算和监督，为银行的管理者和有关方面提供银行财务状况、经营成果和现金流量等一系列财务会计信息的专业会计。

商业银行会计的对象是由银行业务活动决定的，实质上就是银行业务活动背后的资金运动，具体体现在会计的六个要素上，即资产、负债、所有者权益、收入、费用与成本、利润。

银行会计的特点主要有：(1) 会计核算和业务处理的统一性；(2) 反映国民经济活动情况的综合性；(3) 会计核算方法的独特性；(4) 提供会计核算资料的准确性和及时性；(5) 会计核算和内部监督的严密性。

根据《企业会计准则——基本准则》的规定，银行会计核算必须遵循的四项基本假设是会计主体、持续经营、会计分期、货币计量。会计基础是权责发生制。银行会计信息质量要求是指对银行财务报告中所提供的会计信息质量的基本要求。根据企业会计准则，银行会计信息质量要求主要包括客观性、可比性、相关性、明晰性、及时性、谨慎性、实质重于形式、重要性。

我国银行的管理体制实行分支行制，相应地，每一级银行都要设置会计机构，一般实行四级核算制，即总行设会计司，分行设会计处，地（市）中心支行设会计（部）科，县（市）支行设会计科（股）。办事处或营业所不设置独立的会计机构，但必须配备专职会计人员和会计主管，负责处理会计工作。

目前，我国银行的支行及其所属的办事处或营业所会计工作的劳动组织形式主要是柜员制。

【复习思考题】

一、单项选择题

1.（　）是银行的资产。

A.存款　B.贷款　C.借款　D.利息收入

2.货币计量是在会计核算中将货币作为计量单位，以反映经济活动情况，前提假定是（　）。

A.币值变动，会计账务随之调整　B.币值不变

C.币种不变　D.现值记账

3.会计是一种（　）。

A.经济活动　B.经济监督活动

C.经济管理活动　D.经济核算活动

4.租赁资产的所有权不属于承租人，但承租人却作为资产核算，这是依据（　）原则。

A.谨慎性　B.重要性　C.真实性　D.实质重于形式

5.商业银行会计核算应当以（　）为基础。

A.可比性原则　B.重要性原则　C.权责发生制原则　D.收付实现制原则

6.根据会计信息质量的（　）要求，银行应当在确认、计量和报告会计信息的过程中，充分考虑使用者的决策模式和信息需要。

A.重要性　B.相关性　C.及时性　D.谨慎性

7.银行资本（或股本）溢价应记入（　）。

A.实收资本　B.资本公积　C.盈余公积　D.未分配利润

8.根据会计信息质量的（　）要求，银行应当按照规定提取贷款损失准备。

A.重要性　B.相关性　C.及时性　D.谨慎性

9.业务收支以人民币以外的货币为主的商业银行，可以选定其中一种货币作为记账本位币，但是在编报的年终财务报告中应当折算为（　　）。

A.人民币　　B.外币　　C.美元　　D.业务货币

10.下列各项中属于商业银行资产的是（　　）。

A.再贷款　　B.吸收存款

C.存放中央银行准备金　　D.实收资本

11.下列各项中属于商业银行负债的是（　　）。

A.同业存放款项　　B.存放同业款项

C.投资　　D.票据贴现

12.资产是预期能给企业带来经济利益，并且是由（　　）。

A.过去的交易、事项形成并由企业拥有的经济资源

B.过去的交易、事项形成并由企业控制的经济资源

C.过去的交易、事项形成并由企业拥有或控制的经济资源

D.未来的交易、事项形成并由企业拥有或控制的经济资源

13.所有者权益是所有者在企业资产中所享有的（　　）。

A.应尽义务　　B.全部权利　　C.全部债权　　D.经济利益

14.（　　）是银行的费用。

A.活期储蓄存款　　B.股本

C.利息支出　　D.利息收入

15.银行会计制度实行（　　）原则。

A.分级领导，统一管理　　B.统一领导，分级管理

C.统一领导和管理　　D.分级领导和管理

二、多项选择题

1.下列各项中可以是会计主体的有（　　）。

A.法人企业　　B.子公司

C.企业集团　　D.个体企业

2.会计主体假定的意义主要体现在（　　）。

A.划定会计所要处理业务的范围

B.分清会计主体和会计主体所有者的行为

C.区别于法律主体

D.区别于非法律主体

3.会计分期是将持续不断的经营活动划分为连续相等的期间，以计算各期盈亏，编制财务会计报表，具体包括（　　）。

A.年度　　B.半年度

C.季度　　D.月度

4.会计核算的基本前提是对会计所处的时间、空间做出的假定，具体包括（　　）。

A.会计主体　　B.持续经营

C.会计分期　　D.货币计量

5.会计中期指的是（　　）。

A.年度　　B.半年度

C.季度　　D.月度

6.商业银行会计工作的任务主要包括（　　）。

A.正确组织会计核算　　B.实施会计监督

C.真实提供会计信息　　D.编制统计报表

7.商业银行会计的具体对象包括（　　）。

A.资产　　B.负债及所有者权益

C.收入和成本费用　　D.利润

8.银行会计信息质量要求主要包括（　　）。

A.客观性和相关性　　B.可比性和明晰性

C.及时性和谨慎性　　D.重要性和实质重于形式

9.银行会计人员的职业道德包括（　　）。

A.热爱自己的岗位，树立职业道德观念

B.提高服务意识和守法合规意识

C.在业务处理中保持客观公正

D.钻研专业技能，精通业务，有能力胜任会计工作

10.下列各项关于持续经营的表述中，正确的有（　　）。

A.企业按照当前的规模和状态无限期地延续下去

B.在可预见的未来不会破产

C.指的是企业集团

D.假定在一年当中不分期

三、判断题

1.会计主体必须是独立核算的法人企业。合伙企业、个人独资企业是非法人企业，因此不属于会计主体。（　　）

2.商业银行是经营货币信用业务的特殊部门，每一项业务的发生、处理及结果都纳入会计核算过程，体现了会计核算和业务处理过程的同步性。（　　）

3.商业银行经营有着自身的特殊性，因此对于会计一般原则，只能在有选择的基础上执行。（　　）

4.只有以持续经营为前提，才能将资产分为流动资产、非流动资产，资产也才能采用历史成本计价。（　　）

5.相关性原则是指会计核算提供的信息应当与会计信息使用者的决策相关。（　　）

6.预期未来发生的交易或事项可以作为银行增加或减少资产的依据。（　　）

7.货币计量是指以人民币作为会计计量单位。（　　）

8.实质重于形式就是法律实质重于经济形式。（　　）

9.商业银行会计由商业银行经营的特殊性所决定，其核算方法亦具有特殊性，因此，对于国家规定的一般会计原则、规章，商业银行不能执行。（　　）

10.商业银行会计的特点之一是“会计一般原则和银行会计核算原则执行的统一性”。（　　）

11.所有者权益是所有者在企业资产中享有的经济利益，金额是资产加上负债后的合计。（　　）

12.某银行报废固定资产一项，处置的残值变价收入为20 000元，处置过程中的拆除费用、人工费用、运输费用等开支为21 500元，超出变价收入的部分为费用。（　　）

13.会计计量以货币作为计量标准。为准确计量，当货币币值发生变化时，会计应当按照变化了的币值进行账务调整。（　　）

14.凡属全国银行业统一贯彻执行并对全国银行业会计工作具有广泛约束力的会计制度，由中华人民共和国财政部、中国人民银行和中国银行保险监督管理委员会制定。（　　）

第二章　基本核算方法

【学习目标】

理论目标：(1) 掌握银行会计科目的分类；(2) 掌握复式记账方法中的借贷记账法；(3) 了解银行会计凭证的种类和格式；(4) 掌握银行会计账务组织的过程和方法，熟悉账务处理过程。

实践目标：(1) 熟练掌握银行会计科目的具体使用；(2) 熟练应用借贷记账法；(3) 掌握凭证的编制、审核、传递。

【课程思政案例2-1】

银行人员代办存折和取款业务的法律后果

基本案情：

某县村民王某想要贷款10万元进行生猪养殖场扩建，贷款期限为一年。该县某银行支行信贷员高某对王某进行了贷前实地调查，并进行了相关财务分析，通过了贷款申请，并进行行内审批，顺利通过了该项贷款。信贷员高某通知借款人王某来行签订贷款合同并提供银行贷款发放所用的该行储蓄存折。但王某并无该行储蓄存折，并且表示因为正处春耕季节，自己实在脱不开身，没办法去银行办理上述业务，所以请求高某代其开办存折。高某由于在本村还有其他业务，要去村里做调查，于是就答应了王某的要求。高某次日到王某家中拿了王某的身份证，并把银行贷款合同拿去给王某签字，之后回到银行代王某开立存折，并履行贷款发放程序，将贷款发放到该存折上。业务办理完成后，高某联系王某，告知他贷款已经发放，过几天把存折给其送去。但是，王某提出，把存折送给他之后，他还得跑去县里银行支取款项，反正身份证在高某手中，不如让高某直接把款项支取出来给他送去。高某按照王某的说法进行该项操作，两天后去村里时把钱、存折、贷款合同送到了王某家中。

一年后贷款到期，王某没能按时还贷，此时高某才发现王某的生猪养殖出现问题，已经无法归还贷款。高某对其进行贷款催缴，但王某却辩解称未从该行贷过款，对于银行保留的贷款合同、借据、存折复印件等材料王某均予以否认，说签字是高某让他签的，签的是什么自己并不清楚，没在该行开办过存折，也没凭该存折取过款。银行管理人员通过核查监控录像，发现存折的开办和存款的支取业务均由信贷员高某代为办理，遂产生贷款纠纷。

思考题：

1. 该案例中，银行人员的违规行为有哪些？`

2. 银行应该如何加强内控管理，防范银行柜台业务风险？

分析提示：

违规代客是银行员工在办理业务过程中代理银行和客户双方进行交易的行为。这种行为非常容易出现法律风险，不但混淆了银行与客户之间的关系，产生民事法律风险，更为危险的是，可能引发挪用、盗用客户资金、诈骗、非法集资、职务侵占等刑事风险，影响银行的声誉。《中国银监会办公厅关于进一步加强银行业务和员工行为管理的通知》规定，商业银行应建立员工代理开户业务风险隔离制度，禁止营业网点员工在本网点代理他人开户。

由于会计记录、反映和监督企业的各项活动，所以只有采用一定的技术方法，才能保证会计任务的有效完成。这些为保证完成会计目标而在程序上规定的各项技术方法就是会计方法。会计方法是随着经济发展水平的提高、管理理念的提升以及全社会业务活动的发展而逐渐完善的。

银行会计的核算方法是根据会计的基本原理，结合银行业务的具体特点，对会计对象进行连续、全面、系统、分类的反映、核算和监督过程中采用的专门方法。银行会计核算方法主要包括基本核算方法和各项业务的核算处理方法两大类。银行会计的基本核算方法是会计核算方法的基本原理在银行账务处理过程中的具体表现，是会计核算必须遵循的基本要求和规定。其内容主要包括会计科目的设置、记账方法的原理和应用、会计凭证的填制和审核、账务组织和会计报表的编制等。各项业务的核算处理方法是基本核算方法在各项具体业务处理过程中的应用，其内容将在后面章节详细介绍。

第一节 会计科目

一、会计科目的概念

会计科目是对会计对象的具体内容按其不同的性质和经济管理的要求进行分类核算的一种方法，是设置账户、归集和记载各项经济业务的依据。银行会计科目是对银行会计对象的具体内容所做的分类，即对银行的各项业务活动和财务状况按银行会计核算的要求划分为若干类别，规定一定的名称。商业银行会计科目根据国家统一的企业会计准则，结合商业银行实际，按照政策要求、资金性质、业务条件、产品特点、经营管理和核算需要设置。在商业银行的日常会计核算中，从填制会计凭证到核算结束，会计科目始终起着总括分类的重要作用，具有重要的意义。

二、会计科目的作用

会计科目在企业会计核算中发挥的作用，归纳起来主要有以下三个方面：

1.会计科目是会计核算的基础和纽带

会计科目是设置账户、填制凭证、登记账簿和编制会计报表等一系列核算方法的前提和依据。银行在经营过程中发生的不同类型的经济业务，必然涉及资产、负债、所有者权益、收入、费用和利润等会计要素项目的增减变动。因此，银行为了分类反映和监督各类经济活动，必须设置会计科目和账户，构建会计报表的框架结构。

运用记账原理填制记账凭证、设计和登记账簿、编制会计报表等一系列核算工作都离不开会计科目。通过会计科目的设置，各种核算方法能够结合运用，形成一个有机的核算体系，确保会计核算科学、有序的进行，所以会计科目在会计核算中发挥着纽带的作用。

2.会计科目是综合反映国民经济情况、提供会计核算资料的工具

银行每天要办理数量众多、种类繁杂的经济业务，以会计科目作为概括业务内容、体现资金性质的标志，可以起到组织和归类的作用，从而使全部核算资料条理化、系统化，并取得系统的核算资料和信息，为研究分析银行的业务经营、财务管理以及考核计划执行、经济效果提供依据。同时，资金在不同会计科目之间游动，将各种形式的经济活动用统一的货币符号表现出来，形成连续的经济信息，使得不同行处之间、银行与投资人之间、同业之间、银行与其他相关主体之间的信息交换成为可能。

3.会计科目是统一核算口径的基础

每一个会计科目都具体体现特定的核算内容，规定了一定的科目名称和代号，互不混淆。各级行处在核算处理和报表反映方面都有统一的口径。即使各银行增设系统内使用的会计科目，也应与全国银行统一会计科目有归属合并的关系，以利于会计资料的审核汇总和分析利用。在全国范围内，各地区、各金融行业都按照各自上级主管部门规定的会计科目进行分类核算，按相同的口径进行汇总和分析利用，使得在不同时间、不同行处（营业地点）发生的同一种经济业务可以按照统一的会计科目和账户进行归集和反映，保证了全行、全国范围内核算口径一致，这样就为报表使用者提供了连续、可比、全面、综合的会计信息，为有关方面进行宏观经济决策、预测提供信息。

三、会计科目设置的要求

银行会计科目是会计核算的基础，而我国银行是自主经营、自负盈亏、自担风险的经济实体，会计科目设置合理与否，直接关系到会计核算程序能否顺利进行，进而影响到银行内部管理者和外部利益相关者获取信息的准确性，所以银行必须按照以下要求设置会计科目：

1.银行业务特点和经营管理的要求

在我国银行体系中，各家银行由于性质不同，其业务分工也存在一定的差别，即使同一家银行所办理的业务也是多种多样的。为了满足不同业务的核算需要，应设置专门的会计科目。另外，银行作为一个经济实体，必须对经营资产的安全性、流动性和盈利性负责，向投资人、债权人报告其经营活动及经营业绩。因此，银行会计科目的设置必须考虑银行业务特点和经营管理的要求。

2.国家有关政策与宏观管理的要求

作为全社会的资金运营中心，银行与国民经济各部门、各单位、各企业有着十分密切的经济联系。银行会计反映出来的信息关系到从上到下、从行内到行外各级管理者的决策水准，因此，银行会计科目的设置应与国家有关政策及宏观管理的需要相适应。

3.组织会计核算的要求

会计科目是经济业务分类的标志，会计科目的设置要以保证会计核算工作的顺利进行为前提，会计科目名称的含义要准确，每一个会计科目的核算范围要界限分明，整个会计科目体系能够全面反映银行的业务活动。此外，会计科目还要方便实用、详略得当，能够适应银行会计核算的需要。

4.国际会计通用标准的要求

随着我国会计准则与国际会计准则的趋同，为了满足深化改革开放的需要，会计科目

的设置应适当考虑国际会计通用标准，如按照权责发生制、稳健性要求设置会计科目，以真实反映债权债务情况以及在经营过程中可能发生的损失，降低投资风险。

四、会计科目的分类

会计科目依据资金性质、业务特点和核算管理的要求设置，并且按照所反映对象的属性进行科学分类。根据不同的标准，会计科目有不同的分类。

1.按照会计科目与会计报表的关系进行分类

（1）表内科目。表内科目是指用于核算银行资产、负债、所有者权益的实际增减变化以及损益发生情况的科目，其余额反映在资产负债表或利润表等会计报表中。表内科目包括资产类科目、负债类科目、资产负债共同类科目、所有者权益类科目、损益类科目。表内科目用于复式记账的会计核算过程。

（2）表外科目。表外科目是指核算业务确已发生而尚未涉及资金增减变化、需要记载实物库存数量变化和备忘登记的事项，其余额不反映在资产负债表、利润表等会计报表中。表外科目包括代保管有价值物品、重要空白凭证、银行承兑汇票等。表外科目用于单式记账的会计核算过程。表外科目按照业务类型和事项性质，可以分为以下三类科目：

①或有事项类科目，又可以分为或有资产类科目、或有负债类科目，用于核算担保业务、票据承兑、托收代收等。或有资产类科目和或有负债类科目相互对应。

②委托-代理业务类科目，反映商业银行接受客户委托所开展的不占用自身资金的业务。但是，为了对重要的委托-代理业务进行反映和监督，需要将其纳入表内核算，比如委托贷款、委托存款等。

③备查登记表类科目，用于核算承诺事项和远期、期货、期权、互换等金融衍生业务，以及一些不涉及银行资金增减变化的重要业务事项，如有价单证、重要空白凭证、代保管有价值物品、收到重要凭据等。

2.按照会计科目所反映的经济内容进行分类

（1）资产类科目。资产类科目是反映银行各项资产和债权增减变化情况的会计科目，设置“库存现金”“存放中央银行款项”“贷款”等科目。这类科目按照流动性又可以分为流动资产、长期投资、固定资产、无形资产和其他资产。资产类科目借方数额表示资产的增加数，贷方数额表示资产的减少数，余额一般在借方。

（2）负债类科目。负债类科目是反映银行各项负债之间变化情况的会计科目，设置“短期借款”“向中央银行借款”“应付利息”等科目。这类科目按照流动性又可以分为流动负债、应付债券、长期负债等。负债类科目借方数额表示负债的减少数，贷方数额表示负债的增加数，余额一般在贷方。

（3）资产负债共同类科目。资产负债共同类科目是反映银行各项资产和负债的双重性科目，设置“清算资金往来”“外汇买卖”等科目。资产负债共同类科目有时反映资产的增减变动，有时反映负债的增减变动。该类科目余额在借方表示资产，在贷方表示负债。

（4）所有者权益类科目。所有者权益类科目是反映银行所有者权益增减变化的科目，设置“实收资本”“资本公积”“盈余公积”“利润分配”等科目。所有者权益类科目借方数额表示所有者权益的减少数，贷方数额表示所有者权益的增加数，余额一般在贷方。

（5）损益类科目。损益类科目是反映一定时期内银行各项收入的取得、各项成本和费用的开支的会计科目，设置“利息收入”“投资收益”“利息支出”“营业外支出”等科目。损益类科目借方数额表示增加数，贷方数额表示减少数或转销数。损益类科目期末一般没有余额。

银行会计科目见表2-1，表中对企业会计准则规定的会计科目作了适当删减。

表2-1 **银行会计科目表（节选）**

序号	编号	会计科目
		一、资产类
1	1001	库存现金
2	1002	银行存款
3	1003	存放中央银行款项
4	1011	存放同业
5	1015	其他货币资金
6	1031	存出保证金
7	1051	拆出资金
8	1101	交易性金融资产
9	1111	买入返售金融资产
10	1121	应收票据
11	1122	应收账款
12	1123	预付账款
13	1131	应收股利
14	1132	应收利息
15	1231	其他应收款
16	1241	坏账准备
17	1251	贴现资产
18	1301	贷款
19	1302	贷款损失准备
20	1311	代理兑付证券
21	1321	代理业务资产
22	1401	材料采购
23	1402	在途物资
24	1403	原材料
25	1404	材料成本差异

续表

序号	编号	会计科目
26	1405	库存商品
27	1406	发出商品
28	1407	商品进销差价
29	1408	委托加工物资
30	1412	包装物及低值易耗品
31	1431	贵金属
32	1441	抵债资产
33	1451	损余物资
34	1471	存货跌价准备
35	1501	债权投资
36	1502	债权投资减值准备
37	1503	其他债权投资
38	1511	长期股权投资
39	1512	长期股权投资减值准备
40	1521	投资性房地产
41	1531	长期应收款
42	1532	未实现融资收益
43	1601	固定资产
44	1602	累计折旧
45	1603	固定资产减值准备
46	1604	在建工程
47	1605	工程物资
48	1606	固定资产清理
49	1701	无形资产
50	1702	累计摊销
51	1703	无形资产减值准备
52	1711	商誉
53	1801	长期待摊费用
54	1811	递延所得税资产
55	1901	待处理财产损溢

续表

序号	编号	会计科目
		二、负债类
56	2001	短期借款
57	2002	存入保证金
58	2003	拆入资金
59	2004	向中央银行借款
60	2005	再贴现
61	2011	活期存款
62	2012	同业存放款项
63	2013	地方财政库款
64	2014	待结算财政款项
65	2015	代理财政预算外资金
66	2016	应解汇款及临时存款
67	2017	通知存款
68	2018	定期存款
69	2020	活期储蓄存款
70	2021	贴现负债
71	2022	银行卡存款
72	2023	财政存款
73	2025	定期储蓄存款
74	2101	交易性金融负债
75	2111	卖出回购金融资产款
76	2201	应付票据
77	2202	应付账款
78	2203	预收账款
79	2205	合同负债
80	2211	应付职工薪酬
81	2221	应交税费
82	2231	应付股利
83	2232	应付利息

续表

序号	编号	会计科目
84	2241	其他应付款
85	2312	代理承销证券款
86	2313	代理兑付证券款
87	2314	代理业务负债
88	2401	递延收益
89	2411	预计负债
90	2501	长期借款
91	2502	应付债券
92	2701	长期应付款
93	2702	未确认融资费用
94	2711	专项应付款
95	2801	预计负债
96	2901	递延所得税负债
		三、资产负债共同类
97	3001	清算资金往来
98	3002	外汇买卖
99	3101	衍生工具
100	3201	套期工具
101	3202	被套期项目
		四、所有者权益类
102	4001	实收资本
103	4002	资本公积
104	4101	盈余公积
105	4102	一般风险准备
106	4103	本年利润
107	4104	利润分配
108	4201	库存股
		五、成本类
109	5001	生产成本
110	5101	制造费用
111	5201	劳务成本
112	5301	研发支出

续表

序号	编号	会计科目
		六、损益类
113	6001	主营业务收入
114	6011	利息收入
115	6021	手续费及佣金收入
116	6051	其他业务收入
117	6061	汇兑损益
118	6101	公允价值变动损益
119	6111	投资收益
120	6301	营业外收入
121	6401	主营业务成本
122	6402	其他业务支出
123	6403	税金及附加
124	6411	利息支出
125	6421	手续费及佣金支出
126	6601	销售费用
127	6602	管理费用
128	6603	财务费用
129	6701	资产减值损失
130	6711	营业外支出
131	6801	所得税费用
132	6901	以前年度损益调整

五、科目代号、账户与账号

1.科目代号

科目代号是指在确定银行会计科目时为了便于账务处理而设置的代号。会计科目应严格按照规定的代号和核算内容进行使用。总行专用科目及账户，未经授权，分支行不得使用；已停用的会计科目，不得再有发生额；已撤销的会计科目，在下一个会计年度的开始时删除该科目。

会计科目分为一级科目和二级科目。其中，一级科目代号一般由4位数字组成，二级科目代号一般由6位数字组成。科目代号的编排具有一定的规律。

一级科目代号的编排规则是：第一位数字代表科目所属的大类，即1代表资产类科目，2代表负债类科目，3代表资产负债共同类科目，4代表所有者权益类科目，5代表成本类科目，6代表损益类科目，7~9代表表外科目及补充资料；第二位数字代表科目所属的小类；第三、四位数字表示该科目的顺序号。

二级科目代号的编排规则是：前四位数字表示其所属的一级科目；第五、六位数字表示其在该一级科目下的顺序号。

对会计科目加以编号，便于识别和使用，为编制会计分录、编制汇总凭证、登记账簿、编制报表、查阅会计资料等日常会计事项的处理以及促进计算机在会计柜台的应用提供了便利。

2.账户与账号

账户是指具有一定结构，用以分类记录经济业务引起会计要素的增减变动及其结果的一种记账载体。账户是根据会计科目设置的，用来对会计科目所包括的经济内容进行详细分类核算，以反映会计要素的具体增减变化情况和结果。在实际工作中，银行账户的划分有两种：一种是按其开户的对象，可将银行账户划分为对内账户和对外账户两大类。对内账户，是根据银行本身业务经营管理上的需要而设置的银行内部专用账户，如在“固定资产”科目下，按固定资产的分类设立账户；对外账户，是银行在业务经营中对经营客户或往来行设立的账户。另一种是根据核算的详细程度不同，银行账户可以分为总分类账户和明细分类账户。账户的具体表现形式是一种具有一定格式和结构的表格。

银行开立的各种对外账户，均应由经办行为开户单位编列账号。账号一般由行号、科目代号、顺序号、计算机识别号四部分组合而成。一般来说，行号由5位数字组成，科目代号由3位数字组成，顺序号至少由4位数字组成，计算机识别号由1位数字组成，所以，银行账号一般由10位以上数字组成。银行账号是开户单位和银行办理业务、签发凭证和记账的主要依据之一。在有关业务处理中，通过账号就可以初步判断出该单位的经济性质和隶属关系，防止串户，方便工作，有利于核算。

3.账户与会计科目的关系

会计科目和账户均是对会计要素分类核算的手段。会计科目是账户的总称，对其所辖账户起统驭作用；账户是会计科目的基础，是明细核算的依据，对会计科目起补充作用，其性质随其所属的科目性质而定。会计科目提供综合资料，账户提供详细资料，二者是总体与部分的关系。在一个会计科目之下设置几个账户，要根据该科目的核算范围和管理要求来确定。每个账户都应当反映一定的经济内容，账户之间应有严格界限，不能混淆。

第二节 记账方法

一、记账方法的含义

记账方法是在核算过程中，按照一定的规则和原理，采用特定的记账符号，分门别类地记录各项经济业务并登记账簿的一系列专门技术方法的总称。它是一项重要的基础性工作，关系到后续整个银行会计的工作，所以在会计核算体系中占据重要地位。记账方法按记录方式的不同，分为单式记账法和复式记账法。一般来说，在银行会计中，经济业务发生后，涉及表内科目增减变化的，采用复式记账法；未引起表内科目增减变化但涉及表外科目增减变化的，采用单式记账法。

二、单式记账法

单式记账法是指每一项经济业务的发生只在一个相关科目进行登记的记账方法。因为该方法只在一个科目中对发生的经济业务进行登记，所以它对经济业务来龙去脉的反映不完整，也会对会计记录的正确性和完整性的审核造成影响。单式记账法的优点在于记账手续简单，不像复式记账法那样繁杂。在银行会计中，单式记账法主要应用于表外科目的核算。比如，商业银行对业务中使用的重要空白凭证、未发行的国家债券、待结算凭证、待保管有价值物品等应设置表外科目登记，并进行单式记账，即以收入和付出作为记账符号，账簿设“收入”“付出”“余额”三栏，业务事项发生时记收入，销账或减少时记付出，余额表示结存或剩余。

三、复式记账法

复式记账法是指对银行发生的每一笔经济业务，都要以相等的金额同时在两个或两个以上对应的账户中进行登记的一种记账方法。这种记账方法的优点在于能够全面反映银行经济业务的来龙去脉和实际情况，便于检查账户记录的正确性和完整性，所以，复式记账法是比较完善的记账方法。在我国，银行采用过的复式记账法有借贷记账法、增减记账法和收付记账法三种，目前银行统一采用借贷记账法。银行对于表内科目的会计核算一般采用借贷记账法。

四、借贷记账法的主要内容

借贷记账法，是根据复式记账原理，以“借”“贷”作为记账符号，以“有借必有贷，借贷必相等”为记账规则，用以记录和反映经济业务发生而导致的会计要素增减变化过程及其结果的一种复式记账方法。借贷记账法的主要内容包括记账主体、记账符号、记账规则和试算平衡四个方面。

1.记账主体

借贷记账法是以会计科目为主体，按照复式记账法的原理，将反映银行会计对象的会计科目分为资产类、负债类、资产负债共同类、所有者权益类和损益类五个大类。在经济业务发生后，根据其内在的经济联系，以会计科目的性质为依据，确定记账方向及对应关系。

2.记账符号

借贷记账法以“借”和“贷”作为记账符号，表明会计科目的记账方向，反映资金增减变化情况。一般来说，每一个账页均分为借方、贷方和余额三个基本栏目，通常是借方在左，贷方在右。“借”和“贷”作为记账符号，在不同资金性质的账户内代表着不同的含义。在具体应用时，其方法为：

（1）资产类账户：资产增加数记借方，资产减少数记贷方，余额在借方，表示期末资产的实际数额。

（2）负债类账户：负债减少数记借方，负债增加数记贷方，余额在贷方，表示期末负债的实际数额。

（3）资产负债共同类账户：资产增加数和负债减少数记借方，资产减少数和负债增加数记贷方，余额有时在借方，有时在贷方。

（4）所有者权益类账户：所有者权益减少数记借方，所有者权益增加数记贷方，余额在贷方，表示期末权益的实际数额。

（5）损益类账户：其损失视同资产类账户处理，收益则视同负债类账户处理。所以，损益类账户中收入类账户的记账方法是收入的减少数和结转数记借方，收入的增加数记贷方，期末结转后无余额；损益类账户中费用支出类账户的记账方法是费用支出的增加数记借方，费用的减少数和结转数记贷方，期末结转后无余额。

借贷记账法下各类账户的结构具体归纳为表2-2。

表2-2 **借贷记账法下各类账户的结构**

账户类别	借方	贷方
资产类	资产的增加； 资产的余额	资产的减少
负债类	负债的减少	负债的增加； 负债的余额
资产负债共同类	资产的增加、负债的减少； 资产大于负债的余额	资产的减少、负债的增加； 负债大于资产的余额
所有者权益类	所有者权益的减少	所有者权益的增加； 所有者权益的余额
损益类（费用） 损益类（收入）	费用支出的增加； 收入的减少和结转	费用支出的减少和结转； 收入的增加

3.记账规则

记账规则是“有借必有贷，借贷必相等”。

借贷记账法是以“资产=负债+所有者权益”这一恒等式为理论基础来设计的复式记账法，它要求按每项经济业务涉及的资金增减变化的内在联系确定其应记的科目和记账方向。当经济业务发生时，同时要引起至少两个账户发生变化，根据所涉及资金增减变化的内在联系，在确定应记账户的基础上，必须以相等的金额记入一个账户的借方和另一个账户（或几个账户）的贷方，或记入一个账户的贷方和另一个账户（或几个账户）的借方。每笔业务的会计分录必须借贷平衡，并且任何情况下都不会破坏借贷相等的平衡关系。

银行发生的会计事项对资产、负债、所有者权益、收入、费用和利润要素的影响可以概括为以下几种类型：

（1）资产增加或减少，负债或所有者权益同时增加或减少；

（2）负债增加或减少，所有者权益同时减少或增加（资产增加或减少）；

（3）收入增加或减少，同时资产增加或减少（负债减少或增加）；

（4）费用增加或减少，同时资产减少或增加（负债增加或减少）。

4.试算平衡

试算平衡是以“资产=负债+所有者权益”的平衡公式为依据，并以“试算平衡表”为平衡工具来检查和平衡账务的方法。由于借贷记账法是以“资产=负债+所有者权益”

的平衡原理设计的，并以“有借必有贷，借贷必相等”为记账规则，从而保证了在一定时期内每项经济业务的借贷双方发生额和余额合计数必然相等。

试算平衡表是反映商业银行各一级科目余额和发生额情况的报表（见表2-3）。由于试算平衡表是分项目按一级科目排列的，反映每一个项目和科目的期初、期末余额及本期发生额情况，因此，试算平衡表实质上是动态地反映了商业银行财务状况和经营成果的明细情况。

表2-3 **试算平衡表** 单位：元

科目名称	期初余额		本期发生额		期末余额	
	借方	贷方	借方	贷方	借方	贷方
合计						

（1）发生额平衡公式

发生额平衡公式是根据借贷记账法的记账规则“有借必有贷，借贷必相等”确定的：

全部账户的借方发生额合计数=全部账户的贷方发生额合计数

（2）余额平衡公式

余额平衡公式是根据资金平衡公式“资产=负债+所有者权益”确定的：

全部账户的借方余额合计数=全部账户的贷方余额合计数

经过试算平衡，借贷方的发生额和余额合计数相等，表明会计分录和账务记载是正确的；反之，则表明会计分录和账务记载有误。银行每天均须按总账各科目的借方、贷方的发生额和余额填制日计表，进行试算平衡。

五、借贷记账法应用举例

以下是某银行的部分经济业务：

【例2-1】储户李楠从其活期储蓄存款账户中支取现金8 000元。

借：活期储蓄存款——李楠户 8 000

贷：库存现金 8 000

【例2-2】银行发放给开户单位环球服务公司6个月的贷款800 000元。

借：贷款——环球服务公司户 800 000

贷：活期存款——环球服务公司户 800 000

【例2-3】环球服务公司开出现金支票支付货款560 000元，持票人来提现金。

借：活期存款——环球服务公司户 560 000

贷：库存现金 560 000

【例2-4】银行签发现金支票一张，从人民银行存款中支取现金800 000元。

借：库存现金 800 000

贷：存放中央银行款项 800 000

【例2-5】客户王宇持一年期定期存单来销户，支付其定期存款本金5 000元，利息80元。

借：定期储蓄存款——王宇户 5 000

利息支出 80

贷：库存现金 5 080

六、表外科目的记账方法

除了银行表内科目记载所采用的记账方法外，银行也有一些不必经过表内科目核算但必须记载反映的业务事项，这些事项应通过表外科目核算，如重要空白凭证、有关委托事项等。我国银行目前采用单式收付记账方法，即以收入和付出作为记账符号，在业务事项发生时记收入，注销或冲减时记付出，余额表示尚未结算的业务事项。

表外科目的记账金额，一般按经济业务发生额或凭证的票面额记载，有些控制实物数量的表外科目则按假定价格记载。

单式记账法应用举例：

【例2-6】银行收到重要的空白凭证支票100本，用单式记账法记账如下：

收入：重要空白凭证——支票2 500元

【例2-7】开户单位来银行购买空白支票1本，用单式记账法记账如下：

付出：重要空白凭证——支票25元

第三节　会计凭证

一、会计凭证的含义和作用

1.会计凭证的含义

会计凭证是各项业务活动和财务活动的原始记录，是办理收付和记账的依据，是核对账务和事后查考的重要依据。银行会计凭证是银行各项业务和财务收支的书面证明。在银行内部，会计凭证也称为“传票”。

2.会计凭证的作用

银行在处理每一笔业务事项的过程中都需要填制会计凭证。它是银行会计核算的起点，对于组织会计核算、保证会计核算质量和业务活动的正常进行具有重要作用。具体说来，会计凭证的作用包括以下三个方面：

（1）会计凭证的取得和使用，是银行办理有关资金收付业务、登记账簿的依据。没有会计凭证就无法入账，银行处理的每一笔业务都必须有据可查、有录可记。

（2）会计凭证的填制和审查，是明确经济责任，发挥银行会计监督、控制职能的手段。作为书面证明的会计凭证，在办理每一项业务时都必须填制。从填制会计凭证起，会计核算的过程便开始了。会计凭证在填制完以后，一般要求盖有单位和会计人员的印章，比如原始凭证盖有经办人员、审批人员及单位公章，记账凭证盖有记账员、复核员、会计主管的印章，当出现账务不平或者银行与单位之间账项不符等情况时，通过核对会计凭证，便可以找出责任人，及时纠正。同时，银行会计的事后检查和监督都需要根据会计凭证来进行。所以，会计凭证是会计核算的基础，确保了银行会计核算工作有条不紊的进行。

(3) 会计凭证是贯彻国家政策、保证国家财产安全的手段。由于会计凭证是银行经办的各项业务的真实凭证，因此，通过对已经填制的会计凭证的审核，可以反映银行和各部门、各单位、各企业的业务活动是否遵守党和国家的方针政策。同时，由于银行的业务活动直接关系到国家财产安全，比如吸收存款、发放贷款、办理结算、经理国库、发行货币、处理外汇业务等，所以，通过编制和审核会计凭证，保证银行会计核算的准确无误，就能够保证国家财产免受损失。

二、会计凭证的种类

1.按填制程序和用途分类

(1) 原始凭证

原始凭证是指在经济业务发生时直接取得或填制的凭证。原始凭证记载着大量的经济信息，是用来证明经济业务实际发生或完成情况、明确经济责任、据以编制记账凭证的原始根据。因此，与记账凭证相比，原始凭证具有更强的法律效力。

原始凭证所应具备的一般要素包括：①凭证的名称；②填制凭证单位的名称和接受凭证单位的名称及开户行名称和行号；③填制凭证的日期；④经济业务的内容；⑤数量、单价和金额；⑥经办人员或单位的签名或盖章。

原始凭证按其来源不同，可分为外来原始凭证和自制原始凭证。外来原始凭证是在经济业务发生时从外部取得的凭证，如开户单位签发的各种结算凭证、从其他商业银行收到的划款通知等。自制原始凭证是办理各种业务时，根据业务需要而自行填制的凭证，如银行填制的特种转账借方、贷方凭证，利息计算清单等。

(2) 记账凭证

记账凭证是由原始凭证经过业务处理后产生，或根据原始凭证编制的凭证，它是登记账簿的直接依据。银行的记账凭证由于需要在银行内部的不同部门之间传递，所以俗称“传票”。

记账凭证除具备原始凭证的有关要素内容外，还必须具备转账日期、会计分录、附件张数、银行记账复核人员盖章等内容。

银行的记账凭证按其生成方式可分为人工填制凭证和计算机打印凭证。其中，人工填制凭证分为人工制单且不需要计算机认证的凭证和人工制单需要计算机认证的凭证两类；计算机打印凭证分为由经办人员录入凭证要素，经复核后由计算机自动输出的凭证和计算机批处理后自动打印的凭证两类。银行的记账凭证，按其记账对象不同可分为明细账记账凭证和总账记账凭证。

商业银行在办理各项业务过程中，为了避免重复劳动，提高工作效率，较普遍地用审核后的单位或客户来行办理业务所提交的原始凭证代替记账凭证。

2.按填制方式分类

(1) 单式记账凭证

单式记账凭证是指一张凭证只填记一个会计科目或账户。也就是说，当一笔经济业务发生时，由于其涉及两个或两个以上的会计科目，所以一般需要填制两张或两张以上的会计凭证。它的优点是在繁杂的银行业务办理中，可以及时传递，便于记账、传递和分类汇总；不足之处在于不能集中反映一项业务，给以后的查找带来麻烦。

（2）复式记账凭证

复式记账凭证是指一笔经济业务涉及的所有会计科目都填制在一张会计凭证上。其优点在于每张凭证都单独反映一笔经济业务，方便日后查找；不足之处在于不便于分工记账和分类汇总。

3.按格式和使用范围分类

（1）基本凭证

基本凭证是指银行根据有关原始凭证及业务事实自行编制并作为记账依据的凭证。基本凭证按性质分为三大类：

①供银行内部使用，不对外销售和传递的凭证，主要有现金收入凭证（见表2-4）、现金付出凭证（见表2-5）、转账借方凭证（见表2-6）、转账贷方凭证（见表2-7）。这类凭证适用于现金收付业务和转账业务。

表2-4 **中国××银行现金收入凭证**

（借）库存现金

（贷）________ 年 月 日 第 号

户名或账号	摘要	金额								
		百	十	万	千	百	十	元	角	分
合　计										

会计 出纳 复核 记账

表2-5 **中国××银行现金付出凭证**

（借）________

（贷）库存现金 年 月 日 第 号

户名或账号	摘要	金额								
		百	十	万	千	百	十	元	角	分
合　计										

会计 出纳 复核 记账

表2-6　　**中国××银行转账借方凭证**

年　月　日　　　　第　号

科目（借）________　　　　对方科目（贷）________

<table>
<tr><td rowspan="2">户名或账号</td><td rowspan="2">摘要</td><td colspan="9">金额</td></tr>
<tr><td>百</td><td>十</td><td>万</td><td>千</td><td>百</td><td>十</td><td>元</td><td>角</td><td>分</td></tr>
<tr><td></td><td></td><td></td><td></td><td></td><td></td><td></td><td></td><td></td><td></td><td></td></tr>
<tr><td></td><td></td><td></td><td></td><td></td><td></td><td></td><td></td><td></td><td></td><td></td></tr>
<tr><td></td><td></td><td></td><td></td><td></td><td></td><td></td><td></td><td></td><td></td><td></td></tr>
<tr><td></td><td></td><td></td><td></td><td></td><td></td><td></td><td></td><td></td><td></td><td></td></tr>
<tr><td colspan="2">合　计</td><td></td><td></td><td></td><td></td><td></td><td></td><td></td><td></td><td></td></tr>
</table>

会计　　出纳　　复核　　记账

表2-7　　**中国××银行转账贷方凭证**

年　月　日　　　　第　号

科目（贷）________　　　　对方科目（借）________

<table>
<tr><td rowspan="2">户名或账号</td><td rowspan="2">摘要</td><td colspan="9">金额</td></tr>
<tr><td>百</td><td>十</td><td>万</td><td>千</td><td>百</td><td>十</td><td>元</td><td>角</td><td>分</td></tr>
<tr><td></td><td></td><td></td><td></td><td></td><td></td><td></td><td></td><td></td><td></td><td></td></tr>
<tr><td></td><td></td><td></td><td></td><td></td><td></td><td></td><td></td><td></td><td></td><td></td></tr>
<tr><td></td><td></td><td></td><td></td><td></td><td></td><td></td><td></td><td></td><td></td><td></td></tr>
<tr><td></td><td></td><td></td><td></td><td></td><td></td><td></td><td></td><td></td><td></td><td></td></tr>
<tr><td colspan="2">合　计</td><td></td><td></td><td></td><td></td><td></td><td></td><td></td><td></td><td></td></tr>
</table>

会计　　出纳　　复核　　记账

②供银行内部使用，不对外销售但对外传递的凭证，主要有特种转账借方凭证（见表2-8）、特种转账贷方凭证（见表2-9）。这类凭证适用于未设专用凭证但又涉及外单位的一切转账业务。

表2-8　　**特种转账借方凭证**　　总字第　号

中国××银行特种转账借方传票

<table>
<tr><td rowspan="3">收款单位</td><td>全　称</td><td colspan="3"></td><td rowspan="3">付款单位</td><td>全　称</td><td colspan="3"></td></tr>
<tr><td>账号或地址</td><td colspan="3"></td><td>账号或地址</td><td colspan="3"></td></tr>
<tr><td>开户银行</td><td></td><td>行　号</td><td></td><td>开户银行</td><td></td><td>行　号</td><td></td></tr>
<tr><td rowspan="2">金额</td><td colspan="8">人民币
（大写）</td><td>千 百 十 万 千 百 十 元 角 分</td></tr>
<tr><td>原凭证金额</td><td></td><td>赔偿金</td><td></td><td colspan="5" rowspan="2">科目(借)________</td></tr>
<tr><td>原凭证名称</td><td></td><td>号　码</td><td></td><td></td></tr>
<tr><td>转账原因</td><td colspan="4">银行盖章</td><td colspan="5">对方科目(贷)________
会计　　复核　　记账</td></tr>
</table>

表2-9　　**特种转账贷方凭证**　　总字第　号

中国××银行特种转账贷方传票

<table>
<tr><td rowspan="3">收款单位</td><td>全　称</td><td colspan="3"></td><td rowspan="3">付款单位</td><td>全　称</td><td colspan="10"></td></tr>
<tr><td>账号或地址</td><td colspan="3"></td><td>账号或地址</td><td colspan="10"></td></tr>
<tr><td>开户银行</td><td></td><td>行　号</td><td></td><td>开户银行</td><td colspan="4"></td><td colspan="3">行　号</td><td colspan="3"></td></tr>
<tr><td rowspan="2">金额</td><td colspan="6" rowspan="2">人民币
（大写）</td><td>千</td><td>百</td><td>十</td><td>万</td><td>千</td><td>百</td><td>十</td><td>元</td><td>角</td><td>分</td></tr>
<tr><td></td><td></td><td></td><td></td><td></td><td></td><td></td><td></td><td></td><td></td></tr>
<tr><td colspan="2">原凭证金额</td><td></td><td>赔偿金</td><td></td><td colspan="12" rowspan="2">科目（贷）________</td></tr>
<tr><td colspan="2">原凭证名称</td><td></td><td>号　码</td><td></td></tr>
<tr><td>转账原因</td><td colspan="4">银行盖章</td><td colspan="12">对方科目（借）________
会计　　复核　　记账</td></tr>
</table>

③特定业务使用的凭证，主要有表外科目收入凭证（见表2-10）、表外科目付出凭证（见表2-11）。

表2-10　　**中国××银行表外科目收入凭证**

<table>
<tr><td rowspan="2">科目</td><td rowspan="2"></td><td colspan="9">总字第　号</td></tr>
<tr><td colspan="9">字第　号</td></tr>
<tr><td rowspan="2">摘要</td><td rowspan="2">账号或账户</td><td colspan="9">金额</td></tr>
<tr><td>百</td><td>十</td><td>万</td><td>千</td><td>百</td><td>十</td><td>元</td><td>角</td><td>分</td></tr>
<tr><td></td><td></td><td></td><td></td><td></td><td></td><td></td><td></td><td></td><td></td><td></td></tr>
</table>

附件　张

会计　　复核　　记账

表2-11　　**中国××银行表外科目付出凭证**

<table>
<tr><td rowspan="2">科目</td><td rowspan="2"></td><td colspan="9">总字第　号</td></tr>
<tr><td colspan="9">字第　号</td></tr>
<tr><td rowspan="2">摘要</td><td rowspan="2">账号或账户</td><td colspan="9">金额</td></tr>
<tr><td>百</td><td>十</td><td>万</td><td>千</td><td>百</td><td>十</td><td>元</td><td>角</td><td>分</td></tr>
<tr><td></td><td></td><td></td><td></td><td></td><td></td><td></td><td></td><td></td><td></td><td></td></tr>
</table>

附件　张

会计　　复核　　记账

（2）特定凭证

特定凭证是指银行根据特殊业务的需要而编制的具有特定格式的专用凭证，如现金支票、转账支票、电汇凭证、信汇凭证等。这类凭证一般由银行统一印制，由客户填写或联行寄来，银行据以办理业务。

4.按重要程度分类

（1）一般凭证

一般凭证是指银行在日常经营活动中使用的基本凭证。

（2）重要凭证

重要凭证是指银行在经营活动中使用的特定凭证，主要包括有价证券和一些重要空白凭证。有价证券是指那些有价值的特殊单证，如国库券、定额支票、定额储蓄存单等，一经银行签发，持票者就具有支取款项的权利。重要空白凭证是指由银行印制、具有特定用途但尚未填写签章的空白凭证，如本票、支票、存单、存折、银行汇票等，待银行或单位填写并加盖印章后，持票者就具有支取款项的权利。重要空白凭证要通过表外科目核算，设置登记簿进行控制，并由会计主管人员定期对账面结余和库存数进行检查控制。

三、银行会计凭证的处理过程

银行会计凭证的处理是指从金融业受理或填制凭证开始，经过审核、传递、记账，到装订保管为止的全过程。

1.银行会计凭证的填制

编制会计凭证是银行会计核算的起点。它包括两方面的含义：第一，当外来客户提交特定凭证时，在特定凭证的有关栏目内填写会计分录、记账日期等内容并签章；第二，当外来客户提交的原始凭证不能代替记账凭证记账以及处理没有外来凭证的经济业务时，根据业务内容自行编制基本凭证。

（1）银行会计凭证的基本要素

银行会计凭证的基本要素是指作为银行记账依据的会计凭证上所载有的相关信息。各种会计凭证所包含的基本要素主要有以下各项：

①填制日期，即年、月、日；

②收付款单位的户名和账号；

③收付款单位开户行的名称和行号；

④人民币或外币符号和大小写金额；

⑤款项来源、用途或摘要及附件张数；

⑥会计分录和凭证编号；

⑦客户按照有关规定加盖的印章；

⑧经办银行及有关人员的印章。

（2）银行会计凭证的填制要求

银行每发生一笔经济业务，都需要填制会计凭证，并且采取单式凭证，要求一个科目一张凭证，一个账户一张凭证。会计凭证的填制分为现金业务收入的填制和转账业务的填制两种：银行每发生一笔现金业务收入或支出，都要填制现金收入或支出传票，只需要填制一张即可；银行每发生一笔转账业务，都要分别填制转账借方传票和转账贷方传票，至少填制两张传票，并且借贷双方数额相等。

银行会计凭证填制的具体要求如下：

①要素齐全，填制及时，内容真实，数字正确，字迹清楚，书写规范，手续完整，不得随意涂改；

②单联式用墨汁书写，多联式用圆珠笔套写；

③符号规定：#、@、￥、年/月/日、%、‰；

④对外签发的会计凭证，必须同时填写阿拉伯小写金额数字和中文大写金额数字；

⑤金额大写：零、壹、贰、叁、肆、伍、陆、柒、捌、玖、拾、佰、仟、万、亿；

⑥票据出票日期必须大写。

（3）银行会计凭证的编制

①现金传票的编制。银行内部发生现金收入或现金付出业务时，应分别填制现金收入凭证和现金付出凭证，这些凭证只记载现金的对方科目。由于现金收入凭证和现金付出凭证凭证本身就代表的是借或贷现金科目，因而不再编制现金科目本身的凭证。每日营业终了后，再将全部现金收入和现金付出总数填写在现金科目日结单上，据以登记现金科目总账。对外业务中的现金收付，则以客户提交的现金缴款单、现金支票等代替现金收入凭证和现金付出凭证。

②转账传票的编制。银行发生转账业务时，应逐笔编制转账借方凭证和转账贷方凭证，以借方科目和贷方科目对转。

2.银行会计凭证的审核

银行在受理凭证时，必须根据相关业务的具体要求认真审核，主要审核会计凭证的真实性、正确性、合法性和完整性。审核的内容主要包括：

（1）是否应为本行受理的凭证；

（2）使用凭证的种类是否正确，内容、联数与附件是否完整、齐全，是否超过有效期限；

（3）账号与户名是否相符；

（4）大小写金额是否一致，字迹有无涂改；

（5）取款是否超过存款余额，贷款是否超过额度；

（6）密押、印鉴是否真实、齐全；

（7）款项来源、用途是否符合政策、法规和信贷、结算管理原则；

（8）计息、收费、赔偿金的计算是否正确；

（9）内部科目的账户名称使用是否正确。

3.银行会计凭证的传递

银行会计凭证的传递是指会计凭证按照规定程序在金融业内部各专柜或所属分支机构之间进行传送流转。银行会计凭证的传递过程就是办理业务和会计核算的过程。当确定银行会计凭证的传递程序时，银行应根据各项业务处理手续以及会计核算技术条件的不同而有所区别，但总体上要求体现下列原则：准确及时、手续严密、先外后内、先急后缓。

各类业务凭证传递的基本程序是根据凭证登记明细账。为了保证银行资金的安全，各类业务凭证的传递程序必须符合下列规定：

（1）现金收入凭证，必须先收款，后记账。

（2）现金付出凭证，必须先记账，后付款。

（3）转账业务凭证，必须先记付款单位账户，后记收款单位账户，贯彻银行不垫款原则。

4.银行会计凭证的整理、装订与保管

会计凭证是重要的会计档案和经济资料，每个单位都要建立会计凭证的保管制度。每天营业终了，核算处理完毕的会计凭证应整理、装订成册，妥善保管。保管期间，会计凭证不得外借，对超过规定期限的会计凭证，要严格依照有关程序销毁。需要永久保留的有关会计凭证，不能销毁。

会计凭证应按日装订，装订前应先检查科目日结单张数、凭证及附件张数及有关戳记是否完整，发现不符或不全的，必须由有关人员更正补齐。

装订的顺序是：先表内科目后表外科目；各科目按科目编号顺序排列，科目内凭证先借方凭证后贷方凭证，先现金凭证后转账凭证；表外科目先收入凭证后付出凭证；原始凭证附于记账凭证后面，并加盖“附件”戳记。

装订时，凭证要折叠整齐，加上凭证封面和封签，由装订人员在装订线封签处盖章。凭证过多时可分册装订，凭证过少时可以合订。

装订后的记账凭证和附件不得取出，如果需补进附件，应粘贴在有关记账凭证后面，在骑缝处加盖个人名章，并加注说明。

已装订的凭证要编列凭证顺序号，并应与科目日结单的凭证总张数相符。

已装订成册的凭证，应在凭证封面上按日期顺序编写号码，分册装订的编一个总号、若干分号，并及时登记“会计凭证、账簿、报表保管登记簿”，入库妥善保管。

第四节　账务组织

一、银行会计账簿的种类

会计账簿是由许多具有一定格式的账页组成，以会计凭证为依据，全面、连续、系统地记载各种资金增减变动的记录簿册，是账务处理的载体。按照一定程序，在账簿中登记各项经济业务所引起的资金增减变化叫做记账。银行会计账簿可以按照不同的标准进行分类。

1.按用途分类

银行会计账簿按照用途不同，可以分为总分类账簿（简称总账）、明细分类账簿（也称分户账）、序时账簿（也称日记账）、备查账簿（也称登记簿）四种。

（1）总分类账簿。它是各会计科目的总括记录，是编制会计报表的主要依据。

（2）明细分类账簿。它是各会计科目的明细记录，是银行同开户单位对账的依据。明细分类账簿按照单位或具体对象立户，依据传票逐笔连续记载，并随时结出余额，可以具体反映各账户的资金活动情况，分为甲、乙、丙、丁四种账式。

（3）序时账簿。它是按照业务发生时间的先后顺序，逐日逐笔登记经济业务的账簿。银行的序时账簿分为库存现金收入日记簿和库存现金付出日记簿。

（4）备查账簿。它是指对于某些在明细分类账簿上未能记载或者没有必要记载但又需要日后查考的业务事项和重要空白凭证、有价单证等进行登记的辅助性账簿。

2.按外表形式分类

银行会计账簿按照外表形式不同，可以分为订本式账簿、活页式账簿和卡片式账簿三种。

（1）订本式账簿。它是指把许多账页装订成册的账簿。订本式账簿的账页固定，既可以防止账页散失，又可以防止抽换账页。

（2）活页式账簿。它是指账页不固定，采用活页形式的账簿。活页式账簿的页数可以根据需要确定，但在使用时要连续编号，防止散失。

（3）卡片式账簿。它是指在印有记账格式的卡片上登记各项经济业务的账簿。

二、银行会计账务组织

账务组织是指各种账簿之间的相互关系以及同记账程序和核对方法的有机结合。合理的、科学的账务组织能保证会计核算的质量和工作效率。商业银行的账务组织包括明细核算和综合核算两大系统。

1.明细核算系统

明细核算系统是先根据经济业务编制或审查传票，再根据传票逐笔登记分户账（登记簿）、现金收付日记簿，最后根据分户账填制余额表的过程。明细核算系统详细反映了商业银行各项资金增减变化情况及其结果，由分户账、登记簿、现金收付日记簿和余额表四部分组成。

（1）分户账

分户账是金融业会计账簿中详细反映相关业务情况的账簿。它是明细核算的主要形式，按照单位或具体对象立户。根据不同业务的需要，分户账一般分为以下四种格式：

①甲种账

甲种账设有借方、贷方发生额和余额三栏，一般适用于不计息科目的账户或用余额表计息科目的账户，以及银行内部财务性科目的账户，如损益类、净值类等账户（见表2-12）。

表2-12

中国××银行（ ）

账

本账总页数	
本户页数	

账号　　　领用凭

户名　　　证记录　　　利率：

年		摘要	凭证号码	对方科目代号	借方										贷方										借或贷	余额										复核签章
月	日				千	百	十	万	千	百	十	元	角	分	千	百	十	万	千	百	十	元	角	分		千	百	十	万	千	百	十	元	角	分	

会计　　　记账

②乙种账

乙种账又称计息式账页，设有借方、贷方发生额、余额和积数四栏，一般适用于在账簿中加计利息的账户，如存款账户、贷款账户等（见表2-13）。

③丙种账

丙种账设有借方、贷方发生额和借方、贷方余额四栏，一般适用于资产负债共同类账户，如联行往来、同业往来等账户（见表2-14）。

表2-13

中国××银行（ ）

账

本账总页数	
本户页数	

户名　　　　账号　　　　利率：

年		摘要	凭证号码	借方										贷方										借或贷	余额											日数	积数												记账	复核
月	日			千	百	十	万	千	百	十	元	角	分	千	百	十	万	千	百	十	元	角	分		亿	千	百	十	万	千	百	十	元	角	分		百	十	亿	千	百	十	万	千	百	十	元	角	分		

会计　　　　记账

表2-14

中国××银行（ ）

账

贷款指标	贷款限额	期限
		年　月　日起止

账号　　　　领用凭证记录　　　　存贷

户名　　　　利率：

年		摘要	凭证号码	对方科目代号	发生额																				余额																						复核签章
					借方										贷方										借方											贷方											
月	日				千	百	十	万	千	百	十	元	角	分	千	百	十	万	千	百	十	元	角	分	亿	千	百	十	万	千	百	十	元	角	分	亿	千	百	十	万	千	百	十	元	角	分	

会计　　　　记账

④丁种账

丁种账又叫销账式账户，设有借方、贷方发生额及余额、销账四栏，一般适用于逐笔记账、逐笔销账的一次性业务，兼有分户核算的作用，如应收款项、应付款项、存入保证金等账户（见表2-15）。

表2-15

中国××银行（ ）

账

本户页数	
本账总页数	

年		账号	户名	摘要	凭证号码	对方科目代号	借方										销账			贷方										借或贷	余额											记账	复核
月	日						千	百	十	万	千	百	十	元	角	分	年	月	日	千	百	十	万	千	百	十	元	角	分		亿	千	百	十	万	千	百	十	元	角	分		

会计　　　　记账

（2）登记簿

登记簿是为了适应某些业务和工作的需要而设置的一种辅助性账簿，用来记录表外科目的增减变化，也可用于驾驭卡片账或控制重要凭证、有价单证和实物等。

登记簿一般设有收入、付出、余额三栏（见表2–16）。

表2–16

中国××银行（　）

登记簿（卡）

本户页数	
本账总页数	

户名　　　　　　　　单位

年		摘要	收入											付出											余额												复核盖章
月	日		数量	金额										数量	金额										数量	金额											
				千	百	十	万	千	百	十	元	角	分		千	百	十	万	千	百	十	元	角	分		亿	千	百	十	万	千	百	十	元	角	分	

会计　　　　　　　　　　　　　　记账

（3）库存现金收付日记簿

银行的库存现金收付日记簿主要是核算库存现金收入和库存现金付出的日记账，是现金收入和现金付出的详细记录。库存现金收入和库存现金付出日记簿由出纳人员根据库存现金收入和库存现金付出的传票逐笔记录（见表2–17）。

表2–17

中国××银行日记账

柜组名称：　　　　　　　　　　　　年　月　日　　　　　　　　　第　页 共　页

凭证号码	科目代号	户名或账号	计划项目代号	金额										凭证号码	科目代号	户名或账号	计划项目代号	金额									
				千	百	十	万	千	百	十	元	角	分					千	百	十	万	千	百	十	元	角	分

复核　　　　　　　　　　　　　　出纳

（4）余额表

余额表是指用于登记余额的表格，是核对总账与分户账余额和计算利息的重要工具。余额表分为计息余额表和一般余额表。

计息余额表适用于计息的各科目，填制依据是计息科目各分户账，于每日营业终了，根据分户账各户当日最后余额填列。若当日未发生收付业务，应根据上一日的最后余额填列，每日填记后，还应按照科目加计余额合计数，并与总账同一科目余额核对相符。

一般余额表适用于不计息的各科目，根据分户账每日最后余额填列。

2.综合核算系统

综合核算系统是按总账科目核算，综合、概括地反映商业银行各项资金增减变化情况及其结果的核算系统。综合核算是按科目编制科目日结单，轧平所有当天借方和贷方发生额，再根据科目日结单登记总账，然后根据总账编制日计表的过程。它是由科目日结单、总账和日计表三部分组成。

（1）科目日结单

科目日结单，也称总传票，是每一会计科目当日借、贷方发生额和传票张数的汇总记录，既是轧平当日账务的重要工具，也是登记总账的依据（见表2-18）。

表2-18 **科目日结单（ ）**

年 月 日

凭证种类	借方											贷方										
	传票张数	金额										传票张数	金额									
		千	百	十	万	千	百	十	元	角	分		千	百	十	万	千	百	十	元	角	分
现金																						
转账																						
合计																						

事后监督　　　　复核　　　　记账　　　　制表

每天营业结束，将当天处理的全部传票按科目进行整理，同一科目的传票再分别按现金收入、现金付出、转账借方、转账贷方各自加计合计数和传票张数，填入科目日结单有关栏内。具体编制方法如下：

① 一般科目日结单的编制方法。每日对外营业终了，按当天同一会计科目的传票汇总整理，按同科目的现金收入、现金付出、转账借方、转账贷方顺序排列，分别将合计数填入科目日结单的各栏，注明传票张数，并将传票按顺序排列附在科目日结单之后。

② 现金科目日结单的编制方法。现金科目日结单是根据一般科目日结单中现金部分编制。编制时将当天一般科目日结单现金部分，分借方和贷方计算合计数，然后反方向填入现金科目日结单。

（2）总账

总账是综合核算和明细核算相互核对及统驭明细分户账的主要工具，也是编制日计表和其他会计报告的主要依据。总账按科目设置，设有借方发生额、贷方发生额、借方余额、贷方余额四栏，账户每月更换一次（见表2-19）。

（3）日计表

日计表是根据各科目总账按日编制的会计报表，是轧平当天全部银行账务的重要工具。日计表根据当天各总账账户的发生额和余额填制，借、贷方发生额和余额的合计数必须各自平衡。由此可见，日计表实质上是当天的科目汇总表。格式由借方发生额、贷方发生额、借方余额、贷方余额四栏组成（见表2-20）。

表2-19 **中国××银行（ ）总账**

科目代号：

科目名称： 第 号

<table>
<tr><td rowspan="2">年 月</td><td colspan="2">借方</td><td colspan="3">贷方</td></tr>
<tr><td colspan="2">（位数）</td><td colspan="3">（位数）</td></tr>
<tr><td>上年底余额</td><td colspan="2"></td><td colspan="3"></td></tr>
<tr><td>本年累计发生额</td><td colspan="2"></td><td colspan="3"></td></tr>
<tr><td>上月底余额</td><td colspan="2"></td><td colspan="3"></td></tr>
<tr><td>上月底累计未计息积数</td><td colspan="2"></td><td colspan="3"></td></tr>
<tr><td rowspan="3">日期</td><td colspan="2">发生额</td><td colspan="2">余额</td><td>核对盖章</td></tr>
<tr><td>借方</td><td>贷方</td><td>借方</td><td>贷方</td><td rowspan="2">复核员</td></tr>
<tr><td>（位数）</td><td>（位数）</td><td>（位数）</td><td>（位数）</td></tr>
<tr><td>1</td><td></td><td></td><td></td><td></td><td></td></tr>
<tr><td>…</td><td></td><td></td><td></td><td></td><td></td></tr>
<tr><td>10天小计</td><td></td><td></td><td></td><td></td><td></td></tr>
<tr><td>11</td><td></td><td></td><td></td><td></td><td></td></tr>
<tr><td>…</td><td></td><td></td><td></td><td></td><td></td></tr>
<tr><td>月计</td><td></td><td></td><td></td><td></td><td></td></tr>
<tr><td>自年初累计</td><td></td><td></td><td></td><td></td><td></td></tr>
<tr><td>本期累计计息积数</td><td></td><td></td><td></td><td></td><td></td></tr>
<tr><td>本月累计未计息积数</td><td></td><td></td><td></td><td></td><td></td></tr>
</table>

会计 复核 记账

表2-20 **中国××银行（ ）日计表**

年 月 日 共 页第 页

<table>
<tr><td rowspan="3">科目代号</td><td rowspan="3">科目名称</td><td colspan="20">本日发生额</td><td colspan="22">余额</td></tr>
<tr><td colspan="10">借方</td><td colspan="10">贷方</td><td colspan="11">借方</td><td colspan="11">贷方</td></tr>
<tr><td>千</td><td>百</td><td>十</td><td>万</td><td>千</td><td>百</td><td>十</td><td>元</td><td>角</td><td>分</td><td>千</td><td>百</td><td>十</td><td>万</td><td>千</td><td>百</td><td>十</td><td>元</td><td>角</td><td>分</td><td>亿</td><td>千</td><td>百</td><td>十</td><td>万</td><td>千</td><td>百</td><td>十</td><td>元</td><td>角</td><td>分</td><td>亿</td><td>千</td><td>百</td><td>十</td><td>万</td><td>千</td><td>百</td><td>十</td><td>元</td><td>角</td><td>分</td></tr>
<tr><td></td><td></td><td></td><td></td><td></td><td></td><td></td><td></td><td></td><td></td><td></td><td></td><td></td><td></td><td></td><td></td><td></td><td></td><td></td><td></td><td></td><td></td><td></td><td></td><td></td><td></td><td></td><td></td><td></td><td></td><td></td><td></td><td></td><td></td><td></td><td></td><td></td><td></td><td></td><td></td><td></td><td></td><td></td><td></td></tr>
<tr><td></td><td></td><td></td><td></td><td></td><td></td><td></td><td></td><td></td><td></td><td></td><td></td><td></td><td></td><td></td><td></td><td></td><td></td><td></td><td></td><td></td><td></td><td></td><td></td><td></td><td></td><td></td><td></td><td></td><td></td><td></td><td></td><td></td><td></td><td></td><td></td><td></td><td></td><td></td><td></td><td></td><td></td><td></td><td></td></tr>
</table>

行长（主任） 会计 复核 制表

综合核算系统是按照会计科目进行的核算，而明细核算系统是按照各科目所属账户进行的核算。两个核算系统根据同一记账凭证，按照双线核算原则分别进行会计核算。综合核算系统是明细核算系统的概括，对明细核算系统起统驭作用；明细核算系统是综合核算系统的具体化，对综合核算系统起补充作用。账务核对的要求将两个核算系统紧密地联结在一起，构成完整的账务组织体系。

三、银行会计账务处理

账务处理是指从填制或受理凭证开始，经过账务记载与核对，直至编制日计表，最终轧平账务为止的全部过程。账务处理包括记账、结账和对账。

1.记账

记账是会计核算的摘要内容。当业务发生时编制或审查凭证，一方面，根据凭证记入分户账，按分户账的余额编制余额表；另一方面，编制科目日结单，登记总账，并根据总账编制日计表。

2.结账

结账是指商业银行在会计期末将各科目余额结清或结转下期，使各科目记录暂告一段落的过程。结账也是会计核算的重要环节。账务在记载到一定时期后，必须进行结账。商业银行的结账工作分为日结、月结和年度结转三种。其中，日结是结账的基础，也是商业银行会计的一个重要特征。

3.对账

账务核对是对综合核算与明细核算两个系统中的账簿、账表、单证的数字记录进行检查核对的工作。它是防止差错、保证核算质量的重要措施。通过账务核对，达到账账、账款、账据、账实、账表和内外账六个相符的目的。银行账务核对分为每日核对和定期核对两种。

（1）每日核对

每日核对是指每日会计核算结束后对账务的有关内容进行核对，具体包括：

①总分核对。每日营业终了，总账各科目余额与同科目分户账或余额表各账户余额合计数核对相符。

②账款核对。现金收入、付出日记簿的合计数，必须与库存现金科目总账借方、贷方发生额核对相符；现金库存登记簿的现金库存数，应与实际库存现金和库存现金科目总账的余额核对相符。

③表外科目核对。各表外科目余额应与有关登记簿核对相符，其中重要空白凭证、有价单证应核对当日领入、使用、售出及库存数，并与实际库存数核对相符。

（2）定期核对

定期核对是指对未能纳入每日核对的账务按规定的时间进行的核对，具体包括：

①使用丁种账记账的科目，每旬末加计未销账的各笔金额总数，与该科目总账核对相符。

②计息积数核对。将余额表上的计息积数按旬、按月、按结息期与同科目总账的同期余额累计数核对相符。对应加、应减积数，应审查数字是否正确。

③各种卡片账核对。如定期储蓄账卡、联行账卡、农贷账卡等，按月与该科目总账核对相符。

④账实核对。包括固定资产、金银、物品、有价单证、重要空白凭证等，每月账实核对相符，房屋、器具定期和在年终决算前账实核对相符。

⑤内外账务核对。银行与各单位之间、人民银行与商业银行以及其他金融机构之间的往来款项按月或按季采用一定的对账方法进行核对。

【思政课堂】

数字经济背景下持续深化电子签章的应用

随着数字经济的快速发展，电子会计凭证的使用场景越来越多。电子会计凭证的传递是借助电子签章来完成的。电子签章是指通过密码技术对文档的电子形式进行签章，并非书面签章的图像化，而是使用非对称性公开密钥保密系统来完成，其运作方式实质上是一种数学运算。目前，数字化证书是可靠电子签章的唯一实现形式。电子签章以数字证书为支撑，为每份文件提供数据加密服务，确保电子会计凭证在签署中、签署后内容统一，有效识别篡改痕迹，确保电子会计凭证数据有效。

电子会计凭证，是指以电子形式生成、传输、储存的各类会计凭证，包括电子发票、财政电子票据、电子客票、电子行程单、电子海关专用缴款书、银行电子回单等电子会计凭证。

2020年，为适应电子商务、电子政务发展，规范各类电子会计凭证的报销入账归档，财政部、国家档案局根据国家有关法律、行政法规联合发布的《关于规范电子会计凭证报销入账归档的通知》明确提出，企业在满足一定条件的基础上可以使用电子会计凭证进行报销入账、归档，无须打印或保存纸质单据。具体要求如下：

（1）接收的电子会计凭证经查验合法、真实；

（2）电子会计凭证的传输、存储安全、可靠，对电子会计凭证的任何篡改能够及时被发现；

（3）使用的会计核算系统能够准确、完整、有效接收和读取电子会计凭证及其元数据，能够按照国家统一的会计制度完成会计核算业务，能够按照国家档案行政管理部门规定格式输出电子会计凭证及其元数据，设定了经办、审核、审批等必要的审签程序，且能有效防止电子会计凭证重复入账；

（4）电子会计凭证的归档及管理符合《会计档案管理办法》（财政部国家档案局令第79号）等要求。

全国多地政府部门出台政策持续深化电子签章应用，可以优化电子会计凭证的使用，从而提升组织财务报销入账、归档的效率，同时，还能提高各项业务活动的办事效率和安全性，助力我国经济社会稳健发展。

限于篇幅，《关于规范电子会计凭证报销入账归档的通知》的详细规定请登录财政部官网阅读。

【本章小结】

本章主要讲授商业银行会计的基本核算方法。

银行会计的核算方法是根据会计的基本原理，结合银行业务的具体特点，在对会计对象进行连续、全面、系统、分类的反映、核算和监督过程中采用的专门方法。银行会计核算方法主要包括基本核算方法和各项业务的核算处理方法两大类。

会计科目是对会计对象的具体内容按其不同的性质和经济管理的要求进行分类核算的一种方法，是设置账户、归集和记载各项经济业务的依据。

会计科目的作用如下：它是会计核算的基础和纽带，是综合反映国民经济情况、提供会计核算资料的工具，是统一核算口径的基础。

会计科目的分类主要有两种：一种是按照会计科目与资产负债表的关系进行分类，分为表内科目和表外科目；另一种是按照会计科目所反映的经济内容进行分类，分为资产类科目、负债类科目、资产负债共同类科目、所有者权益类科目、损益类科目。

记账方法是在核算过程中，按照一定的规则和原理，采用特定的记账符号，将各项经济业务分门别类地记录并登记账簿的一系列专门技术方法的总称。记账方法分单式记账法和复式记账法两种。

记账规则是“有借必有贷，借贷必相等”。

会计凭证是各项业务活动和财务活动的原始记录，是办理收、付和记账的依据，是核对账务和事后查考的重要依据。银行会计凭证是银行各项业务和财务收支的书面证明。

【复习思考题】

一、单项选择题

1.下列凭证属于基本凭证的是（　　）。

A.转账借方凭证　　B.现金支票

C.转账支票　　D.银行本票

2.在借贷记账法中，哪方登记增加数或减少数，取决于（　　）。

A.账户性质　　B.记账方法

C.记账规律　　D.账户性质和记账方法

3.（　　）是明细核算系统的组成部分。

A.分户账　　B.总账

C.日计表　　D.科目日结单

4.商业银行表内会计科目，按（　　）分为资产类、负债类、所有者权益类、资产负债共同类和损益类五类。

A.要素流动性　　B.经济业务内容　　C.科目性质　　D.业务需要

5.（　　）是记录经济业务、明确经济责任、登记账簿的依据。

A.会计科目　　B.会计账户　　C.会计凭证　　D.会计报表

6.（　　）等式是复式记账的平衡公式。

A.资产-成本=收入　　B.收入-成本=利润

C.资产=负债+所有者权益　　D.资产-负债=利润

7.负债类账户的借方、贷方分别表示资金的（　　），余额一般在（　　）。

A.减少、增加，借方　　B.减少、增加，贷方

C.增加、减少，借方　　D.增加、减少，贷方

8.资产负债共同类科目，如果会计期末的余额在借方，表现为（　　）。

A.资产类　　B.负债类　　C.权益类　　D.收益类

9.总账的登记依据是（　　）。

A.科目日结单　　B.科目传票　　C.分户账　　D.登记簿

10.明细核算账务系统的构成是（　　）。

A.分户账、登记簿、总账、科目日结单

B.余额表、日计表、现金收付日记簿、登记簿

C.分户账、总账、登记簿、科目日结单

D.分户账、登记簿、余额表、现金收付日记簿

11.（ ）是反映商业银行资产负债状况的报表。

A.利润表 B.利润分配表 C.资产负债表 D.现金流量表

12.（ ）是商业银行的权益。

A.存款 B.贷款 C.资本公积 D.利息收入

13.负债类项目的增加记（ ）。

A.借方增加 B.贷方增加 C.借方减少 D.贷方减少

14.（ ）明细账设有借方发生额、贷方发生额、余额、销账四栏。

A.甲种账 B.乙种账 C.丙种账 D.丁种账

15.客户从商业银行提取现金，表明商业银行（ ）。

A.资产和负债同时减少 B.资产和负债同时增加

C.资产增加，负债减少 D.负债增加，资产减少

二、多项选择题

1.银行的会计账簿按其提供资料的内容详细程度可以分为（ ）。

A.总分类账 B.订本式活页账 C.明细分类账 D.卡片式账簿

2.（ ）是综合核算系统的内容。

A.余额表 B.总账 C.日计表 D.科目日结单

3.银行发生的经济业务可以引起（ ）。

A.资产和负债一增一减 B.资产和负债同时增加

C.负债和权益一增一减 D.资产内部一增一减

4.下列各项中属于商业银行资产类会计科目的有（ ）。

A.存放中央银行款项 B.同业存放款项

C.贴现 D.应收利息

5.会计凭证按填制的程序和用途可分为（ ）。

A.原始凭证 B.记账凭证 C.专用凭证 D.一般凭证

6.会计科目按照其与会计报表的关系可分为（ ）。

A.表内科目 B.表外科目 C.统一科目 D.专用科目

7.下列各项中属于商业银行负债类会计科目的有（ ）。

A.活期储蓄存款 B.存放同业款项 C.同业存放款项 D.同业拆入

三、业务处理题

商业银行某支行当日发生下列业务：

（1）向开户单位红日公司发放6个月的贷款40 000元，转入存款账户。

（2）开户单位百信贸易公司交存现金270 000元。

（3）本行向人民银行送交现金820 000元。

（4）某储户来行支取活期储蓄存款56 000元。

（5）同在本行开户的环球贸易公司向百信贸易公司支付货款85 000元。

要求：根据上述业务编制会计分录。

第三章　存款业务的核算

【学习目标】

理论目标：（1）掌握单位及个人存款账户的种类及管理规定；（2）掌握单位及个人账户核算的相关科目设置。

实践目标：（1）掌握本币存款账户的核算要求及核算程序；（2）掌握存款利息的计算方法和存款利息的核算。

【课程思政案例3-1】

河南村镇银行“存款暴雷”事件

基本案情：

2022年4月，上千名储户发现自己的钱突然取不出来了，而且都是相同的4家村镇银行存款，包括开封新东方村镇银行以及许昌农商行旗下的禹州新民生村镇银行、上蔡惠民村镇银行、柘城黄淮村镇银行。经过调查，原因是这4家村镇银行股东——河南新财富集团涉嫌通过内外勾结、利用第三方平台以及资金掮客等吸收公众资金，告诉储户存款利息能达到13%～18%，属于高息非法集资，涉嫌违法犯罪，公安机关已立案调查。

2022年8月29日，许昌市公安局发布公告：目前，公安机关已抓获一大批犯罪嫌疑人，其中已逮捕234人，追赃挽损工作取得重大进展，案件侦办工作正依法纵深推进。同日，河南银保监局、河南省地方金融监管局也发布了第七号公告：

1.按照垫付工作安排，自2022年8月30日上午9点起，对禹州新民生村镇银行、上蔡惠民村镇银行、柘城黄淮村镇银行、开封新东方村镇银行账外业务客户本金单家机构单人合并金额40万元至50万元（含）开始垫付，40万元（含）以下的继续垫付，50万元以上的按照50万元垫付，未垫付部分权益保留，根据涉案资产追偿情况依法依规予以处理。

2.本次资金垫付后，集中垫付工作基本完成，后续相关事宜由四家村镇银行处理，鉴于少数符合垫付条件的客户尚未完成信息登记和垫付申请，微信小程序“村行垫付”将延至2022年9月16日17时。

3.已获取垫付资金的客户，若发现有额外渠道获取高息或违法违规行为，依法追回垫付资金。

4.对于通过额外渠道获取高息的客户，因涉嫌参与非法集资，不予垫付，由司法机关依法处置，对其应当受到法律保护的权益，待案件审结后，根据追赃挽损情况依法清退。

河南村镇银行爆雷事件涉及储户40多万人，资金400多亿元，经过河南银保监局、河南省地方金融监管局前六轮的垫付工作，截至8月11日晚，已累计垫付43.6万户、资金180.4亿元，客户、资金垫付率分别为69.6%、66%，进展总体顺利。

这次爆雷事件总共经过了七轮垫付，都是由政府赔付的，体现了国家稳定金融秩序、保护储户权益、打击犯罪的决心。

资料来源：冉禾粟．河南村镇银行事件始末［EB/OL］．［2022-08-29］．https：//www.toutiao.com/article/7137311970599928324/? wid=1667292455444．有删改．

思考题：

1.银行存款业务的正确处理程序是什么？

2.请从银行内部管理和银行外部监管两个角度思考如何防范上述银行非法吸收存款事件的发生？

3.为什么本案例中的储户存款是由政府垫付的？

4.存款人应如何提高金融风险防范意识，守住自己的钱袋子？

分析提示：

自从2015年我国存款保险制度建立之后，银行存款是享受存款保险保护的。我国《存款保险条例》第四条规定：被保险存款包括投保机构吸收的人民币存款和外币存款。但是，金融机构同业存款、投保机构的高级管理人员在本投保机构的存款以及存款保险基金管理机构规定不予保险的其他存款除外。

第一节　存款业务概述

存款是银行通过信用方式吸收的社会闲散资金，是银行的主要负债，也是银行吸收信贷资金的主要渠道。银行作为信用中介，负债是其最基本、最主要的业务，存款在负债中占有很大比重，是商业银行的主要负债和经常性的资金来源。在我国，存款始终处于高速稳定增长的状态，因此有关存款业务的核算是银行其他业务会计核算的基础。

一、存款的种类

银行存款按不同的分类标准可分为不同的类别。

1.按存款来源分类

按存款来源分类，银行存款可以分为原始存款和派生存款。原始存款也称现金存款或直接存款，是指企事业单位或个人将现金或现金支票送存银行所形成的一种存款，包括公款存款（单位存款）、私人存款（储蓄存款）和银行之间的存款（同业存款）。派生存款也称转账存款或间接存款，是指银行以贷款方式自己创造的存款，这种存款的增加，会引起全社会货币流通量的增加。

2.按存款对象分类

按存款对象分类，银行存款分为单位存款、个人存款和同业存款。单位存款是指银行吸收国有企业、集体企业、合资企业、个体工商户和私营企业、股份制企业、机关团体等单位的存款及财政预算外存款。个人存款是指银行吸收城乡居民的闲置资金形成的存款。同业存款又称同业存放，是指因支付清算和业务合作等的需要，由保险、证券、银行等金融机构在商业银行存入的往来款项。

3.按存款期限分类

按存款期限分类，银行存款可以分为活期存款、定期存款、定活两便存款（含通知存款）。活期存款是指没有约定存取时间的存款，它没有确切的期限规定，银行也无权要求存款人取款时做事先的书面通知，如企事业单位活期存款、活期储蓄存款、财政性存款等。定期存款是指存款人预先约定存款期限的存款，如单位定期存款和个人定期储蓄存款。个人定期储蓄存款按存取款形式不同又分为整存整取、零存整取、整存零取、存本取息等。我国商业银行提供的定期存款服务，期限一般为3个月、6个月、1年、2年、3年和5年六个档次。但从2014年11月22日起，中国人民银行基准利率取消了5年期的品种，由金融机构自主确定。定活两便存款是指存入时不规定存期，存款人可以随时支取，支取时按同档次定期存款利率的一定比率确定存款利息的一种存款，如通知存款等。

4.按存款资金性质分类

按存款资金性质分类，银行存款可分为一般存款和财政性存款。一般存款是指商业银行吸收的企事业单位、机关团体、部队以及个人存入的，并可由其自行支配的资金形成的存款。商业银行吸收的一般性存款应计付利息，并要求按照规定的比例向中央银行缴存法定存款准备金。财政性存款是指商业银行经办的各级财政拨入的预算资金、应上交财政的各项资金以及财政安排的专项资金形成的存款。财政性存款属于中央银行的资金来源，不构成商业银行的资金来源，商业银行只是代办财政性存款业务，一般不计付利息，只是按照规定全额就地划缴中央银行。

5.按存取款方式分类

按存取款方式分类，银行存款可以分为存折存款、存单存款、转账存款。存折存款是指存款人凭存折通过填写存取款凭条交银行办理款项存取以及计息工具的存款，如活期储蓄存款、零存整取存款等。存单存款是指以存单作为存取款工具的存款，如整存整取存款、定活两便存款、通知存款等。转账存款是指以支票、银行汇票等结算凭证为工具进行转账存取的存款，也称为支票户存款，如企事业单位的活期存款。

6.按存款货币的记账单位分类

按存款货币的记账单位分类，银行存款可以分为本币存款和外币存款，我国商业银行目前开设了美元、港元、欧元、加拿大元、澳大利亚元等外币存款业务。

二、存款的开户与账户管理

1.存款业务核算的基本要求

（1）认真贯彻国家的金融政策，维护储户的利益

存款是存款人资金使用权的暂时让渡，而其所有权仍属于存款人。从银行角度来看，存款属于银行的一种信用行为，关系到整个社会的信用，所以，银行在办理存款业务时，必须严格按照国家的有关法律规定、金融政策进行业务操作。银行必须坚持“谁的钱，进谁的账，由谁支配”的结算原则，同时坚持“存款自愿，取款自由，存款有息，为储户保密”的储蓄政策。除国家有关法律、行政法规规定可由银行执行查询、扣款和冻结外，银行不得任意代扣款项，并有权拒绝任何单位或者个人查询、冻结、扣划，切实做到最大限度地保护储户的合法权益。

（2）准确及时地进行存款业务核算

银行作为国民经济生产和再生产过程中货币信用的中介，每天要处理大量的存款业务，而这些业务与有关开户单位和个人的资金运转密切相关。为了加速客户资金周转，银

行必须及时地将各项存款业务纳入核算程序进行处理，以免影响客户经营活动的开展。鉴于银行经营对象的特殊性及其在国民经济中的重要作用，商业银行要加强账面监管，准确地办理各项存款业务，及时进行账务处理，做到数字准确、记录及时、账目规范清晰，真实反映银行资金的增减变化情况。

(3) 正确使用会计科目和账户

银行的会计科目和账户是进行明细核算的工具。为了正确反映各类资金的运动情况，在各部门开立账户后，银行要正确使用会计科目和账户，进行业务的记录和核算，以正确、及时地反映存款的增减变化。这不但关系到客户的利益，也关系到银行的利益。

2.存款账户的分类

账户是在会计科目下按单位或存款种类进行具体分类的名称，是银行办理信贷、结算、现金出纳、储蓄业务以及反映各单位、各部门经济活动的工具。按照《人民币银行结算账户管理办法》的规定，银行结算账户按照存款人的不同，分为单位银行结算账户和个人银行结算账户。单位银行结算账户是指存款人以单位名称开立的银行结算账户；个人银行结算账户是指存款人凭个人身份证件以自然人名称开立的银行结算账户。单位银行结算账户按照用途不同分为基本存款账户、一般存款账户、专用存款账户和临时存款账户。

(1) 基本存款账户

基本存款账户是存款人因办理日常转账结算和现金收付需要而在银行开立的结算账户。该账户的资金主要来源于单位间的流动资金存款和机关团体单位的经费存款。开户对象主要是实行独立经济核算或独立预算的会计单位，比如企业法人、非法人企业、事业单位、团级（含）以上军队、武警部队及分散执勤的支（分）队、社会团体、民办非企业组织、异地常设机构、外国驻华机构、个体工商户、居民委员会、村民委员会、社区委员会、单位设立的独立核算的附属机构、其他组织。基本存款账户只能用于单位的生产周转及经费开支，不能用于基本建设和购买物资。存款人可以自由选择银行开户，但一个存款人只能在一个银行开立一个基本存款账户。

(2) 一般存款账户

一般存款账户是存款人因借款、现金缴存或其他结算需要，在基本存款账户以外的其他银行开立的银行结算账户，一般存款账户是在与基本存款账户不在同一地点的附属非独立核算单位开立的账户。该账户只能办理转账结算和现金缴存，不能办理现金支取。

(3) 专用存款账户

专用存款账户是存款人按照法律、行政法规和规章，因特定资金需要或特定的资金来源控制而开立的银行结算账户。该账户具有专款专用、专项管理的特点。其适用范围主要包括基本建设资金，更新改造资金，财政预算外资金，粮、棉、油收购资金，证券交易结算资金，期货交易保证金，信托基金，金融机构存放同业资金，政策性房地产开发资金，单位银行卡备用金，住房基金，社会保障基金，收入汇缴资金和业务支出资金，党、团、工会设在单位的组织机构经费，其他需要专项管理和使用的资金。存款人可以通过本账户办理专项限制内的转账结算和根据国家现金管理的规定办理现金收付。该账户对于资金的合理使用具有较好的监督作用。

（4）临时存款账户

临时存款账户是存款人因临时经营活动需要而开立的银行结算账户。有下列情况的，存款人可以申请开立临时存款账户：设立临时机构；异地从事临时经营活动；注册验资。存款人可以通过该账户办理转账结算，根据国家现金管理的规定办理现金收付，在临时活动结束时注销该账户。

3.开户手续

存款人申请开立账户时应填制开户申请书，并提供规定的证明文件。

存款人申请开立基本存款账户，须向开户行出具下列证明文件之一：当地市场监督管理机关核发的企业法人执照或营业执照正本；中央或地方编制委员会、人事、民政等部门的批文；军队军级以上、武警总队财务部门的开户证明等。银行会计部门接到开户许可证、申请书和有关证件后，要求单位提供印鉴卡，经审查、审批同意，登记开销户登记簿，编列账号，设立分户账，发售有关结算凭证等。

存款人申请开立一般存款账户，应向银行出具其开立基本存款账户规定的证明文件、基本存款账户开户登记证和下列证明文件：存款人因向银行借款需要，应出具借款合同；存款人因其他结算需要，应出具有关证明。

存款人申请开立专用存款账户，应向银行出具其开立基本存款账户规定的证明文件、基本存款账户开户登记证和下列证明文件：基本建设资金、更新改造资金、政策性房地产开发资金、住房基金、社会保障基金，应出具主管部门批文；财政预算外资金，应出具财政部门的证明；粮、棉、油收购资金，应出具主管部门批文；单位银行卡备用金，应按照中国人民银行批准的银行卡章程的规定出具有关证明和资料；证券交易结算资金，应出具证券公司或证券管理部门的证明；期货交易保证金，应出具期货公司或期货管理部门的证明；金融机构存放同业资金，应出具其证明；收入汇缴资金和业务支出资金，应出具基本存款账户存款人的证明；党、团、工会设在单位的组织机构经费，应出具该单位或有关部门的批文或证明；其他需要专项管理和使用的资金，应出具有关法规、规章或政府部门的有关文件。

存款人申请开立临时存款账户，应向银行出具下列证明文件：临时机构，应出具其驻在地主管部门同意设立临时机构的批文；异地建筑施工及安装单位，应出具营业执照正本或其隶属单位的营业执照正本，以及施工及安装地建设主管部门核发的许可证或建筑施工及安装合同；异地从事临时经营活动的单位，应出具营业执照正本以及临时经营地市场监督管理部门的批文；注册验资资金，应出具市场监督管理部门核发的企业名称预先核准通知书或有关部门的批文。

4.存款账户的管理

存款账户一经开立，银行就必须加强对账户的管理，监督开户单位正确使用账户。各单位通过银行账户办理资金收付，必须遵守银行的有关规定。

（1）一个单位只能选择一家银行的一个营业机构开立一个基本存款账户，不允许在多家银行开立基本存款账户。

（2）开户实行双向选择。存款人可以自主选择银行，银行也可以自愿选择存款人开立账户。

（3）各单位的账户只供本单位业务经营范围内的资金收付使用，账户不准出租、出借、转让。

（4）各单位在银行的账户必须保证有足够的资金，不准利用账户套取银行信用和从事非法活动；同时，银行还应经常检查账户的使用情况，及时与存款人进行对账，在“先存后用，存大于支”的原则下为客户提供安全、快捷的金融服务。

（5）实行开户申报制度。开立一般存款账户需要向主办行申报，必须经主办行同意才可开立。

三、会计科目的设置及基本运用

1.会计科目的设置

银行为了核算吸收的各种存款，一般设置以下会计科目：

（1）“活期存款”科目，该科目属于负债类科目，用来核算银行吸收单位（包括企业、事业单位、机关、社会团体等）存入的活期存款。

（2）“定期存款”科目，该科目属于负债类科目，用来核算银行吸收单位存入的定期款项，包括单位大额可转让定期存单。

（3）“活期储蓄存款”科目，该科目属于负债类科目，用来核算吸收的居民个人活期储蓄存款。

（4）“定期储蓄存款”科目，该科目属于负债类科目，用来核算银行吸收的居民个人定期储蓄存款，包括整存整取、零存整取、整存零取、存本取息、大额可转让个人定期存单等定期储蓄存款。银行吸收的个人通知存款也在本科目核算。

（5）“利息支出”科目，该科目属于损益类科目，用来核算银行在进行存款、借款以及发行金融债券等业务中按国家规定的适用利率向债权人支付的利息。

（6）“应付利息”科目，该科目属于负债类科目，用来核算银行吸收的存款及各类借款发生的当期应付而未付的利息。

2.存款类科目的基本运用

银行的存款类科目属于负债类科目。其核算规则是：业务发生时均按实际发生额入账，客户存入款项时记入相关科目的贷方，客户支取款项时记入相关科目的借方，余额在贷方，表示存款结存的数额，按存款单位和个人名称设置明细账户。在实际工作中，银行可以根据业务需要增设二级会计科目，如工业企业存款、商品流通企业存款等，在二级科目下按存款单位和个人名称设置明细账户。

【金牌讲师说3-1】

正确认识银行招聘考试中的网申

网申对于有志于在银行谋求一份职业的应届毕业生来说是至关重要的一个环节。简历不仅是敲开银行大门的第一块砖，而且是考生顺利通过银行网申甚至初次面试的关键。据统计，只有不到一半的重点高校毕业生能够通过银行的网申。

对于网申，很多应届毕业生存在误解，他们错误地认为网申仅仅是在线填一份简历。各大银行的网申基本包括两大模块：第一个模块是简历在线填写，要求应聘者直接在招聘银行的系统或者第三方人才招聘网站上按照既定的格式在线填写简历信息；第二个模块为开放式问题，即通过一些精心设计的提问，招聘方据以衡量申请者的综合素质、求职动机乃至未来的职业稳定性。对银行而言，网申是一个人才测评系统，远非简历填写那么简单。通过网申，既测评人才的硬件条件（如计算机等级、英语等级），又测评人才的软件素质（如个人的合作能力和技巧、工作的抗压能力等）。另外，网申系统中还可以设定标准化问题，通过设置各种筛选条件，最大限度地消除人为因素等造成的误差。对于毕业生而言，通过网申系统填写的在线简历和回答的问题在整个银行求职的过程中具有极其重要的意义，只有顺利地通过筛选，才能进入后面的笔试、面试环节。此外，网申所填写的内容也确定了面试的基调，限定了面试的谈话内容，对面试的成败起着决定性的作用。

3.吸收存款和利息费用的确认与计量

商业银行的金融负债包括两类：一类是以公允价值计量且其变动计入当期损益的金融负债，包括交易性金融负债和指定为以公允价值计量且其变动计入当期损益的金融负债；另一类是其他金融负债。商业银行吸收的客户存款属于其他金融负债。

根据《企业会计准则第22号——金融工具确认和计量》的规定，商业银行办理存款业务，应在其成为金融工具合同的一方时，将吸收的存款确认为商业银行的金融负债，并应该将吸收存款的公允价值和相关交易费用之和作为吸收存款的初始确认金额。

吸收存款的后续计量应当采用实际利率法，按摊余成本进行计量。商业银行应在吸收存款的现时义务全部或部分解除时，终止确认该吸收存款的全部或其一部分。吸收存款在终止确认或摊销时产生的利得或损失，应计入当期损益。

第二节 本币存款业务的核算

本币存款业务的核算主要介绍单位存款、个人存款两种存款类型的会计核算方法。

一、单位存款业务的核算

1.单位活期存款业务的核算

单位活期存款的存取主要分为现金存取和转账存取两种形式。转账存取方式，主要是通过结算方式和信用支付工具来实现的，它的核算方法将在后面结算业务章节予以详细介绍。本节主要介绍现金存取业务的核算手续，现金存取业务在办理过程中应该遵循“现金收入业务，先收款后记账；现金付出业务，先记账后付款”的原则。现金存取活期存款又可以分为支票户和存折户两种方式。

（1）支票户存取款业务的核算

支票户是单位在银行开立的凭支票等结算凭证办理存取款项的存款账户，适用于经营业绩良好、结算频繁、信用良好、严格执行结算纪律的单位和个体经营户。开立支票户时必须在银行预留印鉴，凭印鉴支取款项。

①存入现金的核算

存款人向开户行存入现金时，应填制一式两联的银行进账单（见表3-1），连同现金一并交送开户行出纳部门。

表3-1 **中国××银行进账单（借方凭证）**

第 号

<table>
<tr><td rowspan="3">汇款人</td><td>全称</td><td></td><td rowspan="3">付款人</td><td>全称</td><td colspan="10"></td></tr>
<tr><td>账号</td><td></td><td>账号</td><td colspan="10"></td></tr>
<tr><td>开户银行</td><td></td><td>开户银行</td><td colspan="10"></td></tr>
<tr><td colspan="2" rowspan="2">人民币
（大写）</td><td colspan="3" rowspan="2"></td><td>千</td><td>百</td><td>十</td><td>万</td><td>千</td><td>百</td><td>十</td><td>元</td><td>角</td><td>分</td></tr>
<tr><td></td><td></td><td></td><td></td><td></td><td></td><td></td><td></td><td></td><td></td></tr>
<tr><td colspan="2">票据种类</td><td colspan="3"></td><td colspan="10" rowspan="3">付款人开户银行盖章</td></tr>
<tr><td colspan="2">票据张数</td><td colspan="3"></td></tr>
<tr><td colspan="5">单位主管　会计　复核　记账</td></tr>
</table>

出纳部门经审查凭证、点收现金，确认无误后，登记库存现金收入日记簿，并复核签章后，将第一联存款单盖“现金收讫”章后作为回单退交存款人，以第二联存款单作贷方传票送交会计部门登记单位存款账户，其会计分录如下：

借：库存现金

　贷：活期存款——××单位户

②支取现金的核算

支票户向银行支取现金时，应签发现金支票，并在支票上加盖预留印鉴，由存款人背书后送交银行会计部门。会计部门收到现金支票后，应重点审查支票是否过期，是否背书，是否挂失，印鉴是否与预留印鉴相符，大小写金额是否一致，存款人账户是否有足够余额等，经审核无误后，将出纳对号单交给取款人。同时，会计部门以现金支票作为借方传票，登记存款分户账，其会计分录如下：

借：活期存款——××单位户

　贷：库存现金

然后将支票交出纳部门，由出纳部门叫号付款，并登记库存现金付出日记簿，将现金支票送回会计部门。

（2）存折户存取款业务的核算

存折户是存款人在银行开立的使用存折办理存取款项的账户，适用于经营规模较小、结算业务少、存取金额小的单位及临时性采购资金户。

①存入现金的核算

存款户在第一次存入现金开立账户时，应填写存款凭条连同存折和现金一并交给银行出纳部门，出纳部门审核凭证上的各项内容无误，收妥现金后，凭存款凭条登记库存现金收入日记簿后送会计部门。会计部门对存款凭条审查无误后，以存款凭条代现金收入传票开立存折，编列账号，填入存款金额，并加盖银行业务章，经复核后将存折交给存款单位，其会计分录如下：

借：库存现金

　贷：活期存款——××单位户

续存时，必须带存折来行办理存款，其余手续与初存时相同。

②支取现金的核算

存款人凭存折支取现金时应填写取款凭条，并加盖预留印鉴后，连同存折一并送交会计部门。会计部门审查凭证、存折无误后，发给客户对号单或铜牌，以取款凭条作为现金付出传票，登记单位存款账户和存折，加盖名章后，将取款凭证和存折送到出纳柜台，商业银行出纳人员在登记库存现金支出日记账后，凭对号单付款。其会计分录如下：

借：活期存款——××单位户

　　贷：库存现金

会计人员在取款凭条上加盖名章后连同存折送交出纳部门，商业银行出纳人员在登记库存现金付出日记簿后，凭单叫号，将存折和现金一并交到取款单位。

2.单位定期存款业务的核算

单位定期存款是指单位将其活期存款账户中暂时闲置的资金一次转出，按约定期限转为定期存款，由银行发给定期存单，到期凭存单一次支取本息的存款。定期存款的期限可以分为3个月、6个月、1年、2年、3年、5年等多种，同时规定单位定期存款最低存入金额为1万元，多存不限。定期存款账户不得作为结算账户使用，并且不得从定期存款账户中提取现金。单位定期存款可以全部或部分提前支取，但只能提前支取一次。另外，财政拨款、预算内资金及银行贷款不得作为单位定期存款存入银行。

（1）存入定期存款的核算

单位向银行办理定期存款时，应按存款金额签发转账支票，交银行会计部门。会计部门接到支票按照相关规定审核无误后，以转账支票代转账借方传票登记单位存款分户账，填写一式三联单位定期存款存单，第一联作为定期存款转账贷方传票，第二联作为存款单位取款依据，第三联代定期存款卡片账，由银行按照先后顺序专夹留存。其会计分录如下：

借：活期存款——××单位户

　　贷：定期存款——××单位户

（2）支取定期存款的核算

定期存款到期，单位到银行支取款项时，应在存单上加盖预留印鉴、填写一式两联的进账单一并送交银行。银行收到存单后，应抽出该户卡片账，审核是否与原留存的卡片账的户名、金额、印鉴等相符，审核无误后，按相关规定计算存款利息，编制一式三联的“利息清单”。存单及一联利息清单作为借方凭证，进账单第二联及另一联利息清单作为贷方凭证，然后办理转账，并登记开销户登记簿。其会计分录如下：

借：定期存款——××单位户

　　应付利息或利息支出——××单位定期利息支出户

　　贷：活期存款——××单位户

转账后，在定期存单上加盖“结清”戳记，零星保管，第三联利息清单及第一联进账单交存款单位，但定期存款利息未支取时，只能转账，不能提取现金。

3.单位通知存款业务的核算

单位通知存款是存款人在存入款项时不约定存期，支取时提前通知银行，约定支取存款日期和金额方能支取的存款。

（1）通知存款的规定

①通知存款不论实际存期多长，都按存款人提前通知的期限长短划分为一天通知存款和七天通知存款两个品种。一天通知存款必须提前一天通知约定支取存款，七天通知存款必须提前七天通知约定支取存款。

②通知存款一般有最低起存金额和最低支取金额。最低起存金额是：单位为50万元，个人为5万元。最低支取金额是：单位为10万元，个人为5万元。存款人需一次性存入，可以一次或分次支取。

③通知存款为记名式存款，单位通知存款采用记名存款凭证形式，个人通知存款采用记名存单形式。存单或存款凭证须注明“通知存款”字样。

（2）单位通知存款的核算

①存入通知存款的会计核算。单位存入通知存款的方式包括现金存入和转账存入两种，其会计处理程序和单位定期存款处理程序是一样的。在“单位定期存款”科目下，设立通知存款一天或七天通知分户。银行在单位通知存款开立的“单位定期存款开户证实书”上注明“通知存款”字样和通知存款的品种，但不注明存期和利率。该证实书只能作为存款证明，不得作为质押的权利凭证。其会计分录为：

借：活期存款——××单位户

　贷：定期存款——通知存款户

②提前通知。单位通知存款的存款人提前通知银行按照约定支取通知存款时，应向银行提交“单位通知存款通知书”，经银行会计人员审核无误后，登记“单位通知存款支取提交通知登记簿”，详细登记存款人账号、证实书编号、实际金额、通知支取金额、通知支取日期等。若单位因故取消通知，则由存款人向银行提交“单位通知存款取消通知书”，经会计人员审核无误后，对存款人的通知取消。

③支取通知存款的会计核算。单位通知存款可一次或分次支取，但是规定最低支取金额为10万元。通知存款的存款人按照约定期限支取款项时，应该按照单位通知存款证实书，填写一式三联的单位通知存款支取凭证，连同通知存款证实书一并送交银行。银行会计人员收到凭证审核无误后，即可办理支付手续。存款人支取存款时，本金和利息只能转入存款单位的其他存款户，不得支取现金。其会计分录为：

借：定期存款——通知存款户

　　利息支出

　贷：活期存款——××单位户

二、个人存款业务的核算

居民储蓄有广义和狭义之分。广义的居民储蓄，是指在居民可支配收入中未被消费的剩余部分，是居民持有的各项金融资产之和。狭义的居民储蓄，是指居民在银行中的储蓄存款。个人存款又称居民储蓄存款，是指城乡居民个人存入中国境内商业银行的人民币存款和外币存款，是就狭义居民储蓄而言的。随着我国居民储蓄存款的持续增长，银行的储蓄业务也面临着很多新的要求，同时，储蓄存款是我国商业银行重要的资金来源，所以，只有认真做好储蓄存款的会计核算工作，不断完善银行的储蓄业务工作，保持合理的储蓄结构，才能充分发挥储蓄存款在银行盈利方面的重要作用。

商业银行为居民办理个人储蓄存款业务，要坚决贯彻国家关于居民个人储蓄的政策，维护储户利益，应当遵循“存款自愿，取款自由，存款有息，为储户保密”的原则。对个人储蓄存款，商业银行有权拒绝任何单位或者个人查询、冻结、扣划，但法律另有规定的除外。政策规定，银行办理储蓄存款实行实名制，即以本人有效身份证件的姓名办理存入手续。

1.储蓄存款的种类

（1）活期储蓄存款

活期储蓄存款是指不规定存期，储户随存随取的储蓄。活期储蓄起存金额为1元，多存不限。活期储蓄存款具有存取方便、灵活、办理快捷的特点。

（2）定期储蓄存款

定期储蓄存款是指在存款时约定存期，一次或分次存入，到期一次或分次平均取出本金和利息的储蓄存款。定期储蓄存款根据存取的次数可以分为整存整取、零存整取、存本取息和整存零取四种类型。

①整存整取定期储蓄存款

整存整取定期储蓄存款是储户本金一次存入，到期一次支取本息的储蓄存款。50元起存，多存不限，存期分为3个月、半年、1年、2年、3年和5年六个档次。开户时由银行发给存单，到期凭存单支取本息。这种储蓄具有期限长、利率高的特点，适用于较长时期不用的节余款项的储蓄。这种储蓄可办理部分或全部提前支取。

②零存整取定期储蓄存款

该种储蓄约定存期，本金分次存入，到期一次支取本息。存期分1年、3年、5年三个档次。其特点是逐月存储，适合那些有固定收入但节余不多的储户。这种储蓄分为下列两种：

第一种是每月固定金额。5元起存，多存不限，存款金额由储户自定，每月存入一次，中途如有漏存，应在次月补存，未补存者，到期支取时按实存金额和实际存期计算利息。该种储蓄不能办理部分提前支取（除集体户外）。本储蓄又分为个人户和集体户两种。其中，集体户是由单位财务人员或代办员每月从应发工资中代储，集中向存款行办理存取款而开立的一种账户，存期为1年。

第二种是积零成整定期储蓄。由储户事先确定存期及预期支取本息之和的整数金额（如500元、1 000元、5 000元等），再由银行算出该储户每月应存金额，以后储户逐月存入，到期一次支取本息。储户如在中途月份有漏存，一般应在次月补存，未补存者，到期时按实存金额和存期计息。

③存本取息定期储蓄存款

存本取息定期储蓄存款是一次存入一定数额的本金，在存期内分次等额支取利息，到期支取本金的储蓄存款。这种储蓄存期分为1年、3年、5年三个档次，起存金额一般为5 000元。开户时储户将本金一次存入，支取利息的期次可与银行商定为1个月或几个月一次，由储户选择。银行按本金和约定存期计算好分次应付利息，储户凭存单分期取息，到期全部支取本金。如到取息日未取息，以后可随时支取，但不计复利。存本取息定期储蓄存款在约定存期内如需提前支取，则要按定期存款提前支取的规定计算存期内利息，已支取的利息要一次性从本息中扣回。这种储蓄适用于有大笔款项的储户存储。

④整存零取定期储蓄存款

整存零取定期储蓄存款是一次存入本金，分期支取固定数额的本金，到期一次性支取利息的储蓄存款。这种储蓄存期分为1年、3年、5年三个档次，起存金额一般为1 000元。开户时储户可与银行约定存期和分期支取本金的期次，支取期次分为1个月、3个月或半年一次。存款到期时结清利息。这种储蓄适用于储户有较大数额款项需要分期使用的情况。

（3）定活两便储蓄存款

定活两便储蓄存款是不确定存款期限，利率随存期长短变动的储蓄存款。开户起存金额一般为50元，存单分记名、不记名两种，记名的可挂失，不记名的不可挂失。这种储蓄既具有活期储蓄随时可以提取的灵活性，又能享受到接近定期存款利率的优惠。目前，银行开办的定活两便储蓄有两种：

第一种是定活两便定额储蓄。这种储蓄面额固定，存单面额通常为50元、100元、500元、1 000元等，存单不记名、不挂失、不办理异地托收，但通常规定可在同城或某区域内通兑。

第二种是定活两便不定额储蓄。由储户自己确定存入金额，存单可记名、可挂失。

（4）通知储蓄存款

通知储蓄存款是由储户一次存入本金，银行发给存折，储户凭存折可不限次数支取款项，取款时需在取款日前以书面形式通知银行的储蓄存款。

【思政课堂3-1】

中国人民银行有关负责人就《关于改进个人银行账户分类管理有关事项的通知》答记者问

中国人民银行有关负责人就《关于改进个人银行账户分类管理有关事项的通知》（银发〔2018〕16号，以下简称《通知》）相关问题回答了记者提问。

问：《通知》出台的背景是什么？

答：银行账户是社会资金运行的起点和终点，是单位和个人生产生活的重要基础。银行账户服务高效、便民对促进企业生产、满足人民群众美好生活需要以及维护社会经济秩序至关重要。人民银行高度重视银行账户服务，近年来在优化单位和个人服务方面采取了卓有成效的措施。个人银行账户分类管理制度将个人银行结算账户分为Ⅰ、Ⅱ、Ⅲ类银行结算账户（以下简称Ⅰ、Ⅱ、Ⅲ类户），根据实名程度和账户定位，赋予不同类别账户不同功能，个人根据支付需要和资金风险大小使用不同类别账户，从而实现在支付时隔离资金风险、保护账户信息安全的目的。个人银行账户分类管理制度实施以来，社会各界反应良好，银行业金融机构（以下简称银行）和社会公众开立Ⅱ、Ⅲ类户的意愿较为强烈，开户数量和业务办理快速增长。

问：《通知》实施后，个人在开立Ⅱ、Ⅲ类户时可享受哪些便利？

答：一是开户渠道多样。《通知》要求，国有商业银行、股份制商业银行等应于2018年6月底前实现本银行柜面和网上银行、手机银行、直销银行、远程视频柜员机和智能柜员机等电子渠道办理个人Ⅱ、Ⅲ类户开立等业务，其他银行则应在2018年底前实现。届时，个人可根据自身使用习惯，在多种开户渠道中选择便捷渠道开立Ⅱ、Ⅲ类户。

二是开户手续简化。《通知》明确个人通过采用数字证书或电子签名等安全可靠验证方式登录电子渠道开立Ⅱ、Ⅲ类户时，如绑定本人本银行Ⅰ类户或者信用卡账户开立的，且确认个人身份资料或信息未发生变化的，开立Ⅱ、Ⅲ类户时无须个人填写身份信息、出示身份证件等，在有效落实账户实名制要求的同时，大幅提升开户体验。

问:《通知》进一步放宽Ⅲ类户开立和使用管理后，如何防范其被用于诈骗、洗钱犯罪等?

答:《通知》采取了以下安全防范措施:

一是将Ⅲ类户消费和缴费支付、非绑定账户资金转出等出金的日累计限额从原5000元下调至2000元，年累计限额从原10万元下调为5万元，通过控制Ⅲ类户支出额度，确保风险相对可控。

二是规定非面对面线上开立的Ⅲ类户通过绑定账户入金后，才可接受非绑定账户入金，以此方式确认绑定账户实际控制人与Ⅲ类户开立人为同一人，防范不法分子在获取他人身份信息和银行账户信息后冒名开立。

三是规定同一家银行通过线上为同一人只能开立一个允许非绑定账户入金的Ⅲ类户，防止不法分子通过开立多个此类账户变相扩大Ⅲ类户的转账限额，将Ⅲ类户用于转移电信网络诈骗资金等。同时，规定同一银行法人为同一人开立Ⅱ、Ⅲ类户的数量原则上分别不超过5个，这样的规定既有原则性，易于风险控制，又便于银行根据实际情况灵活掌握。

问：个人可如何利用个人银行账户分类管理制度来管理资金?

答：人民银行建立个人银行账户分类管理制度的初衷就是通过分层、分类地使用账户，为个人建立资金防火墙，有效地保护个人银行账户资金和信息安全。形象地说，三类银行账户就像是人们3个不同资金量的钱包。

Ⅰ类户是“钱箱”，个人的工资收入等主要资金来源都存放在该账户中，安全性要求较高，主要用于现金存取、大额转账、大额消费、购买投资理财产品、公用事业缴费等。

Ⅱ类户是“钱夹”，个人日常刷卡消费、网络购物、网络缴费通过该账户办理，还可以用于购买银行的投资理财产品。

Ⅲ类户是“零钱包”，主要用于金额较小、频次较高的交易，尤其是目前银行基于主机的卡模拟（HCE）、手机安全单元（SE）、支付标记化（Tokenization）等创新技术开展的移动支付业务，包括免密交易业务等。

总体来说，Ⅰ类户的特点是安全性要求高，资金量较大，适用于大额支付；Ⅱ、Ⅲ类户的特点是便捷性突出，资金量相对较小，适用于小额支付，Ⅲ类户尤其适用于移动支付等新兴的支付方式。社会公众可以根据需要主动管理自己的账户，把资金量较大的账户设定为Ⅰ类户，把经常用于网络支付、移动支付的账户降级，或者新增开设Ⅱ、Ⅲ类户用于这些支付，这样既能有效保障账户资金安全，又能体验各种便捷、创新的支付方式，达到支付安全性和便捷性的统一。

注：限于篇幅，对该通知和答记者问不做全面介绍，详细内容请查阅中国人民银行官方网站。

2.活期储蓄存款业务的核算

(1) 开户存入与续存款项的会计核算

储户第一次到银行办理存款称为开户。当申请开户时，储户应填写“活期储蓄存款凭条”，将其连同现金、个人身份证件一并交给银行柜员，银行柜员经审核无误并收妥款项后，登记在库存现金收入日记簿和开销户登记簿上，开立活期储蓄分户账，登记活期储蓄存折，并根据存款余额计算出应计利息积数，记入存款账及存款凭条利息积数栏内。以存款凭条代现金收入传票，其会计分录如下：

借：库存现金

　贷：活期储蓄存款——××存款人户

银行经复核各项内容及现金无误后，在存折上加盖公章，将其与身份证件一起交给储户，作为存取款的凭证。

如果储户要求凭印鉴支取或凭密码支取存款，还应在账页上加添密码或在印鉴签章处加盖预留印鉴备验，在存折和账页上加盖“凭印（或密码）支取”戳记，经银行业务人员复核凭条、存折和存款账的各项记载内容无误，复点现金账款相符以后，在存款凭条上加盖现金收讫章及个人名章收存后留存，在存款账上加盖复核名章后专夹保管，在存折上加盖个人名章，交储户收执。

以后当储户持活期储蓄存折来银行办理续存时，储户只需将存折和现金一并交银行柜员。银行柜员经审核无误并点收现金后，先抽出存款账进行记账，然后交会计人员凭存款凭条登记分户账及存折，将存折退交储户，其会计处理手续与开户时相同。

（2）支取存款与销户的会计核算

储户支取存款时，直接将存折交给银行柜员。凭印鉴支取的，还应在凭条上加盖预留印鉴，连同存折一并交给银行柜员。银行柜员根据凭条核对账、折和印鉴，经办员经核对无误后，根据存款凭条，先登记库存现金付出日记簿、存折和分户账，并根据存款余额查出应减积数，结出积数余额，记入分户账积数余额栏。银行以存款凭条代现金付出传票办理转账时，其会计分录如下：

借：活期储蓄存款——××存款人户

　贷：库存现金

然后在存折上加盖个人名章，存折和现金交储户收存。

当储户要求取走全部款项时，就称为销户。储户销户时，应根据存款账最后余额填写“活期储蓄存款凭条”，连同存折一起交给银行柜员，其办理手续除了按一般付款手续办理外，还要计算出应付利息，并且填制两联利息清单，一联连同本息交给储户，另外一联由储户签名后，作为汇总编制利息支出科目的传票。同时，银行在账、折及取款凭条上同时加盖“结清”戳记，注销“开销户登记簿”，存折作为取款凭条附件，账页另行保管。其会计分录如下：

借：活期储蓄存款——××存款人户

　　利息支出——活期储蓄存款利息支出户

　贷：库存现金

前面这些程序是以活期储蓄存折户为例来进行阐述的。活期储蓄存款除了活期储蓄存折户以外，还有活期储蓄支票户，是指以储蓄支票作为取款凭条的活期储蓄存款，但是这种活期储蓄方式只在达到一定资信的储户范围内开办。活期储蓄支票的开户和续存也是凭存款凭条来办理的，取款时应该凭借储户在其存款额度内签发的储蓄支票办理，其余手续及会计分录与活期储蓄存折户大同小异。

3.定期储蓄存款业务的核算

银行在“定期储蓄存款”科目之下分别设置明细科目进行核算。由于定期储蓄存款具有事先约定存期、一次或分次存入本金、整笔或分期支取本息的特点，因此四类定期储蓄存款业务的会计核算手续相差不多，下面分别予以阐述。

(1) 整存整取定期储蓄存款的会计核算

①开户存入的会计核算

储户申请办理整存整取定期储蓄存款时，应填写开户申请书（开户申请书的内容主要包括储户姓名、存款金额和存期等项目），然后连同现金一起交给银行柜员。银行柜员收妥现金，审核开户申请书无误后，填制一式三联的整存整取储蓄存款凭条。凭条签妥后各联上应加盖名章，第一联代现金收入凭证办理收款，并加盖“现金收讫”戳记；第二联为存单，加盖业务公章后交给储户保管；第三联为卡片账，按顺序专夹保管。其会计分录如下：

借：库存现金

　贷：定期储蓄存款——整存整取××户

同时，登记开销户登记簿。

如果储户要求凭印鉴支取存款，应在各联上加盖“凭印鉴支取”戳记，并在第一、三联存单上预留印鉴，其余手续相同。

②到期支取本息的会计核算

存款到期，储户持到期的整存整取存单来行支取存款，银行记账员抽出卡片账同存单核对，凭印鉴支取的，还要核对印鉴。经核对相符，按照规定计算应付利息，编制两联利息清单，并将付出利息和支取日期分别填在存单和卡片账上，登记开销户登记簿，以存单代现金付出凭证，连同一联利息清单作转账借方凭证，另一联利息清单连同现金交储户。其会计分录如下：

借：定期储蓄存款——整存整取××户

　　应付利息或利息支出——××定期存款利息户

　贷：库存现金

当日营业终了，根据当日的利息清单汇总填制利息支出借方传票，结清的卡片账另行保管，并定期装订。

③提前支取和过期支取的会计处理

当储户要求全部提前支取时，应交验本人身份证件，经银行柜员验核存单及身份证件后，将身份证件的名称、号码、发证机关等内容摘录在存单上。如果是凭印鉴支取，则应在存单上同时加盖预留印鉴，然后在存单和卡片账上加盖“提前支取”戳记，其他程序与到期支取相同。

当储户要求部分提前支取时，银行先按原存单将本金全部付出，并按规定计付提前支取部分的利息，然后将剩余部分的本金，按照原存入日期、期限、利率和到期日另开新存单，重新编账号，并且标有“由××号存单部分转存”的字样，同时在开销户登记簿上作相应记载。其余处理手续与到期支取相同。在部分提前支取的情况下，每张存单仅以一次为限。

当储户持过期存单来银行取款时，除按规定付给过期利息外，其余处理手续与到期支取相同。

（2）零存整取定期储蓄存款的会计核算

①开户存入和续存的会计核算

零存整取定期储蓄存款的存取手续和活期储蓄存款基本相同。开户时，由储户填写“零存整取定期储蓄存款凭条”，连同现金一并交给银行柜员，经银行柜员审查凭证无误后，点收现金，登记分户账及开销户登记簿，编列账号，开立账户和存折，然后开出存折交给储户。其会计分录如下：

借：库存现金

　贷：定期储蓄存款——零存整取××户

储户按约定日期到银行续存时，银行柜员收款并对账、折核对无误后，登记账、折，其余处理手续与开户存入时基本相同。

②到期支取本息的会计核算

储户到期支取本金时，将存折交给银行柜员，银行柜员对账、折审核无误后，按规定计算应付利息，并填制利息清单，分别在存折和账页上填写本金、利息和本息合计数额，加盖支付日期和“结清”戳记及名章，以存折代现金付出传票。其会计分录如下：

借：定期储蓄存款——零存整取××户

　　应付利息或利息支出——××定期存款利息户

　贷：库存现金

对利息和账、折进一步核对无误后，将本息交给储户，其余处理手续与整存整取定期储蓄存款相同。

③提前支取和过期支取的会计处理

储户要求提前支取时，应将个人身份证件交银行查验，查验以后，银行按照支取日挂牌公告的活期储蓄存款利率计付利息，其余手续与到期支取相同。

储户过期支取时，过期部分应计过期利息，其余手续与到期支取相同。

（3）存本取息定期储蓄存款的会计核算

存取手续与整存整取相同，银行可办理全部提前支取，但不办理部分提前支取。办理提前支取时，对于储户多支取的利息应在本金中扣除。

①开户存入的会计核算

开户时，由储户填妥存本取息存款凭条，包括姓名、存期和每次取息日期等内容，然后连同现金一起交给银行柜员。银行柜员审查凭条内容无误后，填制一式三联“存本取息定期储蓄存单”，计算出每次应付利息金额，填入存单和卡片账的“取息金额”栏内。凭印鉴支取的，在卡片账印鉴栏内加盖储户印章，登记开销户登记簿。在存款凭条上加盖“现金收讫”章，存单扉页处加盖业务公章，开销户登记簿上加盖名章后，将存单交给储户。其会计分录如下：

借：库存现金

　贷：定期储蓄存款——存本取息××户

②支取利息的会计核算

储户按约定日期到银行支取利息时，应持存单并填写存本取息定期储蓄取息凭条，银行审核无误后，凭以登记存单、卡片账并支付利息，以取息凭条代现金付出传票。其会计分录如下：

借：利息支出——××定期存款利息户

贷：库存现金

未到取息日，储户不得提前到银行支取利息；过期后，储户可随时到银行支取利息，但不计复利。

③到期支取本金的会计核算

存款到期时，储户到银行支取本金，以存单代现金付出传票，凭以付款。其会计分录如下：

借：库存现金

贷：定期储蓄存款——存本取息××户

如果储户要求提前支取本金，可凭存单和身份证件到银行办理。银行按照规定利率计算提前支取所得利息，并以红字冲回已支付的利息。如冲回的利息大于储户应得的利息，则应从本金中扣除。

（4）整存零取定期储蓄存款的会计核算

①开户存入的会计核算

开户时，银行根据储户姓名、存入金额、期限以及支取的次数和时间，填写一式三联“整存零取定期储蓄存单”，第一联代收入传票，第二联为存单，第三联为卡片账，在卡片账上注明每次支取的时间和金额。其会计分录如下：

借：库存现金

贷：定期储蓄存款——整存零取××户

凭印鉴支取的存单，在第一、三联上加盖预留印鉴，并在各联上加盖“凭印鉴支取”戳记。

②分期支取的会计核算

储户按约定时间来行取款时，应填写定期整存零取储蓄取款凭条，连同存单一并交给银行，经抽出卡片账核对无误后，在存单和卡片账上填写支取记录，以取款凭条代现金付出传票。其会计分录如下：

借：定期储蓄存款——整存零取××户

贷：库存现金

在最后一次支取时，银行还应同时将利息付给储户，其手续与上述基本相同。

③提前支取与过期支取的会计处理

银行可办理提前全部支取，但不办理部分提前支取，提前支取的手续与到期支取基本相同。

过期支取的存单，应在存单和卡片账上注明过期支付的日期，并按规定利率计付过期利息。

4.定活两便储蓄存款的核算

开户时，储户应填写定活两便存单，上面不必注明存期、利率，可以随时根据需要支取。支取时除计息方法不同外，其余处理程序与整存整取定期储蓄存款大同小异。

计算利息时，银行应该根据不同存期进行计算。具体来说，存期不足3个月的，按支取日挂牌公告的活期利率计算；存期超过3个月但不满1年的，按照支取日定期整存整取储蓄存款半年期同档利率六折计息；存期超过1年的，无论存期多少，均按照支取日定期整存整取储蓄存款1年期同档利率六折计息。如果出现打折后的利率低于活期储蓄存款利率的情况，则应该按照活期储蓄存款利率计息。存期内不分段计息。

【实务经验谈3-1】

资管新规出台，银行理财产品打破刚性兑付

为规范金融机构资产管理业务，统一同类资产管理产品监管标准，有效防控金融风险，更好地服务实体经济，经国务院同意，中国人民银行、中国银行保险监督管理委员会、中国证券监督管理委员会、国家外汇管理局日前联合印发了《关于规范金融机构资产管理业务的指导意见》（银发〔2018〕106号，以下简称《意见》）。《意见》根据党中央、国务院“服务实体经济，防控金融风险，深化金融改革”的总体要求，按照“坚决打好防范化解重大风险攻坚战”的决策部署，坚持严控风险的底线思维，坚持服务实体经济的根本目标，坚持宏观审慎管理与微观审慎监管相结合的监管理念，坚持有的放矢的问题导向，坚持积极稳妥审慎推进的基本思路，全面覆盖、统一规制各类金融机构的资产管理业务，实行公平的市场准入和监管，最大限度地消除监管套利空间，切实保护金融消费者合法权益。过渡期于2021年12月底结束，银行理财产品开启全面净值化新篇章。资管新规对包括银行理财在内的各类资产管理产品提出净值化管理、不得承诺保本保收益、打破刚性兑付等要求。

面对种类繁多的净值型理财产品，客户要根据理财产品的风险提示，擦亮双眼，仔细甄别金融机构理财产品各类营销宣传资料，客观分析，理性判断，独立谨慎做出投资决定。

第三节　存款利息的计算与会计核算

银行对单位及个人的存款计付利息是银行核算成本的重要内容。能否正确计算利息，不仅影响银行经济核算，而且影响各单位及人民群众的经济利益，所以，银行要按规定的计息范围、方法和利率正确计息。

一、计息的基本规定

1.计息范围

存款计息范围是由国家统一规定的，体现一定的国家方针、政策。计息范围如下：

（1）独立核算的企业单位的流动资金存款以及个人存款应计付利息；

（2）行政机关、部队、社会团体、学校等单位的经费存款，其款项来源为国家预算拨款，1998年后列为一般性存款计付利息；

（3）各单位的党费、团费、工会经费按现行企业存款利率计付利息；

（4）中国人民银行与商业银行之间，以及各商业银行之间往来存款计付利息；

（5）银行经办的财政预算内资金存款及集中待交财政的各种款项形成的存款不计付利息。

2.活期存款计息的基本规定

单位、个人活期存款在存入期间遇有利息调整，按结息日挂牌公告的利率计算。未到结息日清户时，按清算日挂牌公告的利率计息到清户前一日止。

3.定期存款计息的基本规定

定期存款不论利率是否调整，均按存单开户日挂牌公告的利率计息。定期存款全部提前支取的，按支取日挂牌公告的活期存款利率计息，其余部分按原存单开户日挂牌公告的原存期限定期存款利率计息。定期存款逾期不办理转存手续，其超过原定存期的部分，按支取日挂牌公告的活期存款利率计息。

4.本金元位起息，元位以下不计息

计算的利息保留到分位，分位以下四舍五入。

二、计息的基本方法

1.利率及其换算公式

利率有年利率、月利率、日利率三种。在实际工作中，存期一般按日计算，而银行公布的利率一般是年利率或月利率。三种利率之间的转换关系为：

日利率（‰）=年利率（%）÷360

日利率（‰）=月利率（‰）÷30

月利率（‰）=年利率（%）÷12

2.存期的计算

存期的计算原则是“计首不计尾”。

从利率换算的规定上讲，无论大月、小月、平年、闰年，全年均按12个月、360天计算，可用“对年、对月、对日相减法”计算存期，如2022年11月12日存入一笔款项，2023年10月29日将其取出，则存期为：

2023	10	29
−2022	11	12
1	−1	17

所以，该笔款项的存期为347天（1×360−1×30+17）。

在实际中，存期较短时，存期的起止天数按实际天数计算，如2023年8月10日存入一笔款项，2024年4月30日将其取出，按上述方法计算的存期为260天，按实际天数计算为264天。

3.计息基本公式

计息基本公式为：

利息=本金×存期×利率

在这个基本公式的基础上，可以演变出许多计息的具体方法，比如：

（1）整存整取定期存款计息公式

应计利息=存款额×存期×利率

整存整取定期存款如果推迟支取，应分段计息，存期内按原定利率计息，过期部分按活期利率计算，其计息公式为：

应计利息=存款额×（存期×原定利率+过期时间×活期利率）

（2）零存整取定期存款计息公式

在无漏存的情况下，根据积数法可推导出零存整取定期存款到期支取的计息公式为：

应计利息=到期存款余额×（存入期数+1）÷2×每次支取的间隔月数×月利率

（3）整存零取定期存款计息公式

根据积数法可推导出整存零取定期存款到期支取的计息公式为：

应计利息=（全部本金+每次支取额）÷2×支取次数×每次支取的间隔月数×月利率

（4）存本取息定期存款计息公式

每次支取利息金额=本金×存期×利率÷支取次数

三、活期存款利息的计算与核算

存款利息一般采用转账方式结计。各项存款利息均要在结息日的次日为客户转账支付到本金账户中。

在我国，存贷款利率是由国家授权中国人民银行统一规定的，各商业银行不得自行变更，也不得随意减免利息，但可在国家允许的范围内实行浮动利率或优惠利率。利率的调整由国家统一进行。单位活期存款和个人活期储蓄存款利息均按结息日或销户日挂牌公告的利率计息，在计息期内遇利率调整则分段计息（2005年9月21日前不分段）。

1.主要计息周期与结息日

单位活期存款和个人活期储蓄存款均采取定期结息的方法，按季度计算利息，每季度末月20日为结息日，次日付息。计息期为上季度末月21日起至本季度末月20日止，即结息时应把结息日当天计算在内，下季度的利息从结息日的次日开始算起。计息天数"算头不算尾"，即从存入日算起至支取日的前一日为止。比如，一笔存款4月1日存入，6月18日支取，计息时间为：

30+31+17=78（天）

活期存款的存期按实际天数计算。

2.计息方法

活期存款利息的计算方法有余额表计息法和账页计息法两种。这两种方法均属于积数计息法的具体运用形式。

积数计息法一般用于存款额或存期经常发生变动的存款业务，如活期存款、有漏存的零存整取定期存款等。由于存款额、存期是经常变动的，而利率相对稳定，因此可将存款额与存期的乘积作为积数，则：

应计利息=存款额×存期×利率=积数×利率

积数是存款账户余额与存款日数相乘之积或存款账户每日余额相加之和。

（1）余额表计息法

采用该方法计息是指每日营业终了，将各计息分户账的最后余额按户抄列在"计息余额表"（见表3-2）内（当日余额未变动的，照抄当日余额）。如遇到错账冲正或补记账款使记账日期与起息日期不一致，则应在余额表的"补增积数""补减积数"栏内调整计息积数。结息日，逐户将全季的累计积数乘以日利率，即得出各户应计利息数。该方法适用于存款余额变动频繁的存款账户。

（2）账页计息法

采用该方法计息的存款户使用乙种账，即在单位存款账户发生资金借贷后，按上次最后余额乘以该余额的实际天数，即为积数，并分别把日数与积数记入账页上的"日数"和"积数"栏内。如果更换账页，应将累计积数过入新账页第一行内，待结息日营业终了，再计算出全季的应计天数和积数合计，以积数乘以日利率，即可得出应付利息数。该方法适用于存款余额变动不多的存款账户。举例见表3-3。

表3-2

中国××银行计息余额表

自　　年　　月　　日至　　年　　月　　日

科目：　　　　　　　　　　　　　　　　　　　　共　页

第　页

户名																																										合计										
账号		No.										No.										No.										No.																				
结转累计积数		千	百	十	万	千	百	十	元	角	分	千	百	十	万	千	百	十	元	角	分	千	百	十	万	千	百	十	元	角	分	千	百	十	万	千	百	十	元	角	分	亿	千	百	十	万	千	百	十	元	角	分
日期	21日																																																			
	22日																																																			
	23日																																																			
	24日																																																			
	25日																																																			
	26日																																																			
	27日																																																			
	28日																																																			
	29日																																																			
	30日																																																			
	31日																																																			
	小计																																																			
	1日																																																			
	2日																																																			
	3日																																																			
	4日																																																			
	5日																																																			
	6日																																																			
	7日																																																			
	8日																																																			
	9日																																																			
	10日																																																			
	11日																																																			
	12日																																																			
	13日																																																			
	14日																																																			
	15日																																																			
	16日																																																			
	17日																																																			
	18日																																																			
	19日																																																			
	20日																																																			
	小计																																																			
补增积数																																																				
补减积数																																																				
累计积数																																																				
应计利息额																																																				

表3-3　**中国××银行××存款明细账**

单位名称：××××××　　账号：××××××　　本户页次：2

2022年		凭证编号	摘要	借方	贷方	余额	日数	积数（千元）	复核
月	日								
3	1		承前页			30 000			
3	7		收回货款		6 000				
3	15		采购材料	12 000					
4	1		取现金额	4 000					
4	11		取现金额	2 500					
4	14		存现金额		450				

3.活期存款利息的核算

（1）科目的设置

“利息支出”属于成本类科目，用于核算存款业务中发生的利息支出。发生利息支出时，记入该科目的借方。期末，结转该科目余额时，借记“本年利润”科目，贷记“利息支出”科目。

（2）利息的核算

活期存款在结息日结息时，应逐户填制一式三联的利息清单，审核无误后，一联盖业务公章交存款单位，其余两联分别代借、贷方记账凭证留待次日办理转账。结息后，于次日将本次计算出的利息直接记入存款户，增加其余额。其会计分录为：

借：利息支出——××存款利息支出户

　　贷：活期存款——××单位户

或　　贷：活期储蓄存款——储户

四、定期存款利息的计算与核算

定期存款利息按存入日中国人民银行颁布的利率计算，实行利随本清的计息方法，存期按对年、对月、对日计算（实付利息日数算至到期日前一天），不论大月、小月、平月、闰月，每月均按30天计算，全年按360天计算，不足一个月的零头天数按实存天数计算（算头不算尾）。其计息公式为：

利息=本金×存期×利率

1.计息、结息规定

（1）到期支取

定期存款到期支取时，利息的计算按照开户日所定的利率计付利息。

（2）逾期支取

定期存款逾期支取时，逾期部分按支取日人民银行挂牌公告的活期存款利率计付利息。

（3）提前支取

定期存款未到期提前支取时，按支取日挂牌公告的活期存款利率计付利息。

（4）部分提前支取

提前支取部分，按支取日银行挂牌公告的活期存款利率计付利息；未提前支取部分，按原证实书（或定期储蓄存单）开立日所定存款利率和原定存期计付利息。但部分提前支取只能允许一次。定期存款利率在原定存期内人民银行如有调整变动，均按开户日所定利率计付利息，不分段计息。

2.定期存款利息的核算

（1）科目的设置

①“应付利息”科目。该科目用于核算银行吸收的款项以及各项借款当期应付未付的利息。计算出应付利息时记入该科目的贷方，实际支出利息时记入该科目的借方。该科目为负债类科目，期末余额在贷方。

②“利息支出”科目。预提应付利息时记入该科目的借方，实付利息大于预提应付利息时，实付利息直接记入该科目的借方。期末结转后该科目无余额。

（2）利息的核算

①预提定期存款利息。定期存款一般采用利随本清的付息方法，在存款到期时支付利息。根据权责发生制原则，对1年以上的各种定期存款利息，采取按季预提并摊入当期成本的方法。

预提利息时，应按定期存款利率分档次分别计算。若利率调整，凡规定应分段计息的，从利率调整当季开始按新利率预提。预提定期存款利息的计算公式为：

预提定期存款利息=定期存款季平均余额×月平均利率×3

其中：

定期存款季平均余额=季度内3个月月初定期存款余额之和÷3

预提利息时，根据预提金额，分别填制借、贷方记账凭证办理转账，其会计分录为：

借：利息支出——××存款利息支出户

　　贷：应付利息——××存款利息户

②定期存款到期支取。1年以内定期存款利息在支取日直接计算并支付，其核算方法与活期存款利息的核算方法相同。1年以上定期存款利息按季预提，到期支取定期存款本息时，填制一式三联的利息清单，清单上的“天数”改为“年数”，“积数”改为“本金”，一联加盖业务公章后交存款户，其余两联代借、贷方记账凭证记账。支取本息的会计分录为：

借：定期存款——××单位户

　　应付利息——××存款利息户

　　贷：活期存款——××单位户

或　贷：库存现金——××储户

实付利息时，如实付利息超过“应付利息”科目相应账户的余额，差额部分则另填借、贷方记账凭证，直接列利息支出，其会计分录为：

借：利息支出——××存款利息支出户

　　贷：活期存款——××单位户

或　贷：库存现金——××储户

【思政课堂3-2】

2022年5月9日，中国人民银行发布的《2022年第一季度中国货币政策执行报告》在专栏中指出，由于存款市场竞争激烈，实际执行中，很多银行的定期存款和大额存单利率接近自律上限。这在一定程度上阻碍了市场利率有效传导，存款利率难以跟随市场利率变化。4月，人民银行指导利率自律机制建立了存款利率市场化调整机制，自律机制成员银行参考以10年期国债收益率为代表的债券市场利率和以1年期LPR为代表的贷款市场利率，合理调整存款利率水平。这一机制的建立可促进银行跟踪市场利率变化，提升存款利率市场化定价能力，维护存款市场良性竞争秩序。建立存款利率市场化调整机制重在推进存款利率进一步市场化，对银行的指导是柔性的。银行可根据自身情况，参考市场利率变化，自主确定其存款利率的实际调整幅度。对于存款利率市场化调整及时高效的金融机构，人民银行给予适当激励。新的机制建立后，银行的存款利率市场化程度更高，在当前市场利率总体下行的背景下，有利于银行稳定负债成本，促进实际贷款利率进一步下行。

利率是资金的价格，对宏观经济均衡和资源配置有重要导向意义。利率市场化是金融领域的重要改革之一。多年来，人民银行坚持推进利率市场化改革，不断取得突破，成效显著。下阶段，人民银行将继续深化利率市场化改革，完善市场化利率形成和传导机制，优化央行政策利率体系，加强存款利率监管，着力稳定银行负债成本，发挥LPR改革效能，推动降低企业综合融资成本。

请登录中国人民银行官方网站，阅读我国利率市场化改革的相关资料并思考，我国为什么要进行利率市场化改革？利率市场化改革的目标是什么？利率市场化改革进程是如何一步步推进的？

【本章小结】

本章主要讲授银行存款和存款账户的种类及管理规定、存款科目的设置以及存款账户的核算要求及核算程序，最后讲解了存款利息的计算方法和存款利息的核算。

银行存款按资金来源性质分类，分为个人存款、单位存款、财政性存款等；按存款期限分类，分为活期存款、定期存款、定活两便存款（含通知存款）；按计息与否分类，分为计息存款和不计息存款；按存取款方式分类，分为存折存款、存单存款、转账存款；按存款货币的记账单位分类，分为本币存款和外币存款。

存款账户分为单位银行结算账户和个人银行结算账户。其中，单位银行结算账户又分为基本存款账户、一般存款账户、专用存款账户和临时存款账户。

银行存款核算设置的会计科目包括活期存款、定期存款、活期储蓄存款、定期储蓄存款、银行卡存款、基金存款、财政性存款。银行存款类科目属于负债类科目，其核算规则是：业务发生时均按实际发生额入账，客户存入款项时记入相关科目的贷方，客户支取款项时记入相关科目的借方，余额在贷方，表示存款结存的数额。

个人储蓄存款分为活期储蓄存款、定期储蓄存款和定活两便储蓄存款三种。其中，定期储蓄存款又分为整存整取定期储蓄存款、零存整取定期储蓄存款、存本取息定期储蓄存款和整存零取定期储蓄存款。个人储蓄存款的会计核算与单位存款的会计核算基本相同，只是采用的会计科目有所不同。另外，个人定期储蓄存款的存入与支取不是必须采用转账方式进行的，也可以采用现金存入与支取方式。

银行对单位及个人的存款计付利息是银行核算成本的重要内容。能否正确计算利息，不仅影响到银行的经济核算，还会影响到各单位及人民群众的经济利益，所以要按规定的计息范围、方法和利率正确计息。活期存款按日计息，按季结息，每季度末月20日为结息日；定期存款利息在存款到期日利随本清。

【复习思考题】

一、单项选择题

1.存款人能够办理日常转账结算和现金收付的账户是（　　）。

A.基本存款账户　　B.一般存款账户

C.临时存款账户　　D.专用存款账户

2.活期储蓄存款的结息日为（　　）。

A.每月30日　　B.每季度末月的20日

C.6月30日　　D.12月20日

3.定期储蓄存款按（　　）计息。

A.开户日利率　　B.到期日利率

C.活期存款利率　　D.原定利率

4.单位开立定期存款账户，一般由银行向客户签发（　　）。

A.利息清单　　B.存款开户证实书

C.定期存款申请书　　D.单位定期存款存单

5.本金一次存入，约定存期，分期支取利息，到期支取本金的储蓄存款是（　　）。

A.整存整取定期储蓄存款　　B.零存整取定期储蓄存款

C.存本取息定期储蓄存款　　D.整存零取定期储蓄存款

6.存款人因借款、现金缴存或其他结算需要，在基本存款账户以外的其他银行开立的银行结算账户是（　　）。

A.基本存款账户　　B.一般存款账户

C.临时存款账户　　D.专用存款账户

7.用于核算各类经济组织、单位、企业在银行的活期存款的科目是（　　）。

A.“活期存款”　　B.“定期存款”

C.“活期储蓄存款”　　D.“定期储蓄存款”

8.单位定期存款的起存金额规定为（　　）元。

A.50　　B.100　　C.1 000　　D.10 000

9.个人存款业务中整存整取定期储蓄存款的起存金额是（　　）元。

A.5　　B.10　　C.50　　D.100

10.应计利息=积数×利率，其中积数等于（　　）。

A.存款额×存期　　B.存款额×利率

C.存期×利率　　D.存款额×年数

11.“应付利息”科目是（　　）。

A.资产类科目　　B.负债类科目

C.损益类科目　　D.所有者权益类科目

12.“利息支出”科目是（　　）。

A.资产类科目　　B.负债类科目

C.损益类科目　　D.所有者权益类科目

13.存款人因临时经营活动需要而开立的银行结算账户是（　　）。

A.基本存款账户　　B.一般存款账户

C.专用存款账户　　D.临时存款账户

14.单位通知存款的起存金额是（　　）万元。

A.1　　B.5　　C.10　　D.50

15.2022年12月24日存入一笔款项，2023年2月15日将其取出，则存期是（　　）天。

A.52　　B.53　　C.54　　D.55

16.存款利息的计算公式为：利息=（　　）。

A.积数×存期×利率　　B.积数×日利率

C.天数×利率　　D.存款金额×利率

17.银行的单位存款账户不包括（　　）。

A.基本存款账户　　B.一般存款账户

C.临时存款账户　　D.储蓄存款账户

18.我国商业银行提供的单位定期存款服务，其期限不包括（　　）。

A.3个月　　B.6个月　　C.9个月　　D.1年

19.不可用于支取现金的存款账户为（　　）。

A.基本存款账户　　B.一般存款账户

C.专用存款账户　　D.临时存款账户

20.银行现金付出业务的记账程序为（　　）。

A.先收款后记账　　B.先记账后付款

C.先付后收　　D.先收后付

二、多项选择题

1.不论实际存期多长，通知存款按存款人提前通知的期限长短划分为（　　）。

A.一天通知存款　　B.三天通知存款

C.七天通知存款　　D.十天通知存款

2.定期储蓄存款根据存取本息形式不同，可分为（　　）。

A.整存整取定期储蓄存款　　B.零存整取定期储蓄存款

C.存本取息定期储蓄存款　　D.整存零取定期储蓄存款

3.储蓄存款的原则是（　　）。

A.存款自愿　　B.取款自由　　C.存款有息　　D.为储户保密

4.存款利息的计算公式为：利息=（　　）。

A.本金×存期×利率　　B.积数×利率

C.天数×利率　　D.存款金额×利率

5.银行的存款账户包括（　　）。

A.基本存款账户　　B.一般存款账户

C.临时存款账户　　D.专用存款账户

6.单位存入现金时，银行的会计核算为（　　）。

A.借：库存现金　　B.贷：库存现金

C.借：活期存款　　D.贷：活期存款

7.银行存款按资金来源性质分类，可分为（　　）。

A.个人存款　　B.单位存款　　C.财政性存款　　D.工业存款

8.银行存款按照期限分类，可分为（　　）。

A.活期存款　　B.定期存款

C.整存整取存款　　D.定活两便存款

9.我国商业银行提供的定期存款服务，其期限一般为（　　）。

A.3个月　　B.6个月　　C.9个月　　D.1年

10.可用于支取现金的存款账户为（　　）。

A.基本存款账户　　B.一般存款账户

C.专用存款账户　　D.临时存款账户

11.单位活期存款支取时的会计核算为（　　）。

A.借：活期存款　　B.借：库存现金

C.贷：活期存款　　D.贷：库存现金

12.单位定期存款存入时的会计核算为（　　）。

A.借：活期存款　　B.借：库存现金

C.贷：定期存款　　D.贷：库存现金

13.银行定期存款利息的核算中设置的科目有（　　）。

A.“应收利息”　　B.“应付利息”　　C.“利息收入”　　D.“利息支出”

14.积数计息法包括（　　）。

A.余额表计息法　　B.定期结息

C.账页计息法　　D.利随本清

15.预提定期存款利息时，（　　）。

A.借：利息支出　　B.借：应付利息

C.贷：利息支出　　D.贷：应付利息

三、判断题

1.商业银行吸收的存款按存取款方式分为存折存款、存单存款、银行卡存款。（　　）

2.定期储蓄存款包括整存整取存款、零存整取存款、存本取息存款和整存零取存款。（　　）

3.按照收付实现制的原则预提的应付给储户的利息应借记“利息支出”科目，贷记“应付利息”科目。（　　）

4.定期储蓄存款不可以提前支取。（　　）

5.一个单位可以选择一个银行的多个营业机构开立多个基本存款账户。（　　）

6.通知存款的存款人可以多次存入，一次支取。（　　）

7.通知存款一般有最低起存金额和最低支取金额。它的最低起存金额是：单位为50万元，个人为5万元。它的最低支取金额是：单位为10万元，个人为5万元。 （ ）

8.银行存款的定期结息日为每月20日。 （ ）

9.定期存款不论利率是否调整，均按存单支取日挂牌公告的利率计息。 （ ）

10.对于银行1年以内的各种定期存款利息，采取按季预提并摊入当期成本的方法。 （ ）

四、业务处理题

1.9月3日，利民百货商场存入现金，现金缴款单上的合计数为50 000元。

要求：请编制会计分录。

2.9月5日，松花江机械厂提取现金，开出现金支票，金额为2 000元。

要求：请编制会计分录。

3.9月8日，电视机厂存入1年期定期存款200 000元。

要求：请编制会计分录。

4.9月13日，电信公司2年期存单到期，存单面值为100 000元，存款年利率为2.43%，已经提取利息支出1 800元。将存单本息转入其活期存款账户。

要求：请编制会计分录。

5.某银行对某单位活期存款采用分户账计息法。某单位分户账资料见表3-4。

表3-4 某单位分户账资料

活期存款利率：0.3% 单位：元

2022年		摘要	借方	贷方	借或贷	余额	日数	积数
月	日							
3	21	结息		25	贷方	2 000		
3	29	转收		1 000	贷方			
4	18	提现	500		贷方			
5	3	委托收款		4 000	贷方			
6	18	信汇汇入		1 000	贷方			
6	20	合计			贷方			

要求：将表3-4补充完整，计算该单位第二季度存款利息并编制转账的会计分录。

第四章　贷款业务的核算

【学习目标】

理论目标：（1）了解贷款是商业银行最传统、最主要的资产业务；（2）了解划分贷款种类的不同标准。

实践目标：（1）掌握贷款的核算方法；（2）掌握信用贷款正常归还及逾期情况下的处理方法；（3）掌握贷款损失准备的管理规定和核算方法；（4）掌握抵押贷款的处理方法。

【课程思政案例4-1】

贷款诈骗罪与骗取贷款罪

基本案情：

被告人潘某因欠下债务无法偿还，通过被告人沈某的介绍，向南京银行某分行贷得人民币10万元的“信易贷”贷款。其后，被告人潘某又伙同被告人祝某、潘某某和沈某，采用虚构公务员身份等方式，在被告人沈某的介绍、帮助下，向南京银行某分行贷得合计人民币40万元的“信易贷”贷款由被告人潘某使用。被告人潘某按约向被告人沈某支付了合计人民币12.5万元的介绍费。后被告人潘某因无法偿还债务而逃匿，致上述贷款未能偿还。

法院经审理认为：被告人潘某明知无法偿还，编造虚假事由、使用虚假的证明文件，骗取银行贷款50万元，数额特别巨大，并于其后逃匿，其行为已构成贷款诈骗罪；被告人沈某、祝某、潘某某以欺骗手段取得银行贷款40万元，给银行造成重大损失，但认定其主观上有非法占有目的，证据不足，其行为应当以骗取贷款罪定性。

法院判决：以贷款诈骗罪判处被告人潘某有期徒刑11年，并处罚金；以骗取贷款罪判处被告人沈某有期徒刑2年，并处罚金；以骗取贷款罪判处被告人祝某有期徒刑1年，缓刑1年，并处罚金；以骗取贷款罪判处被告人潘某某有期徒刑1年，缓刑1年，并处罚金。

被告人潘某明知欠下大量债务无法偿还，仍编造虚假的事由，自行向银行贷款10万元，并指示他人，利用虚假证明文件，向银行贷款合计40万元由其使用，其后因无法偿还债务而逃匿，主观上的诈骗故意是很明显的，无疑应当以贷款诈骗罪追究刑事责任。

思考题：

1. 被告人沈某、祝某、潘某某的行为是否具有贷款诈骗罪的共同故意，是构成贷款诈骗罪还是骗取贷款罪？

2. 银行贷款业务的正确操作流程是什么？

3. 银行骗贷事件频发，请从银行信贷人员和借款人两个角度进行思考，如何规避骗贷事件的发生？

分析提示：

骗取贷款罪，是2006年6月通过的《中华人民共和国刑法修正案（六）》中的一个新增罪名，是指以欺骗手段取得银行或其他金融机构贷款、票据承兑、信用证、保函等，给银行或金融机构造成重大损失或者有其他严重情节的行为。本罪的主要特征是：(1) 客观方面表现为骗取银行或者其他金融机构贷款，给银行或者其他金融机构造成重大损失；(2) 主观方面是故意的，不需要行为人具有非法占有的目的。

贷款诈骗罪，是指以非法占有为目的，诈骗银行或者其他金融机构贷款，数额较大的行为。本罪的主要特征是：(1) 客观方面表现为诈骗银行或者其他金融机构贷款，数额较大；(2) 主观方面是故意的，而且具有非法占有的目的。

由此可见，骗取贷款罪与贷款诈骗罪的共同点在于，主观方面均有明知自己的行为会产生破坏金融秩序、侵犯金融机构财产的危害后果，并且希望这种结果发生的故意，客观方面均实施了用欺骗的手段获取银行贷款的行为；主要区别在于，骗取贷款罪不需要行为人具有非法占有的目的，贷款诈骗罪则需要这一主观要件。

确定本案被告人行为的性质，首先必须考证被告人是否有贷款诈骗的共同犯意。

1.被告人沈某、祝某、潘某某的行为不具有贷款诈骗罪的共同犯罪故意。

贷款诈骗罪与骗取贷款罪在刑法中是较为特殊的两个罪名，从狭义方面讲，两个罪名具有共同的犯罪故意，如前所述，即明知自己的行为会产生破坏金融秩序、侵犯金融机构财产的危害后果，并且希望这种结果发生的故意，区分两罪的关键在于主观方面的犯罪目的，即贷款诈骗罪要求有非法占有的目的。所以，笔者以为，在涉及这两个罪名的时候，共同犯罪概念中的“犯罪故意”（犯意）应作广义之解，将犯罪目的纳入其中，否则，两个罪名便会产生混同，无法区分。

在本案中，被告人祝某、潘某某与被告人潘某合谋，采用伪造身份证明等欺骗手段，以其名义向银行贷款使被告人潘某获得贷款的使用权，被告人沈某明知被告人祝某、潘某某系假冒公务员身份，不符合办理贷款的条件，而利用其与银行工作人员相熟的便利，从中联系、介绍、提供帮助，从而使被告人祝某、潘某某获得银行贷款。但被告人祝某、潘某某不明知被告人潘某在贷款前即产生将款项占为己有、不予偿还的非法占有目的，被告人沈某也不明知被告人祝某、潘某某与被告人潘某的合谋内容，即贷款最终均交由被告人潘某使用。因此，被告人沈某、祝某、潘某某虽有骗取贷款的主观故意，也实施了骗取贷款的行为，但其本身对贷款无非法占有目的，也不明知被告人潘某有非法占有目的，不能认定具有贷款诈骗罪的共同犯罪故意。

2.被告人沈某、祝某、潘某某的行为构成骗取贷款罪。

被告人沈某为了达到获取高额“中介费”的目的，利用社会关系，帮助不具有公务员身份的人获取“信易贷”贷款；被告人祝某、潘某某出于“哥们义气”，利用伪造的公务员身份，骗取银行的信任，通过自己向银行贷款的方式，帮朋友获得贷款，主观罪过、客观行为以及侵犯的客体符合骗取贷款罪的构成要件，应认定为“骗取贷款罪”。且从上述三名被告人的主观恶性、犯罪动机、具体犯罪情节、社会危害性等方面出发，与被告人潘某区别定性，才能符合刑法罪刑相适应的基本原则。

综上所述，法院对本案的定性是正确的。

注：“信易贷”是银行开办的以公务员为特定对象的贷款业务，在申请贷款时只要提交在职证明即可，无须其他担保。

第一节 贷款业务概述

贷款又叫放款，是银行或其他金融机构以还本付息为条件出借货币资金的一种信用活动形式。我国资本市场尚不发达，国民经济各部门的融资需求主要靠银行的贷款发放来满足。贷款业务是银行根据国家的信贷政策和产业政策，按照贷款的安全性、流动性、效益性原则，对国民经济各部门进行的资金再分配。贷款业务是商业银行的主要资产业务，也是银行会计核算的重要内容。

一、贷款业务的种类

不同的分类方法对于正确理解和处理各项贷款业务的核算手续具有不同的意义。

1.按贷款期限分类

按照贷款期限，可以将贷款分为短期贷款、中期贷款和长期贷款。

短期贷款，是指银行根据有关规定发放的、期限在1年以下（含1年）的各种贷款。

中期贷款，是指银行发放的贷款期限在1年以上5年以下（含5年）的各种贷款。

长期贷款，是指银行发放的贷款期限在5年以上（不含5年）的各种贷款。

2.按贷款的保障条件分类

按照贷款的保障条件，可以将贷款分为信用贷款、担保贷款和票据贴现。

信用贷款，是指银行完全凭借客户的信誉而无须客户提供抵押物或第三者保证而发放的贷款。

担保贷款，是指具有一定的财产或信用作还款保证的贷款。

票据贴现，是指持票人将未到期的票据转让给银行或贴现公司，银行或贴现公司按票面金额扣除贴现息后，将剩余的金额交付持票人的一种特殊的信贷活动。

3.按贷款发放的自主程度分类

按照贷款发放的自主程度，可以将贷款分为自营贷款、委托贷款和特定贷款。

自营贷款，是指贷款人以合法方式筹集的资金自主发放的贷款，其风险由贷款人承担，并由贷款人收取本金和利息。

委托贷款，是指政府部门、企事业单位及个人等委托人提供资金，由贷款人（即受托人）根据委托人确定的贷款对象、用途、金额、期限、利率等代为发放、监督使用并协助收回的贷款。

特定贷款，是指经国务院批准，并对贷款可能造成的损失采取相应补救措施后责成国有独资商业银行发放的贷款。

4.按贷款本息是否逾期超过一定天数分类

按照贷款本息是否逾期超过一定天数，可以将贷款分为应计贷款和非应计贷款。

应计贷款，是指非应计贷款以外的贷款。

非应计贷款，是指贷款本金或利息逾期90天没有收回的贷款。当贷款的本金或利息逾期90天时，应将贷款从应计贷款转为非应计贷款，贷款发生的应计利息停止计入当期利息收入，单独核算，并将已入账的利息收入和应收利息予以冲销。

5.按贷款的风险程度分类

按照贷款的风险程度，可以将贷款分为正常贷款、关注贷款、次级贷款、可疑贷款和损失贷款。

6.按贷款的具体用途和贷款对象的部门分类

按照贷款的具体用途，可以将贷款分为流动资金贷款和固定资金贷款；按照贷款对象的部门，又可以将贷款分为工业贷款、商业贷款、农业贷款、科技贷款和消费贷款。

7.按贷款的偿还方式分类

按照贷款的偿还方式，可以将贷款分为一次性偿还贷款和分期偿还贷款。

【金牌讲师说4-1】

资产风险分类管理办法（五级分类法）

1.资产风险分类的背景

我国资产风险分类始于1998年，1998年至2001年为试行阶段，2002年开始在我国各类银行全面推行。资产风险分类发展经历了漫长的过程，由最初的根据人民银行指导性意见进行试分类发展到目前的全面正式推行，由最初的只对贷款类资产进行分类发展到对承担风险和损失的资产进行分类。

在资产风险分类法不断发展、完善的过程中，中国人民银行多次发文给各国有独资商业银行、政策性银行等银行机构，对分类标准、损失类贷款的界定、分类工作的组织管理、信息披露、监督检查、上报要求、贷款损失准备金计提等制定了具体规定。2001年中国人民银行正式下发了《贷款风险分类指导原则》（银发〔2001〕416号），在此基础上又下发了《银行贷款损失准备计提指引》（银发〔2002〕98号），要求各商业银行全面推行贷款质量五级分类管理，及时足额提取各类贷款损失准备金，鼓励商业银行逐步与国际通行做法接轨。可以预见，风险分类方法的推行，将有利于改善中国金融业的风险管理水平，提高银行的国际竞争力。

早在人民银行试行之前，很多行就曾提出过风险分类的概念，并在深圳分行和部分海外分行进行了试点。从1998年中国人民银行试行五级分类开始至今，各行严格遵照中国人民银行的有关规定，同时根据各行风险管理工作的需要，逐步推进资产风险分类管理。目前，资产风险分类范围已经涵盖批发贷款、零售贷款、信用卡透支等7大类资产，表外项目中的直接信用替代项目等也将逐步纳入分类范畴；定期开展资产风险分类，并根据分类数据进行风险分析；相关的信息系统建设按照循序渐进的原则进行，系统功能日趋完善；研究细化了与国际接轨的批发贷款12级分类标准。经过5年多的发展，各行资产风险分类工作已经步入正轨，一套较为完善的资产风险分类管理体系已经逐步建立起来。但是，由于资产风险分类工作实践性很强，我们还将在实际工作中继续探索，不断完善各行的资产风险分类管理。

2.资产风险分类的含义

按照资产回收风险程度大小将银行各类资产划分为不同的等级，以此来评估银行资产的质量。银行管理层及相关职能部门应针对各个资产风险类别采取一系列风险监控与管理活动。这是为增强银行抵抗风险能力而采取的逐步与国际通行标准接轨的风险管理方法，旨在真实、全面、动态地反映资产质量，控制、防范和化解金融风险，提高银行风险管理水平。

3. 五级分类法

五级分类法是以风险为基础的分类方法（简称贷款风险分类法），即把贷款分为正常类、关注类、次级类、可疑类和损失类，后三类合称为不良贷款。

（1）正常类。这是指借款人能够履行合同，有充分把握按时足额偿还本息的贷款。具体判断时可以考虑以下几个特征：借款人进行正常经营活动的外部环境良好；抵押、担保等手续完备，符合法律规定。

（2）关注类。这是指尽管借款人目前有能力偿还贷款本息，但存在一些可能对偿还产生不利影响的因素的贷款。例如，借款人的一些关键财务指标低于行业平均水平或有较大幅度的下降，贷款的抵押品、质押品价值下降等，这些因素需要引起银行的密切关注，如果得不到有效的控制，贷款将会出现问题。

（3）次级类。这是指借款人的还款能力出现明显问题，依靠其正常经营收入已无法保证足额偿还贷款本息，即使执行担保，也可能会造成一定损失的贷款。具体可根据以下特征来判断：付款人支付出现困难，并难以按市场条件获得新资金；借款人不能偿还对其他债权人的债务等。

（4）可疑类。这是指借款人无法足额偿还贷款本息，即使执行抵押或担保，也肯定要造成较大损失的贷款。具体可根据以下特征来判断：借款人处于停产、半脱产状态；借款人已资不抵债；银行已诉诸法律来收回贷款等。

（5）损失类。这是指在采取所有可能的措施或一切必要的法律程序之后，本息仍然无法收回，或只能收回极少部分的贷款。比如，抵押物、质押物等已被银行依法处置，但所得款项不能抵偿借款人拖欠的贷款本息；借款人已彻底停止经营活动等。

二、贷款业务的核算原则

对银行发放的短期贷款本金按实际贷出的贷款金额入账，期末按照贷款本金和适用的利率计算应收利息。对银行发放的中长期贷款进行会计核算时，应当遵循以下原则：

1. 本息分别核算

银行发放的中长期贷款，应当按照实际贷出的贷款金额入账。到期时，银行应当按照贷款本金和适当的利率计算应收的利息，将贷款本金和利息分别核算。

2. 自营贷款与委托贷款分别核算

自营贷款由商业银行自筹资金，自主发放，风险自担；委托贷款由委托人提供资金，由商业银行代理发放、监督使用并协助收回贷款，风险由委托人承担。商业银行在发放委托贷款时，只收取手续费，不得代垫资金。自营贷款和委托贷款应当分别核算。

3. 商业性贷款与政策性贷款分别核算

商业性贷款是银行自主发放的贷款；政策性贷款是银行按照国家或有关政府部门的规定，根据限定的用途、限定的贷款对象而发放的贷款。商业性贷款和政策性贷款性质不同，应当分别核算。

4. 应计贷款与非应计贷款分别核算

当贷款的本金或利息逾期90天时，应计贷款便成为非应计贷款，应单独核算。这时，应将已入账的利息收入和应收利息予以冲销。当这笔贷款收回时，应首先冲减本金，本金全部收回后，再收到的还款才确认为当期的利息收入。

【实务经验谈4-1】

银行信贷员的职业发展之路

银行信贷员可以说是银行派出的测试贷款方所提供信息是真是假的“测谎仪”，主要负责调查贷款公司和贷款个人的实力和潜力，向其提供贷款方面的政策咨询，需具备出色的判断力和敏锐的观察力，良好的倾听习惯、亲和力和沟通能力。

银行信贷员的收入按业绩计算，一般每月底薪为2 000元左右。不同性质银行的考核制度不同，信贷员的收入也有很大差别。一般拉到1 000万元月均存款，年收入在7万元左右；如果月均存款超过了3 000万元，年收入基本保证在10万元以上。普通银行信贷员的年薪：初入银行时年薪是没这么高的，一般6万元左右，对于新人来说，这是不错的收入了。银行大致分三类，国有银行、股份制银行、外资银行，这三类银行的收入排行是“股份制银行>国有银行>外资银行”。做得好的话，国有银行的信贷员年薪可以拿到12万~15万元。这一行的法则是以能力说话，收入也跟着个人业绩波动，存贷业务越活跃，收入越高。

目前，信贷员中高级人才不足，因此，拥有良好素质的信贷员，其就业前景相当可观，待遇也相当不错。信贷员可以通过一段时间的一定经验积累，向银行客户经理发展。

三、贷款的确认与计量

1.贷款的初始确认及计量

银行向借款人发放贷款时，发放贷款的商业银行应在其成为金融工具合同的一方时（即银行向借款人贷款并获得收取本金和利息的权利时），将贷款确认为银行的金融资产，并应按发放贷款的本金和相关交易费用之和作为初始确认金额。其中，交易费用是指可直接归属于发放贷款新增的外部费用，不包括内部管理成本、差旅费以及其他与贷款不直接相关的费用。

2.贷款的后续计量、终止确认

贷款的后续计量应当采用实际利率法，按摊余成本进行计量，并在满足以下条件之一时终止确认：收取该贷款现金流量的合同权利终止；该贷款已经转移，且符合《企业会计准则第23号——金融资产转移》规定的金融资产终止确认条件。

第二节 贷款业务的核算

一、信用贷款的核算

借款人向银行申请信用贷款时，银行采取逐笔核贷方式进行核算，即逐笔申请、逐笔立据、逐笔发放，到期一次或分次收回本金。利息可按利随本清的方式，也可按季定期计收。贷款业务操作流程如图4-1所示。

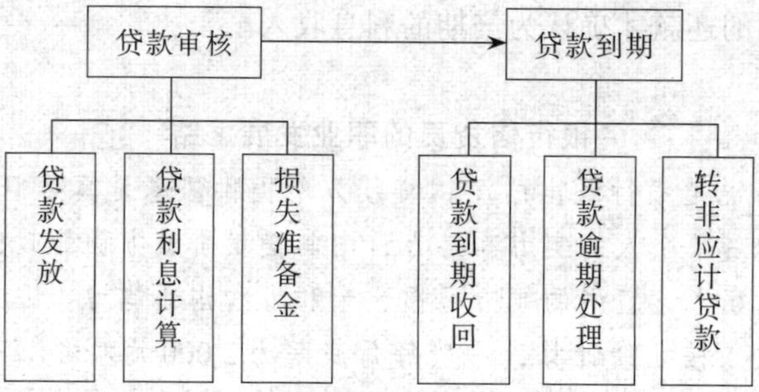

图4-1 贷款业务操作流程图

1.会计科目的设置

商业银行对信用贷款设置了“短期贷款”“中长期贷款”“逾期贷款”三个会计科目。

(1)“短期贷款”属于资产类科目，用以核算银行发放的期限在1年（含1年）以内的各种短期贷款。发放短期贷款时，记入该科目借方；收回短期贷款或转入逾期贷款时，记入该科目贷方；余额在借方，表示尚未收回短期贷款的数额。“短期贷款”科目按贷款单位设置明细分类账户。

(2)“中长期贷款”属于资产类科目，用以核算银行发放的期限在1年以上的各种中长期贷款。发放中长期贷款时，记入该科目借方；收回贷款或转入逾期贷款时，记入该科目贷方；余额在借方，表示尚未收回贷款的数额。“中长期贷款”科目按贷款单位设置明细分类账户。

(3)“逾期贷款”属于资产类科目，用以核算银行发放的因借款人原因不能按期归还的贷款。发生逾期贷款时，记入该科目借方；收回逾期贷款及从贷款损失准备账户中核销时，记入该科目贷方；余额在借方，表示尚未收回逾期贷款的数额。该科目应按贷款单位进行明细分类核算。

2.贷款发放的核算

借款人申请贷款时，应签订借款合同，并填制一式五联的借款凭证（或借款借据）。借款人在第二联借款凭证上加盖借款单位公章、法定代表人章及预留印鉴后，送交银行信贷部门。经信贷部门审批并签署意见后，送会计部门办理贷款发放手续。借款凭证的第一联为回单联，第二联为借方凭证，第三联为贷方凭证，第四联为放款记录，第五联为到期卡。

信贷部门收到五联借款凭证后，应认真审查有关内容。审查无误后，在借款凭证上加注贷款编号、贷款种类、贷款期限、贷款利率、银行核定贷款金额等项目，送会计部门办理放款手续。会计部门收到借款凭证后审核借款凭证的各项内容填写是否正确、完整，印鉴是否相符等，审核无误后，办理转账。其会计分录如下：

借：短期贷款/中长期贷款——借款人贷款户

　贷：活期存款——借款人存款户

将回单联加盖转讫章后退还借款单位作为贷款入账的收账通知。第四联放款记录由会计部门加盖转讫章后送信贷部门留存备查。第五联到期卡由会计部门在贷款转账手续办妥后，按到期日排列，妥善保管，日后据以监督借款单位按期归还贷款。

【例4-1】开户单位机械公司6月1日申请短期贷款100 000元，期限为3个月，月利率为2.7‰，经信贷部门审查同意，于该日发放，转入该厂存款账户。其会计分录如下：

借：短期贷款——机械公司贷款户　　100 000

　贷：活期存款——机械公司存款户　　100 000

逐笔核贷贷款发放核算的操作程序如图4-2所示。

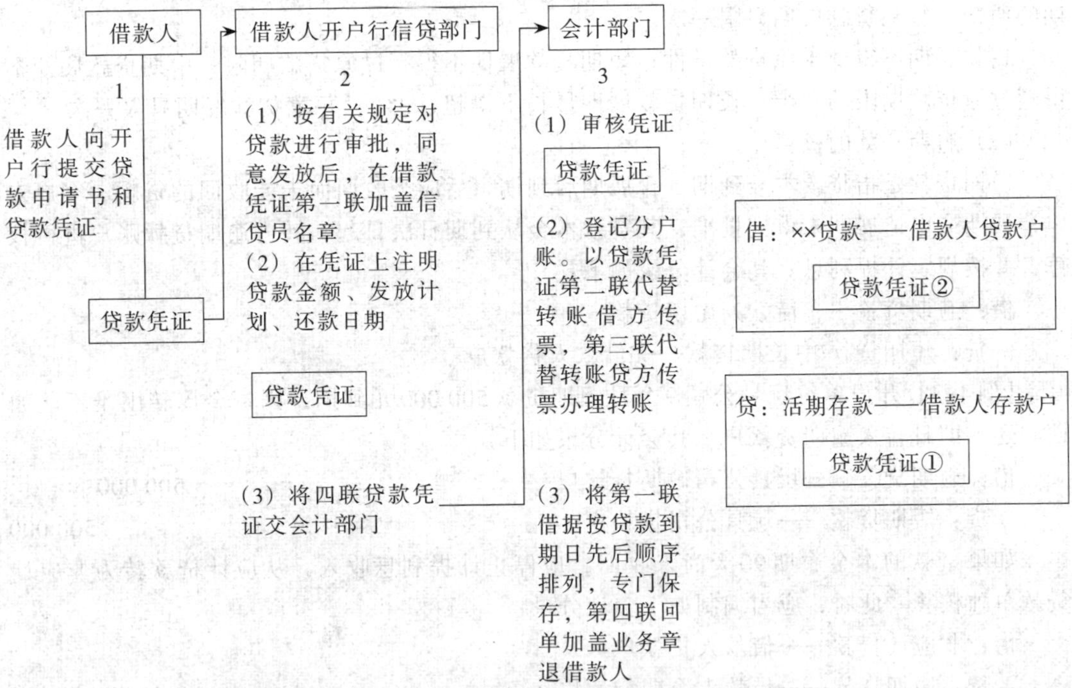

图4-2　逐笔核贷贷款发放核算的操作程序图解

3.按期收回贷款的核算

借款单位到期归还贷款时，应填制支票及进账单（或还款凭证）办理还款手续。会计部门收到借款人提交的凭证后，应同贷款分户账进行核对，按照借款单位所填的原借款凭证上的银行贷款编号，抽出对应的到期卡，核对无误后办理收回贷款的转账手续。在转账之前，应认真验对支票印鉴，查看借款单位存款户是否有足够的余额等，审核无误后，办理转账。其会计分录为：

借：活期存款——借款人存款户

　贷：短期贷款/中长期贷款——借款人贷款户

若借款属分次归还，应在原借款借据上做分次还款记录。

【例4-2】【例4-1】中机械公司于9月1日归还贷款。其会计分录如下：

借：活期存款——机械公司存款户　　100 000

　贷：短期贷款——机械公司贷款户　　100 000

4.贷款展期和逾期贷款的核算

(1) 贷款展期的核算

根据《中华人民共和国贷款通则》的规定："不能按期归还贷款的，借款人应当在贷款到期日之前，向贷款人申请贷款展期。是否展期由贷款人决定。"短期贷款必须在到期日的10天前、中长期贷款在到期日的1个月前，向银行提出贷款展期申请。"借款展期申请书”一式三联，交给银行信贷部门审批后，第一联由信贷部门备查，第二、三联送交银行会计部门。经信贷部门审查同意后，在展期申请书上签注意见送会计部门。

会计部门收到后，不需要办理转账，只在贷款凭证上批注展期日，其中第二联展期申请书附于借款凭证后面专夹保管。第三联加盖业务公章后交给借款单位，作为同意贷款展期的通知。每笔贷款展期只限一次。

贷款展期不得低于原贷款条件；短期贷款展期不得超过原贷款期限；中期贷款展期不得超过原贷款期限的一半；长期贷款展期最长不得超过3年。每笔贷款展期只限一次。

（2）逾期贷款的核算

逾期贷款是指贷款本金到期（含展期后到期）后应当收回而未能收回的贷款。客户未申请展期或申请展期未得到批准，其贷款本金从到期日次日起，转入逾期贷款账户进行核算，并按规定计提利息。其会计分录如下：

借：逾期贷款——借款人逾期贷款户

　贷：短期贷款/中长期贷款——借款人贷款户

【例4-3】开户单位玩具公司9个月短期贷款500 000元到期，因资金周转困难不能如期归还，即日转入逾期贷款户。其会计分录如下：

借：逾期贷款——玩具公司逾期贷款户	500 000	
贷：短期贷款——玩具公司贷款户		500 000

如果贷款的本金逾期90天尚未收回，应停止计提利息收入，从应计贷款转为非应计贷款单独核算。此时，应当编制如下会计分录：

借：非应计贷款——借款人贷款户

　贷：逾期贷款——借款人逾期贷款户

此时，如果原已入账的应收利息逾期90天尚未收回，应将已入账的利息收入和应收利息予以冲销，转到表外核算。此时，应当以红字编制如下会计分录：

借：应收利息——借款人户

　贷：利息收入——贷款利息收入户

同时，登记表外科目“未收贷款利息”：

收入：未收贷款利息

从应计贷款转为非应计贷款后，在收到该笔贷款的还款时，首先应冲减本金，本金全部收回后，再收到的还款才确认为当期利息收入。

【例4-4】假设【例4-3】中的玩具公司500 000元的短期贷款逾期90天尚未收回，同时转销应收利息15 000元，则会计分录为：

借：非应计贷款——玩具公司贷款户	500 000	
利息收入——贷款利息收入户	15 000	
贷：逾期贷款——玩具公司逾期贷款户		500 000
应收利息——玩具公司户		15 000

同时，登记表外科目“未收贷款利息”：

收入：未收贷款利息　15 000

逐笔核贷贷款收回核算的操作程序如图4-3所示。

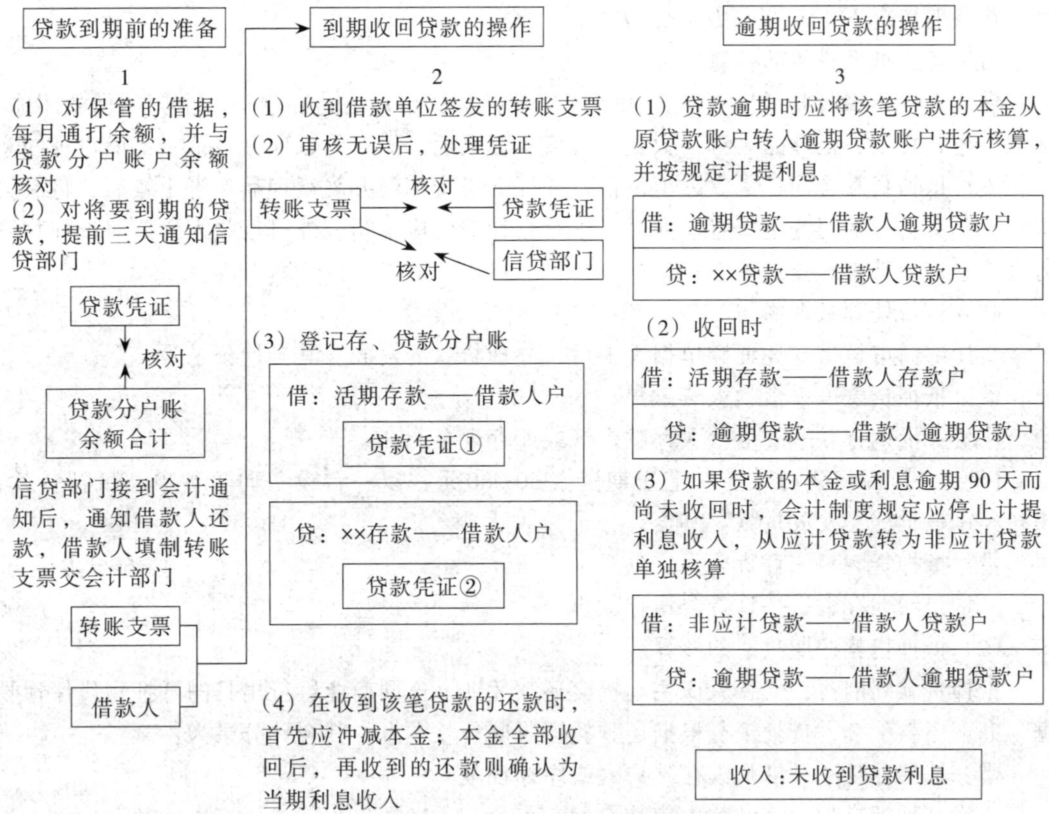

图 4-3　逐笔核贷贷款收回核算的操作程序图解

二、担保贷款的核算

担保贷款按照担保方式的不同，分为抵押贷款、质押贷款和保证贷款。

1.抵押贷款的核算

抵押贷款是指借款人或第三人在不转移财产占有权的情况下，将财产作为债权的担保。当借款人不履行借款合同时，银行有权以该财产折价或者以拍卖、变卖该财产的价款优先受偿。借款人或者第三人为抵押人，银行为抵押权人，提供担保的财产为抵押物。

可以作为抵押物的财产一般包括：①抵押人所有的房屋和其他地上定着物；②抵押人所有的机器、交通运输工具和其他财产；③抵押人依法有权处分的国有土地使用权、房屋和其他地上定着物；④抵押人依法有权处分的国有机器、交通运输工具和其他财产；⑤抵押人依法承包并经发包方同意抵押的荒山、荒沟、荒丘、荒滩等荒地的土地使用权；⑥依法可以抵押的其他财产。

不得作为抵押物的财产包括：①土地所有权；②耕地、宅基地、自留地、自留山等集体所有的土地使用权；③学校、幼儿园、医院等以公益为目的的事业单位、社会团体的教育设施、医疗卫生设施和其他社会公益设施；④所有权、使用权不明或者有争议的财产；⑤依法被查封、扣押、监管的财产；⑥依法不得抵押的其他财产。

确定抵押贷款的贷款额度，以抵押物评估确认的现值为基数，按双方约定的抵押率计算。在一般情况下，抵押率为50%~70%。

（1）发放抵押贷款的核算

借款人申请抵押贷款时，应向银行填写抵押贷款申请书，在申请书上写明借款用途、金额、还款日期、抵押品名称、数量、价值、存放地点等有关事项，经信贷部门审查同意后，签订抵押贷款合同，借款人填制借款凭证。信贷部门办妥抵押品保管手续后，将有关资料一并交会计部门登记保管。同时，银行会计部门应编制表外科目收入传票对抵押物进行表外登记。其表外登记如下：

收入：待处理抵押物

会计部门审核借款凭证和单据无误后，办理贷款的发放。其会计分录为：

借：抵押贷款——借款人贷款户

　　贷：活期存款——借款人存款户（或库存现金）

【例4-5】百货公司急需一笔短期资金60 000元，以一台设备向银行申请抵押贷款，银行经审核批准，发放贷款。其会计分录为：

借：抵押贷款——百货公司贷款户　　60 000

　　贷：活期存款——百货公司存款户　　60 000

（2）抵押贷款按期收回的核算

抵押贷款到期时，借款人应主动提交还款凭证，连同商业银行出具的抵押物代保管收据，办理还款手续，贷款银行根据还款凭证收回贷款本息。其会计分录为：

借：活期存款——借款人存款户（或库存现金）

　　贷：抵押贷款——借款人贷款户

　　　　利息收入——抵押贷款利息收入户

贷款本息收回后，还应注销“待处理抵押物”表外科目记录，原抵押申请书作为表外科目付出传票的附件。其表外登记如下：

付出：待处理抵押物

（3）抵押贷款逾期，处理抵押物的核算

抵押贷款到期时，借款人若不能偿还贷款本息，银行应将其转入“逾期贷款”科目，并按规定计息。其会计分录为：

借：逾期贷款——借款人逾期贷款户

　　贷：抵押贷款——借款人抵押贷款户

如果逾期1个月以上，借款人仍无法归还贷款本息的，银行有权将待处理抵押物转作抵债资产。抵债资产，是指银行在贷款、拆出资金等金融债权无法实现的情况下，经双方协商或其他方式，债权人同意债务人用非现金资产抵偿金融债权而取得的资产。

银行取得抵债资产时，按实际抵债部分的贷款本金和已确认的利息作为抵债资产的入账价值。其会计分录为：

借：待处理抵债资产

　　贷：逾期贷款——借款人逾期贷款户（抵债部分贷款本金）

　　　　应收利息——应收借款人户（已确认的利息）

或　贷：利息收入（未确认的利息）

根据担保法的规定，银行对取得的抵债资产进行处置时，如果取得的处置收入大于抵债资产账面价值，其差额归还借款单位；如果取得的处置收入小于抵债资产账面价值，其差额继续向借款人收取。保管过程中发生的费用直接计入营业外支出；处置过程中发生的费用，从处置收入中抵减。

取得的处置收入大于抵债资产账面价值时的会计分录为：

借：活期存款——购买抵债资产单位存款户

或 借：存放中央银行款项

贷：待处理抵债资产——资产（本利和）

活期存款——借款人存款户

同时，进行表外登记：

付出：待处理抵押物

取得的处置收入小于抵债资产账面价值时的会计分录为：

借：活期存款——购买抵债资产单位存款户

或 借：存放中央银行款项

活期存款——借款人存款户

贷：待处理抵债资产——资产（本利和）

同时，进行表外登记：

付出：待处理抵押物

【例4-6】开户单位建筑公司3年期的抵押贷款本金为200 000元，到期后借款人账户内无款支付，逾期1个月后仍无法归还。利息金额为43 200元，其中已预提28 800元。银行按规定对抵押物进行了拍卖，扣除相关费用的净额为320 000元。抵押物价值为500 000元。其会计分录为：

借：活期存款——购买抵债资产单位存款户 320 000

贷：待处理抵债资产——资产 243 200

活期存款——建筑公司户 76 800

付出：待处理抵押物 500 000

2.质押贷款的核算

质押贷款是指按照担保法规定的质押方式，以借款人或第三人的动产或权利为质物发放的贷款。质押贷款按照质物的性质不同，分为动产质押和权利质押两种形式。当借款人不履行债务时，银行有权将该动产或权利折价出售来收回借款，或者以拍卖、变卖该动产或权利的价款优先受偿。借款人或者第三人为出质人，银行为质权人，移交的动产为质物。

动产是指能够移动而不损害其经济用途和经济价值的物。可以进行权利质押的质物有：汇票、支票、本票、债券、存款单、仓单、提单；依法可以转让的股份、股票；依法可以转让的商标专用权、专利权、著作权中的财产权；依法可以质押的其他权利。

质押贷款与抵押贷款的区别在于质押贷款涉及质物的转让，银行必须占有质物，而出质人（借款人）保留财产所有权。

质押贷款发放和收回的核算与抵押贷款基本相同。

3.保证贷款的核算

保证贷款是指按照担保法规定的保证方式，以保证人的信用或财产为基础而发放的一种贷款。保证人是银行、借款人之外的第三人。当借款人不履行债务时，保证人按照约定履行债务或者承担责任。银行在选择保证人时，要求保证人有合法的资格、有足够的财务实力、有保证的意愿并且与借款人之间有密切的关系。当借款人违约或无力归还贷款时，银行根据借款合同规定向保证人收取贷款本息和逾期利息。

该种贷款发放和收回的核算均与信用贷款相同，因此不再详述。

三、个人贷款的核算

1.个人贷款的种类

个人贷款是指商业银行对个人发放的用于个人消费或个人其他支出的人民币担保贷款。

（1）个人存单和凭证式国债质押贷款（以下简称质押贷款），是指以同城商业银行系统开户存款的储户未到期的定期储蓄存款存单、凭证式国债作质押，按质押存单和凭证式国债面额的一定比例向借款人发放的用于个人生产经营临时周转或消费的贷款。

（2）个人住房贷款，是指商业银行向在中国大陆境内城镇购买、建造、大修各类型住房的自然人发放的贷款。

（3）个人耐用消费品贷款，是指商业银行对在其特约商户购买耐用消费品的个人客户发放的人民币担保贷款。

（4）个人住房装修贷款，是指贷款人向客户发放的用于装修自用住房的人民币担保贷款。

（5）个人汽车消费贷款，是指商业银行对在其特约经销商处购买汽车的借款人发放的期限最长不超过5年（含）的人民币担保贷款。

（6）个人助学贷款，是指商业银行向特定的大专院校的在册学生发放的用于支付学费和生活费的人民币担保贷款。

（7）信用卡透支贷款，是指通过推出具有透支功能的贷记卡或准贷记卡的形式，允许持卡人进行消费或取款用途的透支，根据消费者的资信情况，由银行提供信贷服务。

2.个人贷款的有关规定

（1）个人贷款的主要对象是具有完全民事行为能力的中国公民。

（2）发放个人贷款坚持的原则为：个人定期储蓄存单小额质押贷款坚持“先存后贷，存贷结合，存单质押，到期归还，逾期扣收”的原则；其他品种的个人贷款坚持“有效担保，专款专用，按期偿还”的原则。

（3）可用于办理个人贷款的抵押物是指借款人或第三人具有完全产权的房屋、汽车等（必要时需办理保险）。

（4）可作为质押品的存单限于整存整取、存本取息、本外币定期储蓄存单和其他依法可用于质押的储蓄存单；可作为质押品的凭证式国债是指财政部发行的由商业银行承销的允许质押的未到期凭证式国债。

（5）个人贷款的保证人可以是自然人，也可以是法人。

（6）借款人如提前归还贷款本息，应当提前一个月通知经办行，并征得经办行的同意。借款人提前还款应当亲自在经办行办理手续。

（7）借款本息偿还完毕，所签订借款合同自行终止。经办行在借款合同终止后的30

日内办理抵押登记注销手续，并将物权证明等退还给借款人。

3.发放个人贷款的核算

（1）发放的处理

经办行会计部门收到业务部门提交的会审单、借款合同副本及贷款转存凭证（借款借据），经审查无误后，据以开立贷款明细账户。其会计分录为：

①直接提款方式

借：个人××贷款——借款人户

　贷：活期储蓄存款——存款人户

或　贷：个人信用卡存款——持卡人户

②专项提款方式

借：个人××贷款——借款人户

　贷：活期存款——存款人户（特约商户或学校）

（2）分次转存的处理

借款合同规定分次转存的，应按借款合同确定的次数、时间及金额分次签开贷款转存凭证（借款借据）办理转存。为了简化贷款发放手续，对于按月支付生活费等发放比较频繁的贷款，借、贷双方可以在借款合同中约定，由经办行按照分期发放计划，主动将贷款划到合同规定账户。划转贷款时，由贷款管理部门代理填制贷款转存凭证（借款借据）并签章，经办行据以办理贷款转存手续，其会计分录同上。

（3）违约金的处理

由于贷款人的过错导致借款人无法支用贷款的，贷款人应向借款人支付违约金。支付时，根据业务部门提交的有关材料，填制特种转账借、贷方凭证一借两贷，经授权后办理转账，一联贷方凭证加盖“转讫”章退借款人。其会计分录为：

借：营业外支出——赔偿金违约金支出户

　贷：活期储蓄存款——存款人户

或　贷：个人信用卡存款——持卡人户

【例4-7】客户张展于2013年在中海房地产公司购置一套住房，向建设银行某支行申请住房按揭贷款280 000元，20年还清，年利率为5.94%，采用等额本金方式还款。请编制贷款发放的会计分录及前两次还款的会计分录（每次还款的本息额可用月供计算器计算）。

（1）贷款发放

借：个人住房贷款——张展户	280 000	
贷：活期储蓄存款——张展户		280 000
借：活期储蓄存款——张展户	280 000	
贷：活期存款——中海房地产公司户		280 000

（2）第一次还款

借：活期储蓄存款——张展户	2 552.67	
贷：个人住房贷款——张展户		1 166.67
利息收入——个人贷款利息收入户		1 386

(3) 第二次还款

借：活期储蓄存款——张展户　2 546.9

　贷：个人住房贷款——张展户　1 166.67

　　　利息收入——个人贷款利息收入户　1 380.23

四、贴现贷款的核算

1.承兑与贴现

承兑是指票据的债务人表示同意按照票据所记载的付款要求，到期承诺付款的票据行为。贴现则是一种以票据所有权的有偿转让为前提的约期性资金融通。

贴现业务的特点主要有：

(1) 以持票人作为直接贷款对象；

(2) 以票据承兑作为还款保证；

(3) 以票据剩余期限为贷款期限；

(4) 预收利息。

2.贴现利息与实付贴现金额的计算

实付贴现金额=票据面值-贴现利息

贴现利息=票据面值×贴现期限（天数）×月贴现率÷30

银行办理贴现时的会计分录为：

借：贴现——商业/银行承兑汇票贴现户

　贷：活期存款——贴现申请人户

　　　利息收入——贴现利息收入户

【例4-8】某企业于某年（非闰年）2月18日到银行申请贴现，汇票为1月10日签发、5月18日到期、面值为300 000元的银行承兑汇票。该行年贴现率为5.22%。请计算贴现利息和实付贴现金额。

贴现利息=300 000×89×5.22%÷360=3 871.50（元）

实付贴现金额=票据面值-贴现利息=300 000-3 871.50=296 128.50（元）

其会计分录为：

借：贴现——商业/银行承兑汇票贴现户　300 000

　贷：活期存款——贴现申请人户　296 128.50

　　　利息收入——贴现利息收入户　3 871.50

第三节　贷款利息的计算

除国家有特殊规定和财政贴息外，银行发放的各种贷款都应计收利息。银行对贷款利息的计算，主要采用定期结息和利随本清两种方法。

一、计息的基本规定

1.贷款利率的确定

(1) 短期贷款按借款合同签订日的相应档次的贷款利率计息。贷款合同期内，遇利率调整不分段计息。

（2）中长期贷款利率实行一年一定。按借款合同生效日相应档次的贷款利率计息，每满一年后（分笔拨付的以第一笔贷款的发放日为准），再按当时相应档次的贷款利率确定下一年度利率。

（3）按照《中国人民银行关于人民币贷款利率有关问题的通知》的规定，逾期贷款罚息利率为在借款合同载明的贷款利率水平上加收30%~50%，对逾期贷款从逾期之日起，按罚息利率计收利息，直至清偿本息为止。对不能按时支付的利息，按罚息利率计收复利。也就是说，对贷款期内不能按期支付的利息按贷款合同利率按季或按月计收复利，贷款逾期后改按罚息利率计收复利。最后一笔贷款清偿时，利随本清。

（4）贷款展期，期限累计计算，累计期限达到新的利率期限档次时，自展期之日起，按展期日挂牌的同档次利率计息；达不到新的期限档次时，按展期日的原档次利率计息。

（5）借款人在借款合同到期日之前归还借款的，贷款人有权按原贷款合同向借款人收取利息。

二、定期结息贷款利息的核算

1.定期结息的规定

为了维持银行的日常开支和平衡各季度的利润水平，根据权责发生制原则，各种贷款应按规定的结息日定期结息，按季收息的，以每季末月20日为定期结息日。按月收息的，以每月的20日为定期结息日。计息期为上季（月）末月21日起至本季（月）末月20日止，计息期算头又算尾。

2.定期结息的核算

定期结息的计息方式包括余额表计息法和账页计息法两种。计息方式参照单位活期存款定期结息。根据贷款科目余额表或分页账户计算累计贷款积数，按规定的利率计算贷款利息。累计贷款积数是指贷款账户中每天贷款余额的加总。

贷款利息=累计贷款计息积数×日利率

对于短期贷款，银行定期结息方式需与借款人进行商定，并明确写入贷款合同。可以是按月定期结息，也可以是按季定期结息，还可以到期一次性还本付息，利随本清。对于中长期贷款，银行一定要定期结息，可以按季或按月计算贷款的利息。

银行定期结息时应编制转账凭证，转入“应收利息”科目，其会计分录为：

借：应收利息——××户

　贷：利息收入——××贷款利息收入

银行在定期结息日的第二天扣收应收利息，减少借款人存款。填制一式三联的贷款利息计息清单，如果借款人存款账户有足额的款项支付贷款利息，则贷款计息清单第一联作为支款通知，另外两联分别作转账借方凭证和转账贷方凭证办理转账，其会计分录为：

借：活期存款——借款人存款户

　贷：应收利息——贷款利息收入户

如果借款人存款账户无款支付或存款不足支付，在合同期内，银行会计部门应根据有关规定计收复利，待借款人存款账户上有足够余额支付贷款利息时，银行再一并扣收。

已计提的贷款应收利息，自结息日起逾期90天以内（含90天）仍未收回的，应继续计入当期损益。逾期90天以上（不含90天）没有收回的，不论其本金是否逾期，发生的应收未收利息不再计入当期损益，应冲减原已计入损益的应收利息，转入表外继续核算。会计分录为：

借：利息收入——贷款利息收入户

贷：应收利息——借款单位户

收入：未收贷款利息

对于表外核算的“未收贷款利息”应按期计复利，但不计入损益，而在表外核算，实际收到时再计入损益。

【例4-9】2022年7月10日，银行向开户单位服装厂发放短期贷款50 000元，12月10日到期，月利率为4.05‰，按季定期结计利息，本金到期一次性偿还。

7月10日，银行发放贷款的会计分录为：

借：短期贷款——服装厂户　　50 000

贷：活期存款——服装厂户　　50 000

9月20日，定期结息日定期结息。

应收利息=50 000×73×4.05‰÷30=492.75（元）

其会计分录为：

借：应收利息——服装厂户　　492.75

贷：利息收入——短期贷款利息收入　　492.75

9月21日银行扣收利息，会计分录为：

借：活期存款——服装厂户　　492.75

贷：应收利息——服装厂户　　492.75

三、利随本清贷款利息的核算

利随本清又叫逐笔计息，是指银行按规定的贷款期限，于收回贷款本金时计收利息的方法。其计算公式为：

利息=贷款金额×贷款天数×日利率（贷款年利率÷360）

存期按实际天数计算，算头不算尾（即从贷款之日起至还款日前一天止的贷款天数）。

银行收回贷款时，应根据计算的利息，编制贷款利息计息清单，从借款人存款账户收取利息，其会计分录为：

借：活期存款——借款单位存款户

贷：短期贷款——借款单位贷款户

利息收入——贷款利息收入户

【例4-10】2022年9月16日，银行发放流动资金贷款100 000元给开户单位机床厂，利率7.2‰，12月16日到期。借款单位到期签发转账支票将贷款本息一次性归还。

贷款利息=100 000×3×7.2‰=2 160（元）

其会计分录为：

借：活期存款——机床厂　　102 160

贷：短期贷款——机床厂　　100 000

利息收入　　2 160

【金牌讲师说 4-2】

按揭贷款的等额本金还款方式和等额本息还款方式

等额本金还款，又称利随本清、等本不等息还款法。贷款人将本金分摊到每个月内，同时付清上一交易日至本次还款日之间的利息。这种还款方式相对等额本息而言，总的利息支出较低，但是前期支付的本金和利息较多，还款负担逐月递减。这种方式很适合目前收入较高，但是已经预计将来收入会减少的人群。实际上，很多中年以上的人群，经过一段时间的事业打拼，有一定的经济基础，考虑到年纪渐长，收入可能随着退休等其他因素减少，就可以选择这种方式进行还款。

等额本息还款，也称定期付息，即借款人每月按相等的金额偿还贷款本息，其中每月贷款利息按月初剩余贷款本金计算并逐月结清。把按揭贷款的本金总额与利息总额相加，然后平均分摊到还款期限的每个月中。作为还款人，每个月还给银行固定金额，但每月还款额中的本金比重逐月递增、利息比重逐月递减。等额本息还款适用于收入处于稳定状态的家庭，经济条件不允许前期投入过大，可以选择这种方式，如公务员、教师等收入和工作相对稳定的群体。

【思政课堂 4-1】

改革完善贷款市场报价利率（LPR）形成机制，促进金融业回归服务实体经济本源

经过多年来利率市场化改革持续推进，目前我国的贷款利率上、下限已经放开，但仍保留存贷款基准利率，存在贷款基准利率和市场利率并存的“利率双轨”问题。银行发放贷款时大多仍参照贷款基准利率定价，特别是个别银行通过协同行为以贷款基准利率的一定倍数（如0.9倍）设定隐性下限，对市场利率向实体经济传导形成了阻碍，是市场利率下行明显但实体经济感受不足的一个重要原因，这是当前利率市场化改革需要迫切解决的核心问题。这次改革的主要措施是完善贷款市场报价利率（LPR）形成机制，提高LPR的市场化程度，发挥好LPR对贷款利率的引导作用，促进贷款利率“两轨合一轨”，提高利率传导效率，推动降低实体经济融资成本。

为深化利率市场化改革，提高利率传导效率，推动降低实体经济融资成本，中国人民银行决定改革完善贷款市场报价利率（LPR）形成机制，并就有关事宜公告如下：

一、自2019年8月20日起，中国人民银行授权全国银行间同业拆借中心于每月20日（遇节假日顺延）9时30分公布贷款市场报价利率，公众可在全国银行间同业拆借中心和中国人民银行网站查询。

二、贷款市场报价利率报价行应于每月20日（遇节假日顺延）9时前，按公开市场操作利率（主要指中期借贷便利利率）加点形成的方式，向全国银行间同业拆借中心报价。全国银行间同业拆借中心按去掉最高和最低报价后算术平均的方式计算得出贷款市场报价利率。

三、为提高贷款市场报价利率的代表性，贷款市场报价利率报价行类型在原有的全国性银行基础上增加城市商业银行、农村商业银行、外资银行和民营银行，此次由10家扩大至18家，今后定期评估调整。

四、将贷款市场报价利率由原有1年期一个期限品种扩大至1年期和5年期以上两个期限品种。银行的1年期和5年期以上贷款参照相应期限的贷款市场报价利率定价，1年期以内、1年至5年期贷款利率由银行自主选择参考的期限品种定价。

五、自即日起，各银行应在新发放的贷款中主要参考贷款市场报价利率定价，并在浮动利率贷款合同中采用贷款市场报价利率作为定价基准。存量贷款的利率仍按原合同约定执行。各银行不得通过协同行为以任何形式设定贷款利率定价的隐性下限。

六、中国人民银行将指导市场利率定价自律机制加强对贷款市场报价利率的监督管理，对报价行的报价质量进行考核，督促各银行运用贷款市场报价利率定价，严肃处理银行协同设定贷款利率隐性下限等扰乱市场秩序的违规行为。中国人民银行将银行的贷款市场报价利率应用情况及贷款利率竞争行为纳入宏观审慎评估（MPA）。

资料来源：中国人民银行网站。

第四节　贷款损失准备的核算

一、贷款损失准备的种类

贷款损失准备，是指银行为了抵御风险，确保信贷资金的安全，按照《商业银行贷款损失准备管理办法》的规定提取的，用来弥补可能发生的贷款损失的准备金。贷款损失准备的提取可以真实反映商业银行贷款质量状况，增强商业银行的风险意识，提高防御风险的能力，同时也是会计谨慎性原则的体现。

计提贷款损失准备的资产，是指银行承担风险和损失的贷款（含抵押、质押、保证、无担保贷款）、银行卡透支、贴现、信用垫款（如银行承兑汇票垫款、担保垫款、信用证垫款等）、进出口押汇。银行对不承担风险的委托贷款等，不计提贷款损失准备。

贷款损失准备包括一般准备、专项准备和特种准备。

1.一般准备

一般准备是指根据全部贷款余额的一定比例计提的、用于弥补尚未识别的可能性损失的准备。

2.专项准备

专项准备是指银行根据《贷款风险分类指导原则》对贷款进行风险分类后，对各类贷款按不同比例计提的用于弥补专项损失的准备。

3.特种准备

特种准备是指银行为了预防国家、地区或行业风险，针对某一国家、地区、行业特别的贷款风险计提的准备。

银行根据不同类别（如国别、行业）贷款的特殊风险情况、风险损失概率及历史经验，按季自行确定特种贷款计提比例。

需要注意的是，对于银行不承担风险的贷款，不应计提贷款损失准备。例如委托贷款，贷款风险由委托人承担，故银行不应计提贷款损失准备。

二、贷款损失准备的计提比例和监管标准

1.贷款损失准备的计提比例

关于贷款损失准备的具体计提比例，会计制度规定应由银行根据借款人的还款能力、贷款本息的偿还情况、抵押品的市价、担保的支持力度和银行内部信贷管理等因素，分析其风险程度和回收的可能性后自行确定。

中国人民银行作为监管部门，参照国际上其他国家的做法，于2002年发布了《银行贷款损失准备计提指引》，在该指引中提出了计提贷款损失准备的参考比例。

（1）银行应按季计提一般准备，一般准备年末余额应不低于年末贷款余额的1%。

（2）银行可参照以下比例按季计提专项准备：对于关注贷款，计提比例为2%；对于次级贷款，计提比例为25%；对于可疑贷款，计提比例为50%；对于损失贷款，计提比例为100%。其中，对于次级贷款和可疑贷款的损失准备，其计提比例可以上下浮动20%。

（3）银行根据不同类别（如国别、行业）贷款的特殊风险情况、风险损失概率及历史经验，按季自行确定特种贷款计提比例。

贷款损失准备必须由银行总行根据贷款的风险程度统一足额提取；如果损失准备提取不足，不得进行税后利润分配。

2.贷款损失准备的监管标准

为加强审慎监管，提升商业银行贷款损失准备的动态性和前瞻性，增强商业银行风险防范能力，促进商业银行稳健运行，根据《中华人民共和国银行业监督管理法》和《中华人民共和国商业银行法》，中国银行业监督管理委员会制定《商业银行贷款损失准备管理办法》，并于2012年1月1日起施行。银行业监管机构设置贷款拨备率和拨备覆盖率两个指标考核商业银行贷款损失准备的充足性。

贷款拨备率=贷款损失准备÷各项贷款余额×100%

拨备覆盖率=贷款损失准备÷不良贷款余额×100%

=（一般准备+专项准备+特种准备）÷（次级贷款+可疑贷款+损失贷款）×100%

贷款拨备率基本标准为2.5%，拨备覆盖率基本标准为150%。该两项标准中的较高者为商业银行贷款损失准备的监管标准。

2018年2月28日，中国银行业监督管理委员会决定调整商业银行贷款损失准备监督要求，下发了《关于调整商业银行贷款损失准备监管要求的通知》。银行业监管机构将拨备覆盖率监管要求由150%调整为120%~150%，贷款拨备率监管要求由2.5%调整为1.5%~2.5%.

三、贷款损失准备的核算

1.会计科目的设置

“贷款损失准备”科目是资产类科目的备抵科目，借方反映贷款的核销数，贷方反映贷款损失准备的提取数，余额在贷方。

“资产减值损失”科目是成本类科目，发生减值时记入借方，冲减时记入贷方，期末结转后无余额。

2.提取贷款损失准备的处理

提取贷款损失准备时，应填制“贷款损失准备计算表”。经审查无误后，填制转账借、贷方传票各一联办理转账。其会计分录为：

借：资产减值损失

　贷：贷款损失准备

如果贷款损失准备的账面余额低于当期应提取的损失准备，应按其差额补提贷款损失准备。补提贷款损失准备的会计分录同上。

如果贷款损失准备的账面余额高于当期应提取的损失准备，应按其差额冲减贷款损失准备。冲减多提的贷款损失准备时，编制相反的会计分录。

【例4-11】工商银行某支行2021年12月31日各有关账户的余额为：短期贷款1 200 000元、长期贷款900 000元、抵押贷款6 300 000元、贴现200 000元，贷款损失准备计提比例为1%，“贷款损失准备”账户贷方余额为78 000元。

贷款损失准备账户余额=（1 200 000+900 000+6 300 000+200 000）×1%

=86 000（元）

应计提的贷款损失准备=86 000−78 000=8 000（元）

借：资产减值损失　　8 000

　贷：贷款损失准备　　8 000

【例4-12】工商银行某支行2022年5月31日的贷款余额为100亿元，其中正常贷款70亿元，关注贷款24亿元，次级贷款3亿元，可疑贷款2亿元，损失贷款1亿元，则2022年5月31日应计提的专项准备为：

24×2%+3×25%+2×50%+1×100%=3.23（亿元）

该支行2022年6月30日的贷款余额为120亿元，其中正常贷款80亿元，关注贷款30亿元，次级贷款6亿元，可疑贷款3亿元，损失贷款1亿元，则2022年6月30日应计提的专项准备为：

30×2%+6×25%+3×50%+1×100%−3.23=1.37（亿元）

3.核销贷款损失的处理

银行所计提的贷款损失准备，对于符合规定的核销范围、条件、办法和审批权限的贷款损失，在按法定程序审批后，应予以核销。其核销条件是：

（1）借款人和担保人依法被宣告破产、关闭、解散，并终止法人资格，经对借款人和担保人进行追偿后，仍未能收回的贷款；

（2）借款人死亡，或者依照《中华人民共和国民法典》的规定宣告失踪或死亡，依法对其财产或遗产进行清偿，并对担保人进行追偿后，仍未能收回的贷款；

（3）借款人遭受重大自然灾害或意外事故，损失巨大且不能获得保险赔偿，或已保险赔偿后，确实无力偿还的部分或全部债务，经追偿后仍未能收回的贷款；

（4）借款人和担保人虽未依法宣告破产、关闭、解散，但已停止经营活动，被县以上市场监督管理部门依法注销、吊销营业执照，并终止法人资格，经追偿后，仍未能收回的贷款；

（5）借款人受到刑事制裁，其财产不足以偿还所借债务，又无其他债务承担者，经追偿后确实无法收回的贷款；

（6）借款人和担保人不能偿还到期债务，经法院对其强制执行后，仍无法收回的贷款；

（7）开立信用证、办理承兑汇票、开具保函、银行卡透支等发生垫款时，开证申请人和保证人无法偿还垫款，经追偿后仍无法收回的贷款；

（8）其他经国务院专案批准后核销的贷款。

核销损失贷款时，应根据上级行的批复文件填制转账借、贷方记账凭证和表外科目收入凭证办理转账。其会计分录如下：

借：贷款损失准备

贷：非应计贷款——借款人户

已经核销的贷款损失，以后年份又收回的，其核销的贷款损失准备应予以转回，此时，应编制两笔会计分录，分别是：

借：非应计贷款——借款人户

贷：贷款损失准备

借：活期存款——借款人存款户（或库存现金）

贷：非应计贷款——借款人户

【例4-13】服装公司为建厂房向银行申请贷款600 000元，期限为5年，年利率为10%。银行经审查批准同意。2022年4月2日贷款到期，该公司无力偿还；银行经审查发现该公司已发生经营困难，无法偿还借款。后来该笔贷款经报批予以核销，则核销的会计分录为：

借：贷款损失准备　600 000

贷：非应计贷款——服装公司户　600 000

假设2022年由于服装公司改善经营管理，该笔贷款又收回，则会计分录为：

借：非应计贷款——服装公司户　600 000

贷：贷款损失准备　600 000

借：活期存款——服装公司存款户　600 000

贷：非应计贷款——服装公司户　600 000

【本章小结】

本章主要讲授贷款的种类和各种贷款的核算方法、贷款利息的计算与核算，以及贷款损失准备的管理规定和核算方法。

贷款又叫放款，是银行或其他金融机构以还本付息为条件出借货币资金的一种信用活动方式。按照贷款期限，可以将贷款分为短期贷款、中期贷款和长期贷款；按照贷款的保障条件，可以将贷款分为信用贷款、担保贷款和票据贴现；按照贷款发放的自主程度，可以将贷款分为自营贷款、委托贷款和特定贷款；按照贷款本息是否逾期超过一定天数，可以将贷款分为应计贷款和非应计贷款；按照贷款的风险程度，可以将贷款分为正常贷款、关注贷款、次级贷款、可疑贷款和损失贷款；按照贷款的具体用途，可以将贷款分为流动资金贷款和固定资金贷款；按照贷款对象的部门，可以将贷款分为工业贷款、商业贷款、农业贷款、科技贷款和消费贷款；按照贷款的偿还方式，可以将贷款分为一次性偿还贷款和分期偿还贷款。

贷款业务的核算分为信用贷款的核算、担保贷款的核算、个人贷款的核算和贴现贷款的核算。信用贷款的核算设置了“短期贷款”、“中长期贷款”、“逾期贷款”和“非应计贷款”科目，发放各项贷款时记入以上各科目的借方，贷款归还时记入以上各科目的贷方；担保贷款的核算设置了“抵押贷款”、“质押贷款”和“保证贷款”科目，发放担保贷款时记入以上各科目的借方，归还贷款时记入以上各科目的贷方；个人贷款的核算设置了“个人存单和凭证式国债质押贷款”、“个人住房贷款”、“个人耐用消费品贷款”、“个人住房装修贷款”、“个人汽车消费贷款”、“个人助学贷款”和“信用卡透支贷款”科目；贴现贷款的核算设置了“贴现”科目，贴现申请人申请贴现时记入该科目的借方，贴现到期时记入该科目的贷方。

银行发放的各种贷款都应计收利息，银行对贷款利息的计算，主要采用定期结息和利随本清两种方法。贷款利息的核算设置了“利息收入”和“应收利息”科目，采用利随本清方法计息时直接记入“利息收入”科目，采用定期结息方法计息时记入“应收利息”科目。如果借款单位在结息日存款账户无足够的款项不能按期支付利息，银行对其应收利息应根据有关规定计收复利，待该借款单位存款账户上有足够余额来支付贷款利息时，银行一并扣收。

贷款损失准备，是指银行为了抵御风险，确保信贷资金的安全，按照《商业银行贷款损失准备管理办法》的规定提取的，用来弥补可能发生的贷款损失的准备金。贷款损失准备包括一般准备、专项准备和特种准备。贷款损失准备的核算设置了“资产减值损失”和“贷款损失准备”两个科目，计提和补提贷款损失准备时记入“贷款损失准备”科目的贷方，冲减贷款损失准备时记入“贷款损失准备”科目的借方。

【复习思考题】

一、单项选择题

1.期限在（　　）的贷款为短期贷款。

A.1年以下　　B.2年以下　　C.3年以下　　D.半年以下

2.贷款展期期限应按规定掌握，下列说法正确的是（　　）。

A.短期贷款不得超过原贷款期限的一半

B.中期贷款不得超过原贷款期限

C.长期贷款不得超过3年

D.长期贷款不得超过5年

3.下列属于非应计贷款的是（　　）。

A.逾期180天的贷款本金

B.利息逾期90天以上

C.贷款本金逾期90天以上

D.B、C两项

4.抵押贷款（　　）不能归还本息的，银行可以按合同规定作价变卖处理抵押品。

A.逾期1个月　　B.逾期2个月　　C.逾期90天　　D.逾期180天

5.抵押贷款逾期1个月不能归还贷款本息的，银行可以按合同规定作价变卖处理抵押品，抵押品处理后取得的净收入低于贷款本息的，不足的部分（　　）。

A.由贷款损失准备抵补　　B.列作银行的损失

C.由借款人偿还　　D.转入逾期贷款

6.作为贷款抵押的抵押品，其价值（　　）。

A.不能低于贷款数额　　B.不能高于贷款数额

C.必须等于贷款数额　　D.不能等于贷款数额

7.质押贷款的质权人是（　　）。

A.借款人　B.发放贷款银行

C.借款人、贷款人以外的第三人　D.保证人

8.下列资产项目，不计提损失准备的是（　　）。

A.拆出资金　B.抵押贷款　C.银行卡透支　D.委托贷款

9.银行为了预防国家、地区或行业风险，针对某一国家、地区、行业特别的贷款风险计提的准备是（　　）。

A.一般准备　B.专项准备　C.特种准备　D.二级准备

10.下列各项中应冲减“应收利息”和“利息收入”的是（　　）。

A.已计提的贷款应收利息，在贷款到期90天后仍未收回的

B.自结息日起，贷款利息逾期60天尚未收回的

C.贷款转为非应计贷款后的利息

D.列为损失类贷款的利息

11.贷款在转为非应计贷款后，再收到该笔贷款时应当（　　）。

A.先收回利息，利息全部收回后的还款部分，确认为本金收回

B.先收回本金，本金全部收回后的还款部分，确认为利息收入

C.先收回转为非应计贷款之后的利息，剩余的还款作为本金收回

D.先收回转为非应计贷款之前的利息，剩余的还款作为本金收回

12.抵押品的价值不能低于贷款数额，一般可按抵押品现值的（　　）确定贷款数额。

A.30%~50%　B.60%~80%　C.50%~70%　D.50%~80%

13.贷款抵押品一般不允许转作自用固定资产，特殊情况下转为自用是按（　　）作价入账。

A.抵押品现值　B.贷款本金

C.贷款利息　D.贷款本金和利息之和

14.住房按揭贷款的期限一般最长不超过（　　）年。

A.10　B.15　C.20　D.30

15.住房按揭贷款发放后，会计部门将贷款金额（　　）。

A.分次划转到借款人存款账户　B.一次性划转到借款人存款账户

C.分次划转到售房单位存款账户　D.一次性划转到售房单位存款账户

16.银行的担保贷款不包括（　　）。

A.信用贷款　B.保证贷款　C.抵押贷款　D.质押贷款

17.以下哪项不属于贷款损失准备的种类（　　）。

A.一般准备　B.总准备　C.专项准备　D.特种准备

18.下列选项属于贷款利息结计的方法的是（　　）。

A.每月结息　B.每年结息　C.6月30日结息　D.利随本清

19.以下哪种贷款是按照贷款发放的自主程度进行分类的（　　）。

A.自营贷款　B.短期贷款　C.信用贷款　D.抵押贷款

20.以下关于银行计提专项准备的比例不正确的是（　　）。

A.对于关注贷款，计提比例为2%　B.对于次级贷款，计提比例为20%

C.对于可疑贷款，计提比例为50%　D.对于损失贷款，计提比例为100%

二、多项选择题

1.下列属于短期贷款的有（　　）。

A.1年以内的信用贷款　　B.1年以内的质押贷款

C.1年以上的抵押贷款　　D.1年以上的保证贷款

2.下列对于贷款应收利息的说法，正确的有（　　）。

A.自结息日起，逾期90天（含90天）以内法人应收未收利息，应计入损益

B.对已经纳入损益的应收未收利息，逾期90天（不含90天）以上，要相应冲减利息收入并记入表外科目

C.自结息日起，逾期90天（不含90天）以上的应收未收利息，不再计入损益

D.自结息日起，逾期90天（不含90天）以上的应收未收利息，应继续计入当期损益

3.银行的担保贷款包括（　　）。

A.信用贷款　　B.保证贷款　　C.抵押贷款　　D.质押贷款

4.下列贷款可以计提贷款损失准备的有（　　）。

A.委托贷款和代理贷款　　B.银行卡透支

C.银行承兑汇票垫款及担保垫款　　D.拆出资金

5.贷款损失准备包括（　　）。

A.一般准备　　B.总准备　　C.专项准备　　D.特种准备

6.贷款利息结计的方法主要有（　　）。

A.定期结息　　B.每年结息　　C.6月30日结息　　D.利随本清

7.贷款发生逾期，关于其核算方法，下列说法中正确的有（　　）。

A.转入“逾期贷款”科目或账户

B.按合同利率加收一定比例的逾期贷款利息

C.贷款借据在贷款全部归还前继续保存

D.按合同利率计算逾期贷款利息

8.下列不能作为抵押物的有（　　）。

A.抵押人依法有权处分的国有土地使用权

B.抵押人依法承包并经发包方同意抵押的荒山的土地使用权

C.集体土地使用权

D.学校的房屋及设施

9.对于抵押贷款逾期不能归还的贷款本息，银行可以对抵押品作价变卖处理，下列处理方法正确的有（　　）。

A.逾期一个月仍不能归还贷款本息的，银行可变价处理抵押品

B.逾期两个月仍不能归还贷款本息的，银行可变价处理抵押品

C.抵押品变卖净收入多于贷款本金和利息的，多余的部分作为银行营业外收入

D.抵押品变卖净收入多于贷款本金和利息的，多余的部分退还借款人

10.下列关于住房按揭贷款的表述中正确的有（　　）。

A.贷款申请人应当在贷款银行开立活期储蓄存款账户

B.贷款发放后，一次性划转到售房单位的银行存款账户

C.各行按照购房价款全额发放贷款

D.贷款期限最长为20年

11.信用贷款核算时设置的会计科目包括（ ）。

A.“短期贷款” B.“信用贷款” C.“中长期贷款” D.“中期贷款”

12.按照贷款发放的自主程度，可以将贷款分为（ ）。

A.自营贷款 B.委托贷款 C.特定贷款 D.票据贴现

13.抵押贷款发放时的会计核算为（ ）。

A.借：抵押贷款 B.借：活期存款 C.贷：抵押贷款 D.贷：活期存款

14.以下关于银行计提专项准备的比例的说法中正确的有（ ）。

A.对于关注贷款，计提比例为5%

B.对于次级贷款，计提比例为25%

C.对于可疑贷款，计提比例为50%

D.对于损失贷款，计提比例为100%

15.以下关于保证贷款的说法中正确的有（ ）。

A.保证贷款是以保证人的信用或财产为基础而发放的一种贷款

B.保证人可以是贷款银行

C.保证人可以是借款人

D.保证人是银行、借款人以外的第三人

三、判断题

1.贷款到期，借款单位既无展期理由办理延期，又无足够存款归还全部贷款时，其不足部分转作逾期贷款。（ ）

2.办理抵押贷款时，按抵押品的价值全额发放贷款。（ ）

3.抵押贷款到期，借款人不能归还，如果银行处理抵押品所得净收入用以偿还贷款本息尚有余额，应退还借款人。（ ）

4.短期贷款的展期期限为1年以下，中期贷款的展期期限为1年（含1年）以上3年以下，长期贷款的展期期限为3年（含3年）以上10年以下。（ ）

5.发生了逾期贷款，应从贷款发放之日起按逾期贷款利率计收利息。（ ）

6.短期贷款的展期期限不得超过原贷款期限的一半。（ ）

7.非应计贷款指的是贷款本金逾期90天没有收回的贷款。（ ）

8.贷款自转为非应计贷款后，在收到该笔贷款的还款时，首先应收回利息，利息全部收回后的还款部分，作为本金收回。（ ）

9.贷款利息采用利随本清计息法的，计息起讫时间算头不算尾，按对年对月对日的方法计算，对年360天，对月30天，不满月的零头天数按实际天数计算。（ ）

10.抵押贷款到期，如借款人不能按期归还贷款，银行应于贷款期满日，根据协议作价变卖处理抵押物品。（ ）

四、业务处理题

1.8月6日，开户单位市纺织厂的中期贷款200 000元到期，该单位账户无款支付，银行按规定转入该单位逾期贷款账户。

要求：按规定进行账务处理。

2.8月7日，开户单位某服装厂归还2月7日借的短期贷款100 000元，月利率为6‰，连同贷款利息一并从其存款账户中支付。

要求：按规定进行账务处理。

3.8月17日，开户单位百货公司申请办理抵押贷款1 200 000元，审核后办理。

要求：按规定进行账务处理。

4.8月18日，开户单位鸿发贸易公司一笔3年期贷款100 000元逾期90天未还，转入非应计贷款，同时转销应收利息20 000元。

要求：按规定进行账务处理。

5.8月22日，银行将贷款户某工厂逾期未还的抵押贷款的抵押物处置，抵押物价值150 000元，抵押贷款本息合计为56 245元，处置抵押物的收入为60 000元。

要求：按规定进行账务处理。

第五章　现金出纳业务的核算

【学习目标】

理论目标：(1) 了解现金出纳业务的任务和工作原则；(2) 掌握现金出纳的核算方法、出纳错款的发生及处理方法。

实践目标：(1) 熟练掌握现金出纳的核算方法、出纳错款的发生及处理方法的应用；(2) 认识银行中现金核算及管理的重要性。

【课程思政案例5-1】

网点柜员现金长款案例

基本案情：

某银行支行柜员在进行常规午间轧账时发现账款不符，出现现金长款，马上开始换人复核，复核确有长款后，马上通知银行支行长，支行长得知此消息后又对该笔长款进行确认，确认无误后先进行挂账，然后对长款产生原因进行分析。询问经手柜员是否在上午现金出纳业务中有过换小钞的事项。哪笔业务办理过程中有特殊事情发生，自己是否有怀疑的对象。但经手柜员表示上午做业务过程中没有什么特别的事情发生。最终，银行决定采用调取监控录像的方式进行无针对性的逐笔核对。

在对监控录像进行仔细查看后，发现经手柜员在清点票券拼凑百元券的时候，中途有过停顿。第一遍过点钞机的时候数量显示100张，在第二遍过点钞机的时候有残破券的提醒，所以柜员从钱把里把残破券挑出来后放在桌子上，其余现金顺畅地过完点钞机，数量显示100张。此时，该经办柜员跟大堂保安进行了对话交流，然后把残破券放到了个人钱箱中，在看到点钞机上的显示数量为100张之后，就把这把99张的百元券误以为是100张捆把放入自己钱箱中。过了一会儿，某储户来行凭定期存单支取定期储蓄存款2万元，该柜员在付款时就把这捆票款付出了，因为取款客户与柜员相识，并说取钱着急，无需进行清点，所以柜员也就将整把的钞票未进行清点予以支付了。在查明长款原因之后，银行第一时间与该取款客户取得联系，说明原因并表达了歉意，将款项补足，并取得了客户的谅解。

思考题：

1.该案例中银行轧账出现出纳长款后应如何挂账？查明长款原因后又如何销账？

2.该案例中银行柜员有哪些违反银行现金出纳业务核算流程的行为？

3.银行出纳人员应如何提升自身的业务水平、责任意识和风险防范意识，从源头防范风险的发生？

分析提示：

按照银行现金收付管理的基本规定要求：

1. 现金收付必须遵循“收入现金先收款后记账，付出现金先记账后付款”的原则；

2. 办理业务坚持一笔一清；

3. 柜员付出现金时应提示客户当面点清；

4. 付出现金必须达到人行规定的流通标准；

5. 现金兑换须遵循“先兑入后兑出”的原则；

6. 大额现金收付款应按中国人民银行现金管理及反洗钱规定办理登记和报送。外币现钞收付业务必须遵循外汇管理局有关规定。办理现金收付款业务需要审核凭证的，应对凭证要素合规性、完整性进行审核；

7. 日终现金轧账，必须坚持“先清点实物、后对账”的原则，保证账实相符。

第一节 现金出纳业务概述

一、现金出纳业务的含义

现金出纳业务是商业银行的一项基础业务，也是整个社会经济活动中的一项基础业务。现金出纳通过现金收付等业务活动，使银行与社会经济活动及人民生活紧密联系起来。

银行会计中的现金通常是指现钞，包括人民币和外币。银行的现金出纳业务中所涉及的不只是现钞，还包括金银以及其他有价单证。出纳，是支出和纳入的意思。用在货币流通中，“出”指投放货币，“纳”指回笼货币。现金出纳是指银行的现钞、金银、有价单证等的收付及保管工作。

我国对一切团体、机关和企事业单位实行现金管理，商业银行在各项业务经营中，有相当一部分业务需要通过现金收付来完成。商业银行通过为客户办理现金结算，确保其各项经济活动正常进行。因此，商业银行现金出纳成为国民经济的总出纳和现金活动中心。同时，我国对货币发行实行中央银行集中统一管理，因而现金出纳业务还担负着执行国家货币政策、落实货币发行和回笼计划、调剂市场流通票币的比例等重要工作。认真做好现金出纳业务，对于调节市场货币流通、加速资金周转、促进商品流通和经济发展，都具有重要意义。同时，商业银行现金出纳业务也为国家制定宏观经济决策提供重要依据。

二、现金出纳业务的主要内容

现金出纳业务的主要内容包括：

（1）贯彻执行国家的金融法令和有关法规制度，进行柜台的审核与监督工作；

（2）现金的收付、兑换、整点及调运；

（3）现金的出库、入库；

（4）残损人民币的回收及上缴；

（5）假人民币的收缴及鉴定；

（6）做好爱护人民币、维护人民币信誉的公众宣传工作，做好本、外币反假和反破坏工作；

（7）现金、有价单证、金银及尾箱的保管；

（8）代理人民银行发行基金的保管业务；

（9）代理其他商业银行及非银行金融机构现金出纳业务。

三、现金出纳业务的特点

银行现金出纳业务是现金货币流通的基础，它既要服务于国家的货币政策和金融宏观调控的方针，又要服务于国民经济各部门、各个单位和个人，还要满足银行自身业务的要求。银行现金出纳业务的特点主要有：

1.政策性强，涉及面广

银行现金出纳是全社会现金出纳的中心，既是国家货币政策和现金管理的具体执行部门，又是银行对外服务的窗口，处于临柜一线，面对众多客户，因此，对现金出纳工作有很高的政策性要求。

2.专业性强，技术要求高

银行现金出纳业务的技术性强，要负责现金、外币、有价单证的收付、保管、调运等工作，每笔业务的处理要准确、及时、安全。在现金整点过程中，还要识别真假票币。因此，对现金出纳工作有很高的技术性要求。

3.管理性强

银行现金出纳业务涉及面广，业务量大，营业机构、人员众多，客观上要求银行专门设置出纳业务管理机构执行现金出纳职能，专门管理和处理日常业务，组织系统管理。

4.风险直接，责任重大

银行的现金出纳人员每天经手的款项金额大、实物数量多，所承担的风险大，而且直接。同时，银行现金出纳业务还承担着执行国家货币政策、维护人民币信誉和保护国家财产安全的重大责任。

四、现金出纳业务的原则

商业银行现金出纳业务琐碎繁杂、风险高。为确保商业银行现金出纳工作任务的顺利完成，现金出纳工作必须建立健全内部控制制度。因此，要求其在工作中，必须做到手续严密、责任分明、及时准确，并坚持以下原则：

（1）收入现金，先收款后记账；付出现金，先记账后付款。收入现金时，应先经出纳人员收妥后才能入账；支付现金时，须经会计部门记账后才能由出纳人员付款。

（2）收入的现金，未经整点，不得对外付出；付出的现金，票面要达到人民银行规定的流通标准。收入的现金，必须当面点清，做到一笔一清，不得将几笔款项互相混淆。不得直接用已收入而未经整点的现金向外支付。付出的现金，不应出现纸币票面缺少面积在20平方毫米以上等不符合规定流通标准的情况。

（3）一笔现金业务未完成，经办人员不得离柜；现金尾箱日清日结，中午碰库；严禁挪用库存现金和实物；非营业时间不准办理现钞出库。

（4）双人管库、双人解款，定期查库。金库的管理要由两个人一同进行，即双人同开库、双人同入库、双人同在库、双人同出库、双人同锁库，解款也要由两个人一同办理，如此方能做到互相帮助，互相监督，防止出现差错。

（5）坚持复核。在现金出纳工作中，必须坚持两人临柜，收付现金都要有第二人复核。要做到“款要复点，账要复核”，以保证现金收付的安全、准确。

（6）现金、尾箱及其他重要物品办理交接时，须验证身份。凡现金、金银、有价单证以及金库钥匙、尾箱等重要物品换人经管时，必须验证身份，必须办理交接登记手续。

五、现金出纳柜员制

现金出纳柜员制，是指出纳临柜人员独立完成人民币现金收付业务的接柜、凭证审核、现金复点、票币整理、登记账簿和付款业务的现金领取、凭证审核、登记账簿、配款、付款等各环节的业务操作，柜员独立承担经济责任的一种劳动组织形式。实行现金出纳柜员制，可以提高工作效率、减少客户等待的时间、优化柜台服务、增强同业竞争力，适应市场经济发展的需要。实行现金出纳柜员制的银行，原则上应设出纳主管岗、主机管理岗、收付款柜员岗。

出纳主管岗的主要职责包括：全面负责本行现金出纳工作，制定工作计划和措施，组织落实出纳工作规章制度，完成各项工作任务；负责本行现金业务日常管理；负责审批本行与金库或调拨机构之间的现金调拨；负责本行现金库存限额控制；按规定履行现金业务的授权审批职责；按规定检查柜员尾箱；营业终了，与现金柜员共同清点尾箱并封箱；指定人员核验运钞车辆及解款员身份。

主机管理岗的主要职责包括：负责启动和关闭计算机出纳核算系统；掌握计算机出纳核算系统的运行管理，负责系统的日常管理和维护，协调各端机的操作，保证系统安全运行，发现问题及时解决；负责日终结账，打印各种账表，并与各专柜、库房和会计部门核对；负责数据备份，软盘及各种账表资料的装订、保管等。

收付款柜员岗的主要职责包括：办理现金收款业务时，负责按有关制度要求审查客户交款凭证；负责客户交存现金的初点、复点、挑残和保管；负责收入现金真伪鉴别工作；负责登记有关账簿，保管和使用“现金收讫章”。办理现金付款业务时，负责向业务库领取备付金；审查付款凭证的各项要素和有关人员名章是否齐全，登记有关账簿；根据付款凭证金额和客户要求的付款面额赔款、复点、付款；负责保管和使用“现金付讫”章。每日营业终了，双人装箱，轧结、核对尾箱现金，办理尾箱入库交接手续；保管和维护所用出纳机具等。

六、现金出纳业务的操作流程

现金出纳业务的操作流程如图5-1所示。

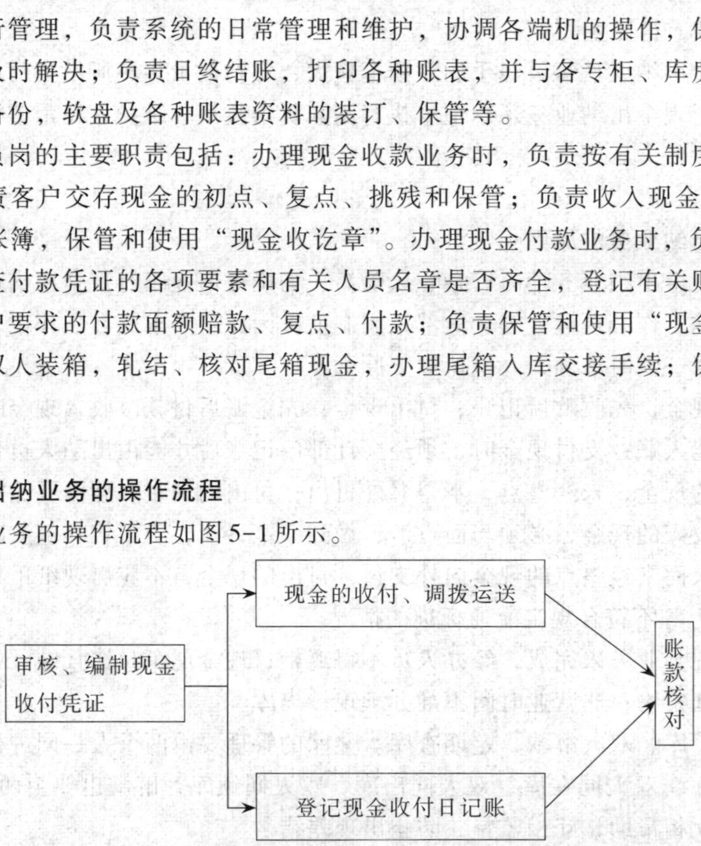

图5-1 现金出纳业务的操作流程图

【实务经验谈5-1】

第五套新版100元人民币“土豪金”的识别要点

第五套新版100元人民币于2015年11月12日上市，新版人民币的大小和第四套人民币的大小一样，在防伪方面做了提升，出现假币的概率要小很多，但是为了防止上当受骗，我们还是不能大意，要学会识别新版人民币的真伪。那么如何识别呢？识别第五套新版100元人民币纸币的真伪，通常采用“一看、二摸、三晃”的方法：

1.看。位于票面正面左侧空白处，透光观察，可见毛泽东头像，位于票面正面横号码下方，透光观察，可以看到透光性很强的水印面额数字“100”。票面正面左下方和背面右下方均有面额数字“100”的局部图案。透光观察，正背面图案组成一个完整的面额数字“100”。

2.摸。新版百元纸币采用了雕刻凹凸印刷，票面正面毛泽东头像、国徽、“中国人民银行”行名、右上角面额数字、盲文及背面人民大会堂等均采用雕刻凹凸印刷，用手指触摸有明显的凹凸感。

3.晃。位于票面正面中部，垂直观察票面，数字以金色为主；平视观察票面，数字以绿色为主。随着观察角度的改变，数字颜色在金色和绿色之间交替变化，并可见到一条亮光带上下滚动。位于票面正面右侧，垂直观察票面，安全线呈红色；与票面成一定角度观察，安全线呈绿色；透光观察，可见安全线中正反交替排列的镂空数字“100”。

第二节 现金业务的核算

商业银行的现金业务主要是指出纳柜台的现金收入、现金支出以及出纳错款的处理。银行通过设立“库存现金”科目来核算现金的收付业务。该科目属于资产类科目，借方登记库存现金的增加额，贷方登记库存现金的减少额，期末余额在借方，反映期末持有的库存现金余额。银行除了按照“库存现金”科目进行总分类核算之外，还应设置库存现金收入（付出）日记簿，根据收付款凭证，按照业务发生顺序逐笔登记。每日营业终了，应当计算当日的现金收入合计额、现金支出合计额和结余额，将结余额与实际库存额核对，做到账款相符。

一、现金收入业务的核算

单位或个人向银行缴存现金时，应填制一式两联的“现金交款单”，连同现金一并交银行出纳柜台。出纳柜台收款员认真审查交款凭证大小写金额是否一致，户名、账号等内容填写是否齐全，审查无误后凭以收款。收款员将款收妥后登记现金收入日记簿，连同现金和交款凭证一并交复核员复核，复核无误后在交款凭证上加盖现金收讫专用章和个人名章，并在现金收入日记簿上加盖个人名章。现金交款单第一联作为回单退还客户，第二联送相关会计专柜代现金收入传票。

现金收入业务的会计分录为：

借：库存现金

　　贷：活期存款/活期储蓄存款——收款人存款户

【例5-1】某单位销售产品收到现金总计45 000元，填制现金送款单，连同现金送交银行。银行经审核无误后记账，其会计分录为：

借：库存现金　　45 000

　贷：活期存款——某单位户　　45 000

二、现金付出业务的核算

银行办理现金付出业务时，有关部门要本着“先记账后付款”的原则。客户到银行支取现金时，应先填制“现金支票”或其他取款凭证，然后再到会计部门办理取款手续。会计部门收到现金支票并审查无误后，撕下现金支票右下角的“出纳对号单”或发铜牌给取款人，凭留下的现金支票入账。

现金付出业务的会计分录为：

借：活期存款/活期储蓄存款——取款人户

　贷：库存现金

会计部门记账人员完成记账工作，并经复核员复核无误后，及时将取款凭证按有关规定传递给出纳柜台配现付款，取款人凭“出纳对号单”或铜牌取款。

【例5-2】某单位采购员经领导批准借差旅费6 000元，会计人员将现金支票交开户银行，银行经审核无误后记账，其会计分录为：

借：××存款——某单位户　　6 000

　贷：库存现金　　6 000

三、出纳错款的处理

出纳错款是指出纳柜台在办理现金收付业务过程中发生的现金过多或短缺，导致账款不符的现象。在办理现金收付业务中所发生的实际库存现金多于账面现金的现象称为出纳长款，具体包括：对外收付现金，发现结存的现金多于账面结存的现金；盘点库存现金，发现多于账面记载的现金；联行调拨款项，经清点多出现金等。而银行出纳业务实际结存现金少于账面结存现金的现象称为出纳短款，具体包括：出纳部门对外收付现金业务终了时，发生结存的现金少于实存的现金；盘点库存现金，发现少于账面库存的金额；联行调入款项，经清点缺少现金等。

出纳错款处理时应遵循“长款不得寄库，短款不得空库，长、短款不能相互抵补”的原则。对于长款，应查明原因及时退还，如确实无法查明原因，应按规定入账归公，不得侵占，否则以贪污论处；对于短款，不能自行补贴，隐瞒不报，应及时查找收回，确实无法收回的，按规定的会计程序处理。

1.出纳长款的核算

银行在每日营业终了，结账碰库时出现出纳长款而当天未能查明原因的，应由出纳部门出具证明，经会计主管审核批准后，由会计部门填制现金收入传票，暂列“其他应付款”科目入账。“其他应付款”科目是负债类科目，用以核算银行应付暂收企业或个人的款项。银行发生应付暂收款项时，贷记本科目；偿还、转销各种应付暂收款项时，借记本科目；余额在贷方，表示尚未偿还、转销款项的数额。其会计分录为：

借：库存现金

　贷：其他应付款——待处理出纳长款户

同时，登记现金收入日记簿。

【例5-3】某银行营业终了发生出纳长款600元，原因未明，经会计主管批准后列账。其会计分录为：

借：库存现金 600
　贷：其他应付款——待处理出纳长款户 600

待查明原因后，分别按不同情况处理：

(1) 若日后查明长款的原因为客户多交或银行少付款项，则应及时退还客户，同时作相反的会计分录抵销原会计分录：

借：其他应付款——待处理出纳长款户
　贷：库存现金

同时，登记现金付出日记簿。

(2) 若经过认真查找仍不能查明长款原因，则应按规定的审批权限报批后列作银行收益。其会计分录为：

借：其他应付款——待处理出纳长款户
　贷：营业外收入——出纳长款收入户

【例5-4】【例5-3】中的出纳长款，经调查，其中500元为银行少付开户单位，已通知企业领取；另100元确实无法归还，经批准列作银行收益。其会计分录为：

借：其他应付款——待处理出纳长款户 600
　贷：营业外收入——出纳长款收入户 100
　　库存现金 500

2.出纳短款的核算

银行在每日营业终了，结账碰库时出现出纳短款而当天未能查出原因的，应由出纳部门出具证明，经会计主管审核批准后，由会计部门填制现金付出传票，暂列“其他应收款”科目入账。“其他应收款”科目是资产类科目，用以核算银行应收暂付企业或个人的款项。银行发生应收暂付款项时，借记本科目；收回各种款项时，贷记本科目；余额在借方，表示尚未收回款项的数额。其会计分录为：

借：其他应收款——待处理出纳短款户
　贷：库存现金

同时，登记现金付出日记簿。

银行出纳短款挂账期限最长不得超过1个月，并登记错款登记簿，继续追查。

【例5-5】某银行营业终了发生出纳短款500元，原因未明，经会计主管批准后列账。其会计分录为：

借：其他应收款——待处理出纳短款户 500
　贷：库存现金 500

待查明原因后，分别按不同情况处理：

(1) 若日后查明短款的原因为客户少交或银行多付，则应及时向客户追回短款。同时，作相反的会计分录抵销原会计分录：

借：库存现金
　贷：其他应收款——待处理出纳短款户

同时，登记现金收入日记簿。

【例5-6】【例5-5】中的出纳短款，经调查发现原因为客户少交500元，向客户追回短款。其会计分录为：

借：库存现金　500

　贷：其他应收款——待处理出纳短款户　500

(2) 若经过认真调查仍不能查明短款原因，属于技术性短款或一般责任事故的，则应按规定的审批手续予以报损。其会计分录为：

借：营业外支出——出纳短款支出户

　贷：其他应收款——待处理出纳短款户

【例5-7】【例5-5】中的出纳短款，若经认真调查后仍不能查明原因，则按规定的程序报损。其会计分录为：

借：营业外支出——出纳短款支出户　500

　贷：其他应收款——待处理出纳短款户　500

【思政课堂5-1】

中国数字货币发展处于领先地位

在9月8日举办的2022年中国（北京）数字金融论坛上，博鳌亚洲论坛副理事长周小川表示，全球众多央行都已着手进行央行数字货币研发，中国一直走在前列。

当前，中国数字经济发展的速度和规模均居全球前列。党的十八大以来，党中央高度重视发展数字经济，将其上升为国家战略。近年来，我国发布了《数字经济发展战略纲要》《"十四五"数字经济发展规划》，密集出台了一系列维护信息安全、促进公平竞争、促进平台经济规范发展的法律法规，积极参加数字贸易规则和相关协定的国际谈判。数字经济将更好地为构建我国新发展格局、实现高质量发展和促进经济全球化助力。

数字金融是数字经济的组成部分并为数字经济的发展提供了重要支撑。而且，数字金融是现代金融业发展的重要特征，因为现代金融业最能迅速反映信息技术的迭代升级。"可以说，金融业就是一种IT行业，那些大力投资大型IT系统，运用数字新技术的金融机构，能为客户提供更便捷、更高效的金融服务，更精准地防控风险，从而在业内胜出。"周小川表示，许多金融科技公司也正是凭借广泛获客、掌握海量数据的优势来提供多种数字金融产品。

数字人民币是现代公共金融基础设施之一，也是对央行支付系统的一次大的升级，既包括技术上的升级，也包括组织架构和业务模式上的升级。通过这一升级，将实现全国支付市场的统筹、整合，打破支付上的壁垒，提升用户的体验，为数字金融的发展提供重要的底部支撑。我国DC/EP数字人民币项目试点已经取得了丰富的实践，应用场景不断扩容，前景广阔。

英美等发达国家把数字货币的重点放在跨境支付上。数字人民币应将重点放在零售环节，可以给各类人群提供更大的日常支付便利。同时，数字人民币在研发之初就已确定了可控匿名的设计思路，对个人数据和隐私进行保护，同时又能满足反洗钱、反恐怖融资等监管需求。很明显，零售支付是做好跨境支付的重要基础。试想如果两国各自没有高效安全的数字货币零售支付安排，就很难实现跨境连通，当然，这还需要国与国之间在外汇管理政策与金融基础设施方面的协调配合。

资料来源：刘四红，周小川. 零售支付是做好跨境支付的重要基础，数字人民币应将重点放在零售环节［EB/OL］.［2022-09-08］. https：//m.sohu.com/a/583476475_115865.

【本章小结】

本章主要讲授商业银行现金出纳业务的含义、内容、原则和操作流程，讲授现金收入业务、现金付出业务和出纳错款的处理。

银行会计中的现金通常指的是现钞，包括人民币和外币。

银行现金出纳业务的特点主要有：政策性强，涉及面广；专业性强，技术要求高；管理性强；风险直接，责任重大。

现金出纳业务的原则主要有：(1) 收入现金，先收款后记账；付出现金，先记账后付款。(2) 收入的现金，未经整点，不得对外付出；付出的现金，票面要达到人民银行规定的流通标准。(3) 一笔现金业务未完成，经办人员不得离柜；现金尾箱日清日结，中午碰库；严禁挪用库存现金和实物；非营业时间不准办理现钞出库。(4) 双人管库、双人解款，定期查库。(5) 坚持复核。在现金出纳工作中，必须坚持两人临柜，收付现金都要有第二人复核。(6) 现金、尾箱及其他重要物品办理交接时，须验证身份。

【复习思考题】

一、单项选择题

1.（　　）是银行的基础工作，其工作质量的好坏直接关系到商业银行的声誉和经营效益。

A.现金出纳业务　　B.贷款业务

C.结算业务　　D.外汇买卖业务

2.出纳短款挂账时，应记作（　　）。

A.借：其他应付款　　B.借：其他应收款

C.贷：其他应付款　　D.贷：其他应收款

3.（　　）是现金运送中不应有的行为。

A.双人押运　　B.保守秘密

C.委托他人代运　　D.武装押运

4.现金业务是银行的（　　）业务。

A.负债　　B.资产　　C.权益　　D.投资

5.在下列选项中，属于现金出纳业务的原则的是（　　）。

A.付款时先付款后记账、双人经办

B.双人经办、坚持查库制度

C.付款时先付款后记账、坚持查库制度

D.上述均不是

6.在现金收入业务中，应做到（　　）。

A.收款记账同时进行　　B.先收款后记账

C.先记账后收款　　D.先付款后记账

7.客户交存现金时应编制的会计分录为（　　）。

A.借：库存现金
　　贷：活期存款

B.借：活期存款
　　贷：库存现金

C.借：库存现金
　　贷：活期贷款

D.借：活期贷款
　　贷：库存现金

8.出纳短款原则上由经办柜员先行赔付，金额较大无法自行赔付的经总行有权部门批准后可暂挂其他应收款，挂账期限最长不得超过（　　）。

A.10天　　B.15天　　C.1个月　　D.2个月

二、判断题

1.储蓄所的现金应在营业终了时送管辖行保管。(　　)

2.营业终了时，发现现金账面数少于实有数，就是出纳短款。(　　)

3.现金出纳业务应坚持钱账分管和复核制度。(　　)

4.发生出纳长款不能查明原因时，可以记入“其他业务收入”科目。(　　)

5.现金出纳业务是指直接用现金进行的收付业务。(　　)

三、业务处理题

某商业银行2022年6月份发生如下现金业务：

（1）6月2日，红心百货公司销售商品收到现金总计254 000元，填制现金送款单，连同现金送交银行，银行审核无误后记账；

（2）6月3日，塑料厂采购员经批准后借差旅费4 000元，会计人员将现金支票交银行提取现金，银行审核无误后办理；

（3）6月4日，银行营业终了后发现出纳长款600元，原因不明，经批准后挂账；

（4）6月6日，上述出纳长款经查明为少付客户450元，另150元确实未查明原因，经批准转账；

（5）6月10日，银行营业终了发现出纳短款800元，当日未查明原因，经批准挂账；

（6）6月11日，上述出纳短款经查实为多付客户200元，现已追回，另600元确实未查明原因，经批准转账；

（7）6月13日，化肥厂签发现金支票备发工资，金额为90 000元，经审核后办理；

（8）6月15日，储户王瑞存入活期存款10 000元；

（9）6月21日，储户张鑫提取一年期定期存款本金90 000元，利息1 590元。

要求：根据上述业务编制相关会计分录。

第六章　票据结算业务的核算

【学习目标】

理论目标：熟悉支付结算业务相关的基础知识，熟悉票据法有关的业务规定，掌握对公支付结算票据业务的相关操作规程与处理手续。

实践目标：熟悉票据业务的结算规定，熟悉票据业务凭证格式，掌握相关业务凭证具体的填写、审核要求，能按票据业务的具体规定正确进行各环节的操作处理。

【课程思政案例6-1】

“管窥”消费者纠纷，银行卡、支付结算成“重灾区”

随着金融服务意识的增强，对于金融消费纠纷，消费者不再选择“闷声受气”，而是用投诉、调解的方式化解矛盾，捍卫自身的合法权益。

一方面通过央行上海分行公布的2018年金融消费纠纷投诉数据可“管窥”全国消费者在维权方面有何诉求。另一方面通过银监系统在2018年公布的罚单可知金融机构存在哪些不当之处。

据其披露，央行上海分行2018年共受理金融消费者投诉9 970件，日均受理27.3件，已办结投诉9 866件，投诉办结率达98.96%。沪上金融消费权益保护投诉咨询电话12363接听量同步显著增加，日均接听101.56次。

当下的金融投诉热点主要集中在支付结算管理（76.44%）和银行卡业务（13.54%）领域，为消费者投诉的“重灾地”。

近年来，第三方支付机构发展迅猛，支付平台账户管理凸显弊端。纠纷主要是消费者支付平台账户因风险问题等被冻结，且解冻程序较为烦琐；在使用非银行支付机构提供的POS机或APP软件进行刷卡收付款时，相关业务交易款项无法及时到账；未在消费者授权情况下将其账户资金转出，且无法撤回等。

信用卡逾期问题引发大争议，主要是多家大型商业银行信用卡中心位于上海，且消费者多通过银行卡办理业务，涉及银行卡类业务投诉居前二，显得合情合理。主要涉及信用卡逾期后无法就还款方案和逾期记录处理方案达成一致；银行未及时提醒消费者还清信用卡欠款；消费者存在逾期后，银行催收行为不合理；信用卡积分政策或增值服务与服务条款或营销宣传内容不符，无法兑现；银行推销办理信用卡方式不当，导致消费者产生不满。

除此之外还有征信管理、贷款、其他业务领域的投诉（人民币管理、外汇管理、电子银行、个人金融信息管理、储蓄等）。

据不完全统计，2018年以来，银行等金融机构因违规行为而领到的银监系统罚单超过3 500张，其行政处罚披露的案由五花八门，涉及信贷、同业、票据、存贷挂钩、资金挪用、违反审慎经营、违规销售等方方面面。其中消费者最关心的当属“银行违规收费”，诸如只收费不服务、变相收费、提供服务质价不符等痼疾。其案例不胜枚举，长安银行西安曲江新区支行因“未按照规定承担抵押物评估和登记费用，转嫁经营成本”被罚款10万元。山西平遥农商行因“将经营成本以费用形式转嫁给客户，开展信贷业务不审慎”，相关高管被警告和罚款。黑龙江同江农商行因“股东股权管理不合规、向借款人转嫁成本”被罚款50万元。

思考题：

1.请结合自身实际谈谈在金融消费中遇到过哪些问题，你是如何处理的。

2.请从金融消费者、金融机构两个角度分析，如何避免金融消费纠纷，从而保护金融消费者合法权益，优化金融消费环境。

分析提示：

造成金融纠纷的两端是金融消费者和金融机构，双方皆有或多或少的“过错”。需加强消费者金融素质、提高机构服务意识和能力。同时，央行、银保监会、证监会以及消费者保护协会均在探索不同的投诉受理和纠纷解决方式。只是目前苦于没有统筹建立统一的金融消费者救助渠道，各地处理投诉流程、投诉标准和投诉时限无法一致。

第一节 结算的意义

一、结算与支付结算

1.结算的定义

结算亦称货币结算，是在商品经济条件下，各经济单位间由于商品交易、劳务供应和资金调拨等经济活动而引起的货币收付行为。

支付结算，是指单位、个人在社会经济活动中使用票据及规定的结算方式进行货币给付及资金清算的行为。

票据，是指出票人依照法律规定签发的，约定自己或委托他人在见票时或指定日期无条件支付确定金额给收款人或持票人的有价证券。

2.结算的种类

(1) 按支付方式分类

①现金结算：是指在商品交易、劳务供应等经济往来中直接使用现金进行应收应付款结算的行为，是货币结算的形式之一。在我国，这种方式主要适用于单位与个人之间的款项收付以及单位之间在转账结算起点金额以下的零星小额收付。

②转账结算：是指通过银行将款项从付款单位账户划转到收款单位账户的货币收付行为，包括票据结算和非票据结算。票据结算是以票据的给付表明债权债务关系，而票据的转让又会形成多层次的债权债务关系或链环式的债权债务关系，这种债权债务关系的最终清算，必须通过银行转账结算。票据及现金之外的结算方式均为非票据结算，一般包括汇兑、委托收款、托收承付等。非票据结算方式的最终清算也是通过转账结算完成的，表现为各存款账户之间的资金转移。在现代社会经济中，转账结算已成为货币收付的主要形式。

转账结算即为支付结算。

（2）按使用范围分类

①同城结算：在同一城市范围内的转账结算称为同城结算，例如银行本票。

②异地结算：跨地区的转账结算称为异地结算，例如汇兑、银行汇票和托收承付。

③同城异地通用支付结算：例如支票、银行卡、委托收款和商业汇票。

我国的支付结算体系形成了较为完整的结构，主要包括：①反映全社会经济活动资金支付清算全过程的银行账户管理体系；②以票据为主体，以银行卡、互联网、手机等电子支付工具为发展方向，满足不同经济活动需求的支付清算工具体系；③以中国人民银行现代化支付系统为核心，银行业金融机构行内支付系统为基础，票据交换系统、银行卡支付系统为重要组成部分的多元化、多层次的支付清算网络体系；④支付清算管理体系等。

二、存款与结算的关系

存款是办理结算的前提，存款账户则是办理一切结算业务的工具。结算业务会引起银行存款的增减变化，其结果是资金运动中价值在一定时点上的静态表现。有了这个静态表现，单位才能办理一切货币收付活动。结算是存款的必然表现方式，是价值运动的动态表现。

三、结算的性质与任务

1.结算的性质

结算是社会经济活动中的各项资金清算的中介。未经中国人民银行批准的非银行金融机构和其他单位不得作为中介机构经营支付结算业务。

2.结算的任务

结算的任务包括：根据经济往来组织支付结算；准确、及时、安全地办理支付结算；按照有关法律、行政法规和支付结算办法的规定管理支付结算；保障支付结算活动的正常进行。

四、结算的原则

结算的原则是参与结算的收付款双方以及银行在组织结算时应遵循的原则。

1.恪守信用，履约付款

这条原则要求结算的当事人必须依法承担义务并行使权利，要严格遵守信用，认真履行义务。

2.谁的钱进谁的账，由谁支配

这条原则要求银行在办理结算业务时，必须按照收款人的账号及户名，准确、及时地为其收账；而对各单位支取的款项，则必须根据付款人的委托办理。

同时，银行会计还必须依法为单位、个人的存款保密，除国家法律规定和国务院授权中国人民银行及银保监会的监督项目以外，其他单位委托监督的事项，均不受理，亦不代任何单位扣款，不得停止单位、个人对存款的正常支付。

3.银行不垫款

这条原则要求各单位只能在存款余额内支用款项，而银行必须在将款项从付款单位账户付出后，再为收款单位收账，收款单位必须在款项收妥进账后才能支用，从而划清银行与客户的资金界限。

五、结算纪律

1.单位和个人的结算纪律

办理结算的单位和个人，必须重合同、守信用，并严格执行《中华人民共和国票据法》（以下简称《票据法》）、《支付结算办法》和账户管理的规定：

（1）不准为逃避还贷、还债和套取现金而多头开户转移资金。

（2）不准违规开立和使用账户，如出租出借账户。

（3）各单位的存款账户必须保持足以支付的存款余额，不准签发没有资金保证的票据套取银行的信用。

（4）不准签发、取得和转让没有真实商品交易和债权债务的票据，套取银行和他人资金。

（5）不准无理拒付、任意占用他人资金。

2.银行的结算纪律（十不准）

（1）不准以任何理由压票、任意退票、截留挪用客户和他行资金；按同档次流动资金贷款利率计付赔偿金。

（2）不准无理拒绝支付应由银行支付的票据款项。

（3）不准受理无理拒付、不扣少扣滞纳金。

（4）不准违章签发、承兑、贴现票据，套取银行资金。

（5）不准签发空头银行汇票、银行本票和办理空头汇款。

（6）不准在支付结算制度之外规定附加条件，影响汇路畅通。

（7）不准违反规定为单位和个人开立账户。

（8）不准拒绝受理、代理他行正常结算业务。

（9）不准放弃对企事业单位和个人违反结算纪律的制裁。

（10）不准逃避向人民银行转汇大额汇划款项。

六、结算方式与信用支付工具

1.结算方式

结算方式，又称非票据结算，是指由单位或个人填写结算凭证，直接提交银行委托收款或付款的结算手段，主要包括“一证”（信用证）、“一卡”（银行卡）、“三方式”（汇兑、托收承付和委托收款）。

2.信用支付工具

信用支付工具是以票据为主体、各种结算方式相互配合的支付结算工具。广义的票据包括各种有价证券和商业凭证；《票据法》规定的是狭义的票据，主要包括汇票（包括银行汇票、商业汇票）、银行本票和支票（简称“三票”）。

第二节　票据结算业务概述

一、相关概念

票据是载明债务人要按指定期限向债权人无条件支付一定金额款项的信用证券。

票据关系人是对票据具体享有某种权利或承担某种义务的当事人，主要包括出票人、付款人、收款人及背书人、承兑人、持票人等。其中，出票人、付款人和收款人是票据的基本关系人。

出票人是开立票据并交付给他人的人。出票人应是独立的法人或有一定行为能力的个人。由谁出票，主要依据票据的性质和付款方式而定。例如，支票由付款人出票，银行汇票和银行本票由银行出票，而商业汇票既可由收款人出票，又可由付款人出票。

付款人是根据出票人的命令或委托，向收款人、持票人支付票款的人。例如，在支票中，开出该支票单位的开户银行为付款人；在汇票中，一般以承兑人为付款人；在本票中，出票人即付款人。

收款人是享有票据债权、具体收取票款的人。

背书人是收款人或持票人在接到票据后，经过背书，将票据转给他人的人。从背书人手中接受票据的人，即票据的受让人被称为被背书人。背书人既然在票据上背书签字，就要对票据负责，将票据授让给被背书人。被背书人在票据上再加背书而转让，则成为第二背书人。新的受让人成为第二被背书人。以此类推，票据可以连续转让。

承兑人是远期票据到期前，票据的付款人接受出票人的委托，在票据上签章确认付款责任的人。承兑人在票据到期前按出票人的指示对正当持票人承担支付票款的义务。票据承兑前出票人是主债务人，而承兑后出票人居于从属债务人的地位，承兑人则成为主债务人。持票人即占有票据的收款人、被背书人等。

二、票据权利和票据责任

1.票据权利

票据权利是指持票人向票据债务人请求支付票据金额的权利，包括付款请求权和追索权。

付款请求权是指持票人向汇票的承兑人、本票的出票人和支票的付款人出示票据请求支付票据金额的权利。

追索权又称偿还请求权，是持票人行使付款请求权而遭拒绝或因其他法定原因而不能实现时，向其他票据债务人请求支付票据金额的权利。

2.票据责任

票据责任是票据债务人向持票人支付票据金额的义务。票据债务人分主债务人和从债务人。

三、票据行为

1.出票

（1）概念：出票是指出票人签发票据并将其交付给收款人的票据行为。

（2）工作：①签发票据，即出票人按一定的票据原因和有关规定开出票据。②交付票据，即将票据交付给收款人。

（3）效力：汇票出票后，出票人负有担保汇票承兑和付款的责任；本票出票后，出票人负有无条件付款的责任；支票出票后，出票人负有担保付款的责任。

（4）要求：一是出票必须有原因，如债权债务关系，取得票据必须给付对价。二是在票据上记载的事项必须符合法律规定：①《票据法》规定，票据金额要用中文大写和数码同时记载，二者必须一致，二者不一致的，票据无效。②票据金额、出票日期、收款人名称不得更改，更改的票据无效。对票据上的其他记载事项，原记载人可以更改，更改时应当由原记载人签章证明。

2.背书

（1）概念：背书是以转让票据或其他目的，在票据背面或粘单上记载有关事项并签章的票据行为。

（2）工作：①记载被背书人名称、背书人签章、背书日期。②交付票据。

（3）种类：有转让背书、委托收款背书和质押背书三种。

（4）效力：权利转移效力；权利证明效力；权利担保效力。

（5）要求：①背书必须连续。②背书不得附有条件，背书所附条件无效，但不影响背书的法律效力。③不能进行部分背书。

3.承兑

（1）概念：承兑是指票据付款人按照票据载明事项，对票据金额在票面上做出表示承诺付款的文字记载及签章的一种票据行为。承兑是汇票特有的票据行为。

（2）效力：使持票人的付款请求权得以落实；票据承兑后，承兑人作为付款人，成为票据的主债务人，到期负无条件付款责任。

（3）工作：①在正面作“承兑”记载、承兑人签章、承兑日期。②交付票据给持票申请人。

（4）要求：①不得附条件承兑。②不得部分承兑或改变汇票文义。

4.保证

（1）概念：保证是指票据债务人以外的他人，为票据的某个特定债务人履行票据债务提供担保而在票据上所为的票据行为。票据的保证适用于汇票和本票。

（2）效力：增加了票据的可靠性，保证生效后，保证人即成为票据的债务人，向被保证人的一切后手承担保证责任。保证人清偿票款后，可对被保证人及其前手行使追索权。

（3）工作：①记载“保证”字样、保证人签章、保证人名称住所、被保证人名称、日期。②交付票据给被保证人。

（4）要求：①不得附条件保证。②保证人为两人以上的，保证人负连带责任。

5.付款

（1）概念：付款是指票据的付款人或承兑人向持票人支付票款的行为。

（2）效力：付款人付款，票据上所记载的债权债务关系即告终止和消失；票据上的一切债务人均解除责任。

（3）程序：①持票人提示票据，请求付款。②付款人付款。

（4）要求：①付款人按规定履行付款义务。②付款人对票据的审查，要素齐全合规，背书连续。③付款人不得恶意付款。④付款后要缴回票据。

6.追索

（1）概念：追索是指票据的持有人在遭到拒付时，向其前手背书人或出票人索取票款的一种票据行为。

（2）效力：追索是对付款请求权的一种补充，在持票人不获付款时，可以得到应有的补偿。

（3）前提：①票据到期前不获承兑；到期不获付款；其他法定原因（付款人死亡、破产等）。②必须保全票据权利的手续（如在法定期限内提示，出具拒付证明）。

（4）程序：①3日内，发出追索通知，确定追索对象。②受领追索费用（票据金额、利息、费用）。

（5）要求：①所有债务人对持票人负连带责任。②被追索人清偿票款后，与持票人享有同一权利，可向其前手行使追索权。

四、支付结算中使用票据的基本规定

1.关于出票、签章和记载事项的规定

（1）票据的签发、取得和转让，必须具有真实的交易关系和债权债务关系；票据的取得，必须给付对价，但因税收、继承、赠予可以依法无偿取得票据的，不受给付对价的限制。

（2）银行汇票、银行本票的出票人在票据上签章，应为经中国人民银行批准使用的该银行汇票专用章和银行本票专用章加其法定代表人或其授权经办人的签名或盖章；银行承兑商业汇票、办理商业汇票转贴现、再贴现时的签章，应为经中国人民银行批准使用的该银行汇票专用章加其法定代表人或其授权经办人的签名或盖章；单位在票据上的签章，应为该单位的财务专用章或公章加其法定代表人或其授权的代理人的签名或盖章；个人在票据上的签章，应为该个人的签名或盖章；支票的出票人和商业承兑汇票的承兑人在票据上的签章，应为其预留银行的签章。出票人在票据上的签章不符合规定，票据无效；承兑人、保证人在票据上的签章不符合规定，其签章无效，但不影响其他符合规定签章的效力；背书人在票据上的签章不符合规定，其签章无效，但不影响其前手符合规定签章的效力。

（3）出票人在票据上的记载事项必须符合《票据法》和《支付结算办法》的规定。票据上可以记载上述规定以外的其他出票事项，但该记载事项不具有票据上的效力，银行不负审查责任，如签发支票时填写的支票限额。

2.关于背书转让的规定

（1）票据可以在规定使用的地域范围内背书转让，但填明“现金”字样的银行汇票、银行本票和用于支取现金的支票不得背书转让。

（2）票据背书转让时，由背书人在票据背面签章、记载被背书人名称和背书日期（未记载日期的，视为在票据到期日前背书）。持票人委托银行收款或以票据质押的，还应在背书人栏记载“委托收款”或“质押”字样。

（3）票据出票人在票据正面记载“不得转让”的，不得转让；其直接后手再背书转让的，出票人对其直接后手的被背书人不承担保证责任，对被背书人提示付款或委托收款的票据，银行不予受理；票据背书人在票据背面背书人栏记载“不得转让”字样的，其后手再背书转让的，原背书人对其后手的被背书人不承担保证责任。票据被拒绝承兑、拒绝付款或超过付款提示期限的，不得背书转让；背书转让的，背书人应当承担票据责任。

（4）背书不得附有条件，背书附有条件的，所附条件不具有票据上的效力。

（5）以背书转让的票据，背书应当连续，持票人以背书的连续证明其票据权利；非经背书转让，而以其他合法方式取得票据的，依法举证，证明其票据权利。

（6）票据的背书人应当在票据背面的背书栏依次背书。背书栏不敷背书的，可以使用统一格式的粘单，黏附于票据凭证上规定的黏接处。粘单上的第一记载人，应当在票据和粘单的黏接处签章。

3.关于保证付款的规定

（1）银行汇票、商业汇票和银行本票的债务可以依法由保证人承担保证责任。保证人必须按规定在票据上记载保证事项：保证人为出票人、承兑人保证的，应将保证事项记载在票据的正面；保证人为背书人保证的，应将保证事项记载在票据的背面或粘单上。

（2）商业汇票的持票人超过规定期限提示付款的，丧失对其前手的追索权，持票人在做出说明后，仍可以向承兑人请求付款；银行汇票、银行本票的持票人超过规定期限提示付款的，丧失对出票人以外的前手的追索权，持票人在做出说明后，仍可以向出票人请求付款；支票的持票人超过规定期限提示付款的，丧失对出票人以外的前手的追索权。

（3）通过委托收款银行或票据交换系统向付款人或代理付款人提示付款的，视同持票人提示付款；其提示付款日期以持票人向开户银行提交票据日为准。付款人或代理付款人应于见票当日足额付款。

（4）票据债务人对下列情况的持票人可以拒绝付款：①对不履行约定义务的与自己有直接债权债务关系的持票人。②以欺诈、偷盗或者胁迫等手段取得票据的持票人。③对明知有欺诈、偷盗或胁迫等情形，出于恶意取得票据的持票人。④明知债务人与出票人或持票人的前手之间存在抗辩事由而取得票据的持票人。⑤因重大过失取得不符合《票据法》规定的票据的持票人。⑥对取得背书不连续票据的持票人。⑦符合《票据法》规定的其他抗辩事由。

票据债务人对下列情况的持票人不得拒绝付款：①与出票人之间有抗辩事由。②与持票人的前手之间有抗辩事由。

4.关于票据追索的规定

（1）票据到期被拒绝付款或在到期前被拒绝承兑，承兑人或付款人死亡、逃匿的，承兑人或付款人被依法宣告破产的或因违法被责令终止业务活动的，持票人可以对背书人、出票人以及票据的其他债务人行使追索权。持票人行使追索权，应当提供被拒绝承兑或被拒绝付款的拒绝证明或退票理由书以及其他有关证明。

（2）持票人应当自收到被拒绝承兑或被拒绝付款的有关证明之日起3日内，将被拒绝事由书面通知其前手；其前手应当自收到通知之日起3日内书面通知其再前手。持票人也可以同时向各票据债务人发出书面通知。未按此期限通知的，持票人仍可以行使追索权。

（3）持票人可以不按票据债务人的先后顺序，对其中任何一人、数人或全体行使追索权。持票人对票据债务人中的一人或数人已经进行追索的，对其他票据债务人仍可以行使追索权；被追索人清偿债务后，与持票人享有同一权利。

（4）持票人行使追索权，可以请求被追索人支付下列款项和费用：①被拒绝付款的票据金额。②票据金额自到期日或提示付款日起至清偿日止按中国人民银行规定的同档次流动资金贷款利率计算的利息。③取得有关拒绝证明和发出通知书的费用。被追索人清偿债务时，持票人应当交出票据和有关拒绝证明，并出具所收到利息和费用的收据。

被追索人清偿后，可以向其他票据债务人行使再追索权，请求其他票据债务人支付下列款项和费用：①已清偿的全部金额。②清偿金额自清偿日起至再追索清偿日止，按照中国人民银行规定的同档次流动资金贷款利率计算的利息。③发出通知书的费用。行使再追索权的被追索人获得清偿时，应当交出票据和有关拒绝证明，并出具所收到利息和费用的收据。

5.关于票据挂失止付的规定

（1）已承兑的商业汇票、支票、填明“现金”字样和代理付款人的银行汇票以及填明“现金”字样的银行本票丧失，可以由失票人通知付款人或代理付款人挂失止付。未填明“现金”字样和代理付款人的银行汇票以及未填明“现金”字样的银行本票丧失，不得挂失止付。

（2）允许挂失止付的票据丧失，失票人需要挂失止付的，应填写挂失止付通知书并签章。付款人或代理付款人收到挂失止付通知书后，查明挂失票据确未付款时，应立即暂停支付。付款人或代理付款人自收到挂失止付通知书之日起12日内没有收到人民法院的止付通知书的，自第13日起，持票人提示付款并依法向持票人付款的，不再承担责任。

（3）付款人或代理付款人在收到挂失止付通知书之前，已经向持票人付款的，不再承担责任，但付款人或代理付款人以恶意或重大过失付款的除外。

第三节　支票的核算

一、支票的概念及有关规定

1.支票的概念

支票是一种委付凭证，是出票人签发的，委托办理支票存款业务的银行或其他金融机构在见票时无条件支付确定的金额给收款人或持票人的票据。其基本当事人有三个：出票人、付款人和收款人。

2.支票的种类

我国票据法按照支付票据方式，将支票分为现金支票、转账支票和普通支票。

（1）现金支票。支票上印有“现金”字样的为现金支票，现金支票只能用于支取现金。

（2）转账支票。支票上印有“转账”字样的为转账支票，转账支票只能用于转账。

（3）普通支票。支票上未印有“现金”或“转账”字样的为普通支票，普通支票既可以用于支取现金，又可以用于转账。在普通支票左上角划两条平行线的，为划线支票，划线支票只能用于转账，不得支取现金。

在实践中，我国一直采用的是现金支票和转账支票，没有普通支票，但为了方便当事人，并借鉴国外的经验，《票据法》规定了普通支票的形式。

3.支票的有关规定

（1）单位和个人在全国范围内的各种款项结算，均可以使用支票。2007年6月，我国已建成全国支票影像交换系统，企事业单位和个人持任何一家银行的支票均可在境内所有地区办理支付。全国支票影像交换系统是中国人民银行综合运用影像、支付密码等技术，将纸质支票转化为影像和电子信息，实现纸质支票截留，利用信息网络技术将支票影像和电子清算信息传递至出票人开户行进行提示付款，从而实现支票全国通用的系统。为防止支付风险，异地使用支票的单笔金额上限为50万元。

（2）支票的出票人为在经中国人民银行当地分支行批准办理支票业务的银行机构开立可以使用支票的存款账户的单位和个人。

（3）签发支票必须记载的事项有：表明“支票”的字样；无条件支付的委托；确定的金额；付款人名称；出票日期；出票人签章。支票的付款人为支票上记载的出票人开户银行。

（4）签发支票应遵守的规定有：签发支票应使用碳素墨水或墨汁填写；签发现金支票和用于支取现金的普通支票，必须符合国家现金管理规定；签发金额不得超过付款时在付款人处实有的存款金额，禁止签发空头支票；出票人在支票上的签章为预留银行签章，出票人不得签发与其预留银行签章不符的支票，使用支付密码的，出票人不得签发支付密码错误的支票；支票的金额、签发日期和收款人名称不得更改，其他内容如有更改，必须由出票人加盖预留银行印鉴证明。

（5）支票的提示付款期限为自出票日起10天，到期日遇节假日顺延。超过提示付款期限的，付款人不予付款。支票的票据权利时效期限为自出票之日起6个月，持票人在自出票之日起6个月内未行使票据权利的，将不再享有支票的付款请求权和追索权。

（6）出票人签发空头支票、签章与预留银行印章不符的支票和支付密码错误的支票，银行应予以退票，并按票面金额处以5%但不低于1 000元的罚款，持票人有权要求出票人赔偿支票金额2%的赔偿金。

（7）持票人提示付款应遵守的规定有：现金支票的收款人只能向支票付款人提示付款，收款人提示付款时，应在现金支票背面“收款人签章”处签章，收款人为个人的，还需在现金支票背面注明身份证件名称、号码及发证机关，并交验身份证件。转账支票的持票人可以委托开户银行收款或直接向支票付款人提示付款。持票人委托开户银行收款的，应作委托收款背书，并将支票、进账单送交开户银行，银行应通过票据交换收妥后入账；持票人直接向付款人提示付款时，应在转账支票背面“背书人签章”栏签章，并将支票、进账单送交签发人开户银行。

（8）支票可以背书转让，但用于支取现金的支票不能背书转让。

（9）支票圈存业务是指借助支付密码技术，由收款人在收受支票时，通过POS、网络、电话等受理终端，经由小额支付系统向出票人开户行发出圈存指令，预先从出票人账户上圈存支票金额，以保证支票的及时足额支付。

4.使用凭证

使用凭证包括转账支票和进账单。

【实务经验谈6-1】

支票的影像传输

全国支票影像交换系统是指运用影像技术将实物支票转换为支票影像信息，通过计算机及网络将支票影像信息传递至出票人开户银行提示付款，实现支票全国通用的业务处理系统，它是中国人民银行继大额小额支付系统之后建设的又一重要金融基础设施。

影像交换系统可以处理银行机构跨行和行内的支票影像信息交换，其资金清算通过人民银行覆盖全国的小额支付系统处理。支票影像业务的处理分为影像信息交换和业务回执处理两个阶段，即支票收款人开户银行通过影像交换系统将支票影像信息发送至出票人开户银行提示付款；出票人开户银行审核无误后将款项通过小额支付系统支付给收款人开户银行。

二、支票结算的核算手续

1.持票人、出票人在同一银行机构开户的处理

（1）银行受理持票人送交支票的处理

银行在收到转账支票和进账单后，首先要进行凭证的审核，经审查无误后，转账支票作借方凭证，第二联进账单作贷方凭证，第一联进账单加盖转讫章作收账通知交给持票人。会计分录为：

借：活期存款——出票人户（转账支票）

　贷：活期存款——持票人户（进账单第二联）

（2）银行受理出票人送交支票的处理

出票人送来支票和三联进账单时，银行经审查无误后，将支票作借方传票，进账单第二联作贷方传票，办理转账。进账单第一联加盖转讫章作收账通知交给收款人。

收、付款单位在同一行处不同专柜，其转账支票核算的操作程序和方法如图6-1所示。

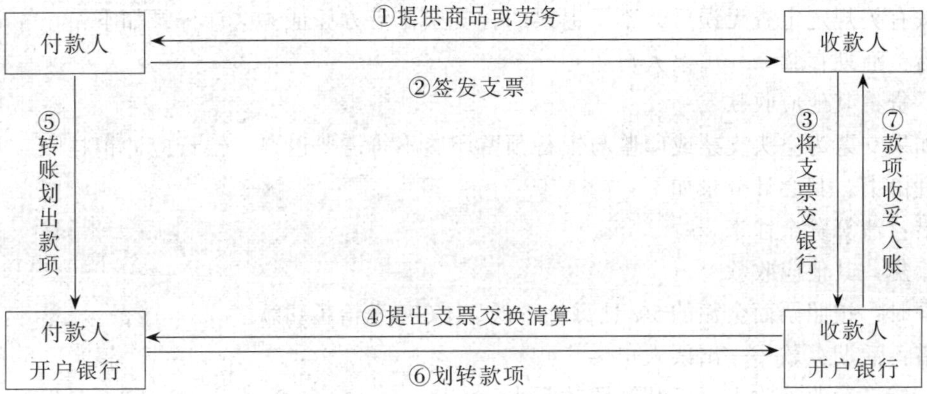

图6-1 转账支票核算的操作程序和方法图解（收、付款单位在同一行处不同专柜）

【例6-1】长春百货大楼提交由吉林财经大学签发的转账支票及进账单，金额为1 200元，委托银行为其办理进账手续。银行经审核无误后，办理转账（双方均在长春工行开户）。

借：活期存款——吉林财经大学户　　1 200

　贷：活期存款——长春百货大楼户　　1 200

2.持票人、出票人不在同一银行机构开户的处理

（1）持票人开户行受理持票人送交支票的处理

①持票人开户行的处理。

持票人开户行接到持票人送交的支票和两联进账单时，应按规定进行认真审查，经审查无误后，在第二联进账单上加盖“收妥后入账”的戳记，与第一联进账单专夹保管。支票按票据交换规定提出交换。其会计分录如下：

借：清算资金往来

　贷：其他应付款

“清算资金往来”科目属于资产负债共同类科目，用于核算银行间业务往来的资金清算款项。本科目可按“清算资金往来——同城票据清算”“清算资金往来——辖内往来”“清算资金往来——联行往来”等进行明细核算。

待退票时间过后，若未收到退票，则转销“其他应付款”科目，并将第二联进账单作为贷方传票为持票人入账。会计分录为：

借：其他应付款

　贷：活期存款——持票人户

退票期内，收到退票时，编制转账借方凭证办理销账，其会计分录如下：

借：其他应付款

　贷：清算资金往来

退票理由书连同支票及进账单一并退给持票人。

②出票人开户行的处理。

出票人开户行收到通过票据交换系统提入的支票，暂时作挂账处理。其会计分录如下：

借：其他应收款

　贷：清算资金往来

按有关规定审查无误后，不予退票的，支票作借方凭证。会计分录如下：

借：活期存款——出票人户

　贷：其他应收款

如果支票为空头支票或印鉴与银行预留印鉴不符需要退票，银行应冲销挂账，并填制退票理由书。其会计分录如下：

借：清算资金往来

　贷：其他应收款

同时，按照票面金额的5%且每笔不低于1 000元给予罚款。

借：活期存款——出票人户

　贷：营业外收入——结算罚款收入

将支票及退票理由书退给持票人开户行。

【例6-2】市工行开户单位纺织厂持由长春国贸（在建行开户）签发的转账支票一张，金额为80 000元，连同进账单一并交给银行，经审核无误，提出支票。

借：清算资金往来　　80 000

　贷：其他应付款　　80 000

【例6-3】【例6-2】建行接到同城票据交换提入的支票，经审核后办理转账。

借：活期存款——长春国贸户　　80 000

　贷：其他应收款　　80 000

【例6-4】上例中市工行接到对方建行的“退票理由书”，办理退票。

借：其他应付款　　80 000

　贷：清算资金往来　　80 000

【例6-5】交换提回转账支票一张，金额为10 000元，系开户单位锅炉厂签发，经审核发现该厂存款不足，准备下场退票。

10 000×5%=500（元）

因上述计算结果低于1 000元，故按1 000元给予罚款。其会计分录如下：

借：活期存款——锅炉厂户　1 000

　贷：营业外收入——结算罚款收入　1 000

（2）出票人开户行受理出票人送交支票的处理

①出票人开户行的处理。

出票人开户银行受理出票人交来的支票和二联进账单时，应按照有关规定进行审查，经审核无误后，支票作借方传票，办理转账。其会计分录如下：

借：活期存款——出票人户

　贷：清算资金往来

进账单第一联加盖转讫章作为回单交给出票人，进账单第二联加盖业务公章，按照票据交换的规定及时提出交换。

②收款人开户行的处理。

收款人开户行收到交换提入的进账单第二联，经审核无误，加盖转讫章作贷方传票，办理转账。其会计分录如下：

借：清算资金往来

　贷：活期存款——收款人户

【例6-6】2019年2月20日，工商银行长春汽车厂支行收到本行开户单位中大五金电料厂交来的转账支票及两联进账单，出票人为在中国银行长春广场支行开户的北安商场，金额为120 000元。工商银行长春汽车厂支行经审核无误后，办理转账，其会计分录为：

借：清算资金往来　120 000

　贷：其他应付款——中大五金电料厂户　120 000

将二联进账单专夹保管，支票及时提出交换，当日交换后无退票，办理转账的会计分录为：

借：其他应付款　120 000

　贷：活期存款——中大五金电料厂户　120 000

【例6-7】2019年3月20日上午，工商银行长春市分行接到开户单位云天商贸公司交来的转账支票和两联进账单，金额为180 000元，出票人为在建行长春市分行开户的松江木材厂。银行经审核后，将支票于送交票据交换中心之日提出票据交换，其会计分录为：

借：清算资金往来　180 000

　贷：其他应付款　180 000

在交换时间内接到退票电话，退票理由为出票人支付密码有误。次日，工商银行长春市分行通过早场交换提入退票，其会计分录为：

借：其他应付款　180 000

　贷：清算资金往来　180 000

3月20日下午，建行长春市分行做出如下处理：在本场交换中提入的松江木材厂支票在审核中发现密码有误，当即以电话通知退票，并填制退票理由书以备在下场交换时提出退票，当日的会计分录为：

借：其他应收款　180 000

　贷：清算资金往来　180 000

另按支票面额的5%处以罚款，其会计分录为：

借：活期存款——松江木材厂户 9 000

贷：营业外收入——结算罚款收入 9 000

3月21日，建行长春市分行将退票及退票理由书于早场票据交换时提出，其会计分录为：

借：清算资金往来 180 000

贷：其他应收款 180 000

【例6-8】开户单位客车厂签发转账支票一张，收款人是在本市建行开户的柴油机厂，金额为40 000元，经审核无误，办理转账。

借：活期存款——客车厂户 40 000

贷：清算资金往来 40 000

【金牌讲师说6-1】

旅行支票

旅行支票是银行等机构为方便国际旅行者在旅行期间安全携带和支付费用而签发的一种固定面额票据。可在世界各大银行、兑换网点兑换现金；可在国际酒店、餐厅等消费场所直接付账，而无须支付任何费用；使用便捷性类似于现金（有20美元至1 000美元或其他币种的面值，其区别于现金之处在于在购买旅行支票时必须进行初签，使用时再复签，两次签字进行核对以防假冒），在美国甚至可以完全等同于现金使用。若旅行支票不慎丢失或被盗，可办理挂失、理赔和紧急补偿。

第四节 银行汇票的核算

一、银行汇票的概念及有关规定

1.银行汇票的概念

银行汇票是出票银行签发的，由其在见票时按实际结算金额无条件支付给收款人或持票人的票据。银行汇票的出票银行为银行汇票的付款人。银行汇票可用于转账，注明“现金”字样的银行汇票可支取现金。

异地代理签发银行审核支付汇票款项的银行称为代理付款行，银行汇票的签发银行为付款人。

银行汇票一式四联：第一联卡片，第二联汇票，第三联解讫通知，第四联多余款收账通知。银行汇票的出票金额与实际结算金额可能不相符，此时，应满足公式：

出票金额-实际结算金额=多余款

2.银行汇票结算的有关规定

（1）单位和个人各种款项的结算，均可使用银行汇票。银行汇票主要用于异地间的款项结算，如果同城结算使用银行汇票，则必须在另一家具备办理银行汇票业务资格且与出票行属同一系统的银行使用。

（2）银行汇票的出票和付款，全国范围仅限于中国人民银行和各商业银行的能参加“全国联行往来”的机构办理。

（3）签发银行汇票必须记载的事项有：标明“银行汇票”字样；无条件支付的承诺；

出票金额；付款人名称；收款人名称；出票日期；出票人签章。

（4）签发银行汇票应遵守的规定有：

①出票行收妥款项后签发银行汇票，并用压数机压印出票金额，将银行汇票和解讫通知书一并交申请人；

②签发转账银行汇票，不得填写代理付款人名称，但由人民银行代理兑付银行汇票的商业银行，向设有分支机构地区签发转账银行汇票的除外；

③签发现金银行汇票，申请人和收款人必须均为个人，收妥申请人交存的现金后，在银行汇票“出票金额”栏先填写“现金”字样，后填写出票金额，并填写代理付款人名称，申请人或收款人为单位的，银行不得为其签发现金银行汇票。

（5）银行汇票的提示付款期限为自出票日起1个月。持票人超过提示付款期限提示付款的，代理付款人不予受理，但持票人在票据权利时效内（自出票日起2年）向出票行做出说明，并提供本人身份证件或单位证明，持银行汇票和解讫通知可以向出票银行请求付款。

（6）持票人提示付款应遵守的规定有：

①收款人受理申请人交付的银行汇票时，应在出票金额以内，根据实际需要的款项办理结算，并将实际结算金额和多余金额准确、清晰地填入银行汇票和解讫通知的有关栏内，未填明实际结算金额和多余金额或实际结算金额超过出票金额的，银行不予受理。

②持票人向银行提示付款时，必须同时提交银行汇票和解讫通知，缺少任何一联，银行不予受理；注明“现金”字样的银行汇票的持票人，只能向银行汇票上注明的代理付款人提示付款。

③现金银行汇票的持票人需要委托他人向银行提示付款的，应在银行汇票背面背书栏签章，记载“委托收款”字样、被委托人姓名和背书日期以及委托人身份证件名称、号码、发证机关，被委托人向银行会计提示付款时，应在银行汇票背面“持票人向银行提示付款签章”处签章，记载身份证件名称、号码及发证机关，并同时向银行交验委托人和被委托人的身份证件及其复印件。

④银行汇票转账付款的，不得转入储蓄和信用卡账户。

⑤代理付款银行不得受理未在本行开立存款账户的持票人为单位直接提交的银行汇票。

⑥在银行开立存款账户的持票人向开户银行提示付款时，应在汇票背面“持票人向银行提示付款签章”处签章，签章须与预留银行签章相同，并将银行汇票和解讫通知、进账单送交开户银行。

⑦未在银行开立存款账户的个人持票人，可以向选择的任何一家银行机构提示付款，提示付款时，应在汇票背面签章，并填明本人身份证件名称、号码及发证机关，由其本人向银行提交身份证件及其复印件。

（7）银行汇票可以背书转让，但填明“现金”字样的银行汇票不得背书转让；银行汇票的转让背书应当连续。

（8）持票人或申请人因汇票超过付款提示期限或其他原因要求退款时，应将银行汇票和解讫通知同时提交到出票银行，并出具单位证明或个人身份证件，经审核无误后方可办理，如缺少解讫通知，出票银行应于汇票提示付款期满1个月后才能办理。出票银行对于转账银行汇票的退款，只能转入原申请人存款账户；对于符合规定填明“现金”字样银行汇票的退款，才能退付现金。

银行汇票是一种传统的票据结算工具，我国曾在20世纪50年代停止使用，1984年后，又在全国推广了银行汇票结算。这种汇票适用范围广泛，使用灵活，兑现性较强，是目前使用最广泛的一种票据结算工具。

3.银行汇票结算的特点

使用银行汇票具有结算方便、快捷、安全的显著特点，具体体现在以下几点：

（1）银行汇票的出票银行为银行汇票的付款人。

（2）单位和个人的各种款项结算，均可使用银行汇票。

（3）银行汇票由申请人自带，票随人走，人到票到，方便采购，适用于在付款后提货或货、款两清的交易。

（4）用于异地结算，使用灵活，及时结清，余款退回，既可以提现（仅限于个人）也可以转让，而且易于背书转让。

4.使用凭证

银行汇票申请书（一式三联）：第一联，申请人存根；第二联，作借方传票，第三联，作贷方传票。

银行汇票（一式四联）：第一联，银行汇票卡片；第二联，银行汇票；第三联，解讫通知；第四联，多余款收账通知。

二、银行汇票业务的核算

1.出票行出票的处理

（1）申请：申请人需要使用银行汇票，应向银行填写汇票申请书。申请书一式三联，第一联为存根，第二联作借方凭证，第三联作贷方凭证。交现金办理汇票的，第二联注销。申请人和收款人均为个人，要求签发现金银行汇票时，须在申请书上填明代理付款人名称，在“汇票金额”栏先填写“现金”字样，后填写金额。

（2）审查：其签章是否为预留银行的签章；申请书填明“现金”字样的，申请人和收款人是否均为个人，并交现金。

经审查无误后，才能受理签发银行汇票的申请。申请人转账交付款项的，银行以申请书第二联作借方传票，第三联作贷方传票。其会计分录如下：

借：活期存款——申请人户

　贷：汇出汇款

申请人交付现金的，申请书第二联注销作附件，第三联作现金收入传票。其会计分录如下：

借：库存现金

　贷：汇出汇款

【例6-9】中行开发区支行收到开户单位东风公司交来的银行汇票申请书80 000元，经审核无误，办理转账。其会计分录为：

借：活期存款——东风公司户　　80 000

　贷：汇出汇款　　80 000

【例6-10】上海路56号李立提交银行汇票申请书及现金20 000元，委托银行签发银行汇票持往异地购货，经审核无误予以办理。其会计分录为：

借：库存现金 20 000

　贷：汇出汇款 20 000

（3）出票：出票行在办好转账或收妥现金后，签发银行汇票凭证一式四联，第一联银行汇票卡片，第二联银行汇票，第三联解讫通知，第四联多余款收账通知。

银行汇票应按下列规定填写：银行汇票一式四联不得复写；汇票的出票日期和出票金额必须大写，如果填写错误应将汇票作废；签发现金银行汇票时，须在四联汇票的“出票金额人民币（大写）”之后紧接着填写“现金”字样，再填写出票金额，在“代理付款行”及“行号”栏填明银行名称及行号；签发转账银行汇票一律不得填写代理付款行；申请书的备注栏内注明“不得转让”字样的，应在汇票正面的“备注”栏内注明。

填写的汇票经复核无误后，在第二联“实际结算金额”栏的小写金额上端用总行统一制作的压数机压印小写金额，将密押套写或打印在汇票“多余金额”上方空白栏，再加盖汇票专用章并由授权的经办人签章，签章必须清晰，然后连同第三联一并交给申请人。第一联上加盖经办人、复核人名章；在逐笔登记汇出汇款登记簿并注明汇票号码后，汇票第一、四联一并专夹保管。

银行汇票的签发如图6-2所示。

汇出汇款登记簿								
年		摘要	凭证号码	收入	销账		付出	余额
月	日				月	日		
		签发汇票	3569	600				600

图6-2 银行汇票的签发

2.代理付款行付款的核算

代理付款行接到在本行开立账户的持票人直接交来的汇票、解讫通知和二联进账单时，应认真审查以下内容：

（1）汇票和解讫通知是否齐全，汇票号码、记载的内容是否一致。

（2）汇票是否是按统一规定印制的凭证，汇票是否真实，是否超过提示付款期限。

（3）汇票填明的持票人是否在本行开户，持票人是否为该持票人，与进账单上的名称是否相符。

（4）出票行的签章是否符合规定，加盖的汇票专用章是否与印模相符。

（5）汇票密押是否正确；压数机压印的金额是否由统一制作的压数机压印，与大写的出票金额是否一致。

（6）汇票的实际结算金额大小写是否一致，是否在出票金额以内，与进账单所填金额是否一致，多余金额结计是否正确。如果全额进账，必须在汇票和解讫通知的实际结算金额栏内填入全部金额，多余金额栏填写“-0-”。

（7）汇票必须记载的事项是否齐全，出票金额、实际结算金额、出票日期、收款人名称是否更改，其他记载事项的更改是否由原记载人签章证明。

（8）持票人是否在汇票背面“持票人向银行提示付款签章”处签章，背书转让的汇票是否按规定的范围转让，其背书是否连续，背书使用粘单的是否按规定在黏接处签章。

经审查无误后，汇票作借方凭证附件，进账单第二联作贷方传票，办理转账。其会计分录如下：

借：清算资金往来

　贷：活期存款——持票人户

代理付款行接到未在本行开立账户的持票人为个人交来的汇票和解讫通知及二联进账单时，除了认真审查上述规定的内容外，还必须审查持票人的身份证件，在汇票背面“持票人向银行提示付款签章”处是否有持票人的签章和证明身份的证件名称、号码及发证机关，并要求提交持票人身份证件复印件留存备查。银行以持票人姓名开立“应解汇款”账户，并填明汇票号码以备查考，第二联进账单作贷方凭证，办理转账，其会计分录为：

借：清算资金往来

　贷：应解汇款——持票人户

“应解汇款”是银行负债类科目，用于核算和反映其他行委托本行解付或支付给未在本行开户的单位和个人的待解付款项的情况。收到款项时，贷记本科目；解付或退回汇款时，借记本科目。以持票人姓名开立“应解汇款”账户，该账户只付不收，付完清户，不计利息，属于临时性存款账户。

持票人支取现金时，其会计分录为：

借：应解汇款——持票人户

　贷：库存现金

【例6-11】开发区支行收到开户单位塑料厂交来的银行汇票第二、三联，出票金额为92 000元，实际结算金额为90 000元，出票行为外省同系统行，经审核无误后，办理转账。

借：清算资金往来	90 000	
贷：活期存款——塑料厂户		90 000

【例6-12】张力持银行汇票及解讫通知来行办理支取现金手续，并提交个人身份证件。银行经审核无误后，付给现金9 000元。

借：清算资金往来	9 000	
贷：应解汇款——张力户		9 000
借：应解汇款——张力户	9 000	
贷：库存现金		9 000

3.银行汇票结清的处理

出票行收到代理付款行寄来的报单及解讫通知兑付时，抽出原专夹保管的汇票卡片，经核对确属本行出票，报单与实际结算金额相符，多余金额结计正确无误后，分别作如下处理：

（1）汇票全额付款，应在汇票卡片的实际结算金额栏填入全部金额，在多余款收账通知的多余金额栏填写“-0-”，汇票卡片作借方传票，解讫通知和多余款收账通知作借方传票的附件，办理转账。同时，销记汇出汇款账。其会计分录如下：

借：汇出汇款

　贷：清算资金往来

（2）汇票有多余款的，应在汇票卡片和多余款收账通知上填写实际结算金额，汇票卡片作借方传票，解讫通知作多余款贷方传票，办理转账。其会计分录如下：

借：汇出汇款

　贷：活期存款——申请人户

　　　清算资金往来

同时，在多余款收账通知多余金额栏填写多余金额，加盖转讫章后通知申请人。

（3）申请人未在银行开立账户，多余金额应先转入“其他应付款”科目，以解讫通知代“其他应付款”科目贷方传票，办理转账。其会计分录如下：

借：汇出汇款

　贷：其他应付款——申请人户

　　　清算资金往来

通知申请人持申请书存根及本人身份证件来行办理取款手续。银行付款时，以多余款收账通知代“其他应付款”科目借方传票，办理转账。其会计分录如下：

借：其他应付款——申请人户

　贷：库存现金

4.银行汇票退款、超过提示付款期限付款的处理

（1）银行汇票退款的处理。

借：汇出汇款

　贷：活期存款——申请人户

或　贷：库存现金

同时销记汇出汇款账，在多余款收账通知的多余金额栏填入原出票金额并加盖转讫章作收账通知，交给申请人。

（2）银行汇票超过付款期限出票行付款的处理。

通过“应解汇款”科目核算。银行汇票全额兑付结清及销记汇出汇款登记簿如图6-3所示，银行汇票部分兑付结清及销记汇出汇款登记簿如图6-4所示。

（3）如果汇款人是个人，通知汇款人持有关证件来行取款，来行取款时，应提交身份证明，编制现金付出传票，第四联作附件，支付现金，销记其他应付款账。现金银行汇票结清如图6-5所示。

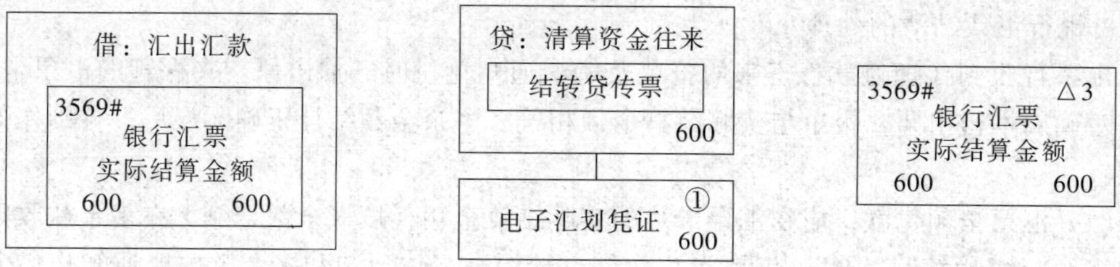

汇出汇款登记簿

年		摘要	凭证号码	收入	销账		付出	余额
月	日				月	日		
4	2	签发汇票	3569	600	4	2		600
4	9	全额兑付	3569				600	0

图6-3 银行汇票全额兑付结清及销记汇出汇款登记簿图解

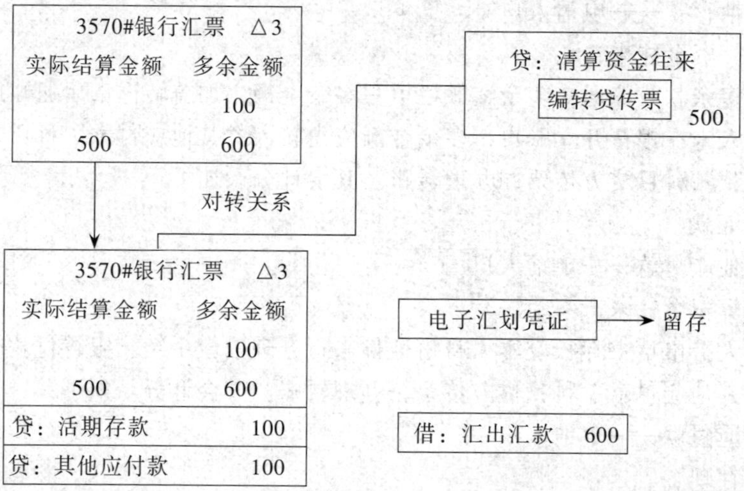

汇出汇款登记簿

年		摘要	凭证号码	收入	销账		付出	余额
月	日				月	日		
×	×		3570	600	×	×		600
×	×	部分兑付	3570				600	0

图6-4 银行汇票部分兑付结清及销记汇出汇款登记簿图解

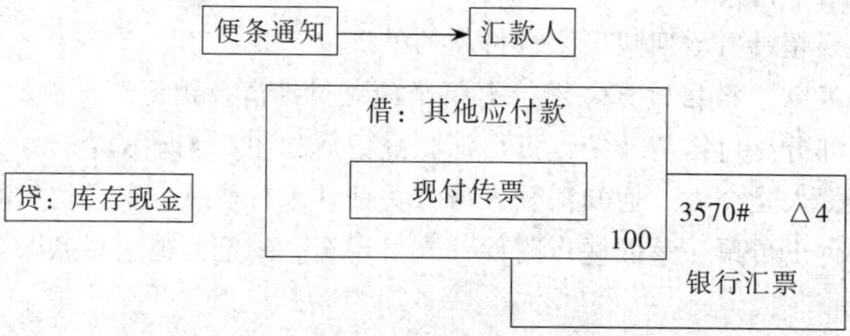

图6-5 现金银行汇票结清图解

【例6-13】开发区支行收到外省同系统行的报单及解讫通知，出票金额为68 000元，实际结算金额为68 000元，申请人为在本行开户的丁公司。

借：汇出汇款 68 000

贷：清算资金往来 68 000

【例6-14】开发区支行收到异地某行处的电子清算划收凭证及汇票解讫通知，金额为10 000元，原汇票金额为12 000元，汇款人为个体户汪洋。银行审核无误后办理转账。

借：汇出汇款 12 000

贷：其他应付款 2 000

清算资金往来 10 000

【实务经验谈6-2】

现行银行汇票真假的辨别

为了避免不必要的经济损失，作为银行、企业的财会人员乃至个体工商户，很有必要掌握现行银行汇票及银行承兑汇票的特点，学会一些识别真假汇票的方法。这些方法主要有以下五点：

第一，看用纸。银行汇票和银行承兑汇票第三联为打字纸。银行汇票第二联采用印有出票行行徽的水印纸。银行承兑汇票第二联统一采用人民银行行徽水印纸。

第二，看颜色。银行汇票和银行承兑汇票的有色荧光行徽及标记在自然光下颜色鲜红纯正，在紫外线照射下显示鲜明。

第三，看暗记。银行汇票和银行承兑汇票的无色荧光暗记以目视看不见为准，紫外线照射下图案清晰。

第四，看规格。银行汇票和银行承兑汇票的纸张大小标准规格为100 mm×175 mm。

第五，看填写是否规范。银行汇票和银行承兑汇票的小写金额必须是用压数机压的数；必须有签发行钢印，且钢印的行号与出票行行号相符；出票日期必须是大写；必须有签发行经办人员名单；银行汇票在“多余金额”栏上方有密押数字；银行承兑汇票还须有付款单位的财务专用章及法人名章。

如果发现汇票可疑，应及时送当地银行进行鉴定，当通过鉴定确属假汇票时，应迅速报告当地人民银行及公安部门，以确保国家和个人财产的安全。

5.有缺陷银行汇票的处理

密押错误、加盖的钢印、经办人名章及标识码残缺不清的银行汇票，应向持票人出具受理证明并说明情况，然后向出票行发出查询，收到出票行的查复后依据查复办理汇票解付。

缺少第三联解讫通知的银行汇票、钢印残缺不清的银行汇票，付款行不予受理，持票人必须回出票行办理。申请人应当备函向出票行说明短缺原因，并交回持有的汇票。出票行于提示付款期满1个月后（即自出票日起2个月后）参照退款手续办理退款。

银行汇票丧失或缺少第二联时，失票人可以凭人民法院出具的其享有票据权利的证明，向出票银行请求付款或退款。填明“现金”字样的银行汇票丧失，持票人可到原出票行或者代理付款行申请挂失，不管哪一方银行受理挂失，都要通知对方行。待挂失汇票在付款期届满1个月后，确实未支付时，凭有关证明到出票行办理退款手续。会计分录同汇票退款业务的处理。

第五节 商业汇票的核算

一、商业汇票的概念及有关规定

1.商业汇票的概念

商业汇票是由出票人签发的，委托付款人在指定日期无条件支付确定的金额给收款人或持票人的票据。

2.商业汇票的种类及特点

商业汇票按承兑人不同，分为商业承兑汇票和银行承兑汇票。商业承兑汇票的承兑人为银行以外的付款人；银行承兑汇票的承兑人为银行。商业汇票的付款人为承兑人。

按照形式不同，商业汇票还可分为纸质商业汇票和电子商业汇票两种（无特别说明的，均以纸质商业汇票为例）。

电子商业汇票是指出票人依托电子商业汇票系统，以数据电文形式制作的，委托付款人在指定日期无条件支付确定金额给收款人或持票人的票据。电子商业汇票分为电子银行承兑汇票和电子商业承兑汇票。电子银行承兑汇票由银行业金融机构、财务公司承兑；电子商业承兑汇票由金融机构以外的法人或其他组织承兑。电子商业汇票的付款人为承兑人。

电子商业汇票系统是经中国人民银行批准建立，依托网络和计算机技术，接收、存储、发送电子商业汇票数据电文，提供电子商业汇票货币给付、资金清算行为等相关服务的业务处理平台。电子商业汇票的出票、承兑、背书、保证、提示付款和追索等业务，必须通过电子商业汇票系统办理。电子商业汇票的付款期限，最长不得超过1年。

商业汇票是在商业活动中使用较为广泛的结算票据，主要有以下特点：

（1）信用度强。商业汇票一经承兑，承兑人便负有到期无条件付款的责任，这使票据具有较强的信用度。

（2）付款期限长。商业汇票的双方可以根据需要协定不超过6个月的付款期限。

（3）同城、异地均可以使用。

（4）适用于先收货后付款的经济业务。

（5）允许背书转让，可以办理结算。

3.商业汇票的有关规定

商业汇票的有关规定如下：

（1）凡在银行开立存款账户的法人以及其他组织之间，必须具有真实的交易关系或债权债务关系，才能使用商业汇票。商业汇票可用于同城和异地结算。

（2）商业承兑汇票的出票人，为在银行开立存款账户的法人以及其他组织，与付款人具有真实的委托付款关系，具有支付汇票金额的可靠资金来源。银行承兑汇票的出票人必须具备三个条件：一是在承兑银行开立存款账户的法人以及其他组织；二是与承兑银行具有真实的委托付款关系；三是资信状况良好，具有支付汇票金额的可靠资金来源。

（3）出票人不得签发无对价的商业汇票用以骗取银行或其他票据当事人的资金。

（4）签发商业汇票必须记载的事项有：注明“商业承兑汇票”或“银行承兑汇票”的字样；无条件支付的委托；确定的金额；付款人名称；收款人名称；出票日期；出票人签章。

（5）商业承兑汇票可以由付款人签发并承兑，也可以由收款人签发交由付款人承兑。银行承兑汇票应由在承兑银行开立存款账户的存款人签发，银行承兑汇票出票人在出票后向承兑银行申请承兑后使用。

（6）商业汇票的承兑银行，必须具备三个条件：与出票人具有真实的委托付款关系；具有支付汇票金额的可靠资金；内部管理完善，经其法人授权的银行审定。承兑时，承兑行应按票面金额的5‰向出票人收取手续费。

（7）商业汇票的期限，最长不超过6个月。

（8）商业汇票的提示付款期限为，自汇票到期日起10日。持票人在提示付款期限内可以通过开户银行委托收款，也可以直接向付款人提示付款。对异地委托收款的，持票人可匡算邮程，提前通过开户银行委托收款。持票人超过提示付款期限提示付款的，持票人开户银行不予受理。

（9）商业承兑汇票的付款人开户行收到通过委托收款寄来的商业承兑汇票，将商业承兑汇票留存，并及时通知付款人。付款人应在收到付款通知的当日书面通知银行付款（如付款人提前收到由其承兑的商业汇票，应通知银行于汇票到期日付款）。付款人在接到通知日的次日起3日内（遇法定休假日顺延）未通知银行付款的，视同付款人承诺付款，银行应于付款人接到通知日的次日起第4日（法定休假日顺延）上午开始营业时，将票款划给持票人。

（10）银行承兑汇票的出票人应于汇票到期前将票款足额交存其开户银行。未能足额交付票款时，承兑银行除凭票向持票人无条件付款外，对出票人尚未支付的汇票金额按照每天5‰计收利息。

商业承兑汇票流转程序和银行承兑汇票流转程序分别如图6-6和图6-7所示。

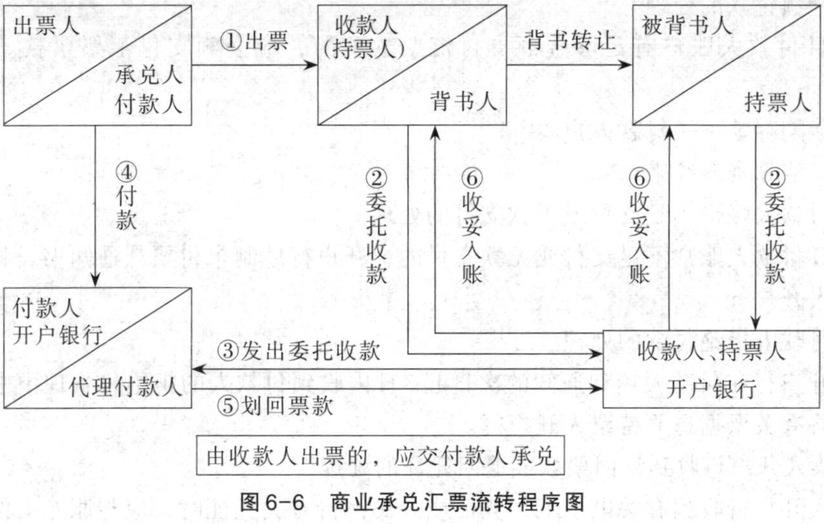

图6-6　商业承兑汇票流转程序图

二、商业承兑汇票的核算

商业承兑汇票一式三联：第一联卡片，由承兑人留存；第二联汇票，由持票人开户行随委托收款凭证寄付款人开户行作借方传票附件；第三联存根，由出票人存查。商业承兑汇票到期，持票人以其作为付款人债务凭证委托开户银行收款。

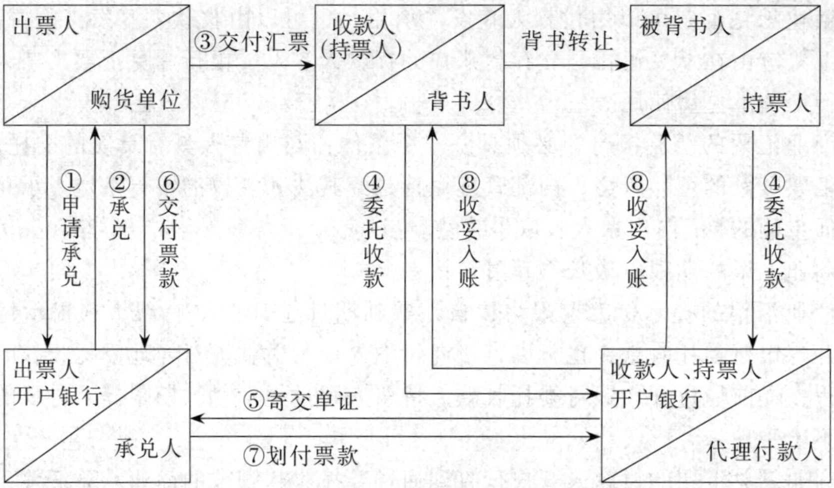

图6-7 银行承兑汇票流转程序图

付款人须在商业承兑汇票正面签署“承兑”字样并加盖预留印鉴后，将商业承兑汇票交给收款人。

商业承兑汇票的收款人或持票人委托其开户银行提示付款的，应做成委托收款背书，未按此规定办理的，开户银行不予受理。所以，商业承兑汇票的核算手续就是以即将到期的商业承兑汇票为收款依据的委托收款的核算。

1.出票人开户行收到商业承兑汇票的处理

出票人开户行收到持票人开户行寄来的委托收款凭证及汇票，根据有关规定审查无误后进行处理。

（1）全额付款的处理

付款日付款人账户有足够金额支付汇票款项的，应全额支付汇票票款。其会计分录为：

借：活期存款——付款人户

  贷：清算资金往来

（2）付款人账户不足支付或无款支付的处理

付款日付款人账户不足支付或无款支付的，开户行填制未付票款通知书，将有关票据退原持票人开户行。

（3）付款人拒绝付款的处理

如果开户行在付款人接到通知的次日起3日内收到付款人的拒绝付款理由书，经核对无误后，将有关票据退原持票人开户行。

2.持票人开户行收到划回票款或退回凭证的处理

持票人开户行收到有关电子汇划凭证或人民银行有关凭证时，应与原专夹保管的“委托收款凭证”第二联核对无误后，销记“发出托收承付（委托收款）凭证登记簿”，办理入账。

借：清算资金往来

  贷：活期存款——持票人户

持票人开户行收到付款人开户行寄来的“未付票款通知书”或付款人的拒绝付款证明

和汇票以及委托收款凭证，应与原专夹保管的委托收款凭证第二联核对无误后，销记“发出托收承付（委托收款）登记簿”，并将有关单据退原持票人。

三、银行承兑汇票的核算

银行承兑汇票是由收款人或承兑申请人签发，并由承兑申请人向其开户银行申请，经银行审查同意承兑的票据。

1.承兑银行办理汇票承兑的处理

承兑银行接到承兑申请人填好的承兑协议，依次由信贷、计划、会计等相关部门签具审查意见，认为可以办理承兑，即可与承兑申请人签署银行承兑协议。一联承兑协议由银行信贷部门留存，另一联及其副本和三联汇票一并交银行会计部门审核。承兑金额超过本行承兑权限的，要按照审批权限报上级行审批。

会计部门接到“银行承兑协议”等相关资料后，售出银行承兑汇票并登记“重要空白凭证登记簿”，同时填制表外科目付出凭证，登记表外科目明细账。

付出：重要空白凭证——银行承兑汇票户

会计部门受理汇票和承兑协议，应审查是否是本行出售的票据，汇票记载事项是否齐全，与银行承兑协议的内容是否相符，出票人是否在本行开立存款账户，是否按规定交足保证金，出票人签章处是否加盖预留印鉴。

审核无误后，在汇票第一、第二联上注明承兑协议编号，在汇票第二联“付款行行号”栏填写承兑行的全国汇票机构号码，在承兑行签章处加盖汇票专用章，并由授权的经办人签章，加编密押后，汇票第二、三联连同一联承兑协议交给出票人。同时，按规定比例（5‰）向出票人收取承兑手续费。其会计分录为：

借：活期存款——出票人户

　贷：保证金存款

　　手续费及佣金收入——银行承兑汇票户

根据第一联汇票卡片填制银行承兑汇票表外科目收入凭证，按承兑金额登记表外科目明细账：

收入：银行承兑汇票——出票人户

经办人员要经常将银行承兑汇票登记簿的余额与保存的第一联汇票卡片进行核对，以保证金额相符。

2.持票人开户行受理银行承兑汇票的处理

银行承兑汇票到期时，持票人委托开户行向承兑银行收取票款时，提前委托开户行收款。委托时，由收款人填制邮划（或电划）委托收款凭证，在“委托收款凭据名称”栏内注明“银行承兑汇票”字样及号码，在汇票背面做成委托收款背书，连同汇票一并送交开户行。

开户行收到持票人交来的“委托收款凭证”和汇票后，应对有关内容进行审查。

审查无误后，在委托收款凭证各联上加盖“银行承兑汇票”戳记。其余手续参照商业承兑汇票的手续处理。

3.承兑银行汇票到期收取票款的处理

（1）到期从出票人账户收取全额票款的处理

汇票到期，应从出票人存款账户扣收票款，其会计分录为：

借：活期存款——出票人户

　　保证金存款

　贷：应解汇款——出票人户

（2）出票人账户到期无款支付的处理

出票人账户在汇票到期日无款支付时，按承兑金额转入“逾期贷款”科目进行核算，并按每日5‱计收利息。其会计分录为：

借：逾期贷款——承兑垫款出票人户

　　保证金存款

　贷：应解汇款——出票人户

（3）出票人账户到期日不足支付的处理

出票人存款账户和保证金账户不足支付时，将不足金额转入“逾期贷款——承兑垫款”科目进行核算，并将有关凭证提交出票人和业务部门。其会计分录为：

借：活期存款——出票人户

　　保证金存款

　　逾期贷款——承兑垫款出票人户（不足部分）

　贷：应解汇款——出票人户（汇票面额）

4.承兑银行支付汇票款项的处理

承兑银行接到持票人开户行寄来的委托收款凭证及汇票，抽出专夹保管的汇票卡片和承兑协议副本，应认真审查以下内容：该汇票是否为本行承兑，与汇票卡片的号码和记载事项是否相符；是否做成委托收款背书，背书转让的汇票其背书是否连续，签章是否符合规定；委托收款凭证的记载事项是否与汇票记载事项相符。审查无误后，应于汇票到期日或到期日之后的见票当日，以委托收款凭证第三联作借方传票，办理转账。其会计分录如下：

借：应解汇款——出票人户

　贷：清算资金往来

另填制银行承兑汇票表外科目付出传票，销记表外科目登记簿。表外科目登记如下：

付出：银行承兑汇票——出票人户

委托收款凭证第四联填写支付日期后，作联行报单的附件寄交持票人开户银行。电划款时，向持票人开户行拍发电报。

5.持票人开户行收到汇票款项的处理

持票人开户行接到承兑银行寄来的联行报单和委托收款凭证第四联或拍来的电报，抽出专夹保管的委托收款凭证第二联，核对相符后，销记发出委托收款凭证登记簿，在委托收款凭证第四联上加盖转讫章作收账通知交给持票人。委托收款凭证第二联注明转账日期作贷方传票。其会计分录如下：

借：清算资金往来

　贷：活期存款——持票人户

【例6-15】银行收到商业承兑汇票承兑人木材厂的付款通知，向外省同系统某银行划付托收的到期商业汇票款320 000元。

借：活期存款——木材厂户 320 000

贷：清算资金往来 320 000

【例6-16】银行收到外省同系统某银行划回的商业承兑汇票款96 000元，收款人为在本行开户的电视机厂，已办理转账。

借：清算资金往来 96 000

贷：活期存款——电视机厂户 96 000

【例6-17】银行收到外省同系统某银行寄来的委托收款凭证和到期的银行承兑汇票，金额为160 000元，承兑申请人为在本行开户的机械厂，经审核无误，办理转账。

借：应解汇款——机械厂户 160 000

贷：清算资金往来 160 000

四、商业汇票贴现的核算

商业汇票承兑的期限由交易双方商定，最长不得超过6个月，如分期付款，应一次签发若干张不同期限的汇票。在汇票尚未到期前，收款人急需资金时，可持承兑汇票向其开户银行申请贴现。银行按信贷政策审查同意后，办理贴现手续，予以贴现。

银行在办理贴现业务时，应注意以下四点：一是持票人向银行申请贴现时，由银行信贷部门进行审查，符合条件的，可按票面额扣除贴息后付款；二是贴现期为贴现之日起至票据到期日止；三是贴现率可略低于短期贷款利率；四是已贴现的商业承兑汇票，到期日付款人无力偿付时，贴现申请人代为偿付，如贴现申请人无力偿付，则转为逾期贷款。

办理贴现申请时填制一式五联的贴现凭证，连同汇票送交银行：第一联代申请书，由贴现银行代贴现科目的借方传票；第二联贷方传票，由银行代贴现申请人存款科目的贷方传票；第三联贷方传票，由银行代贴现利息科目的贷方传票；第四联收账通知，交贴现申请人；第五联到期卡，银行会计部门按到期日排列保管，到期时，作贴现科目的贷方传票或贷方传票附件。

1.贴现行办理汇票贴现

收款人申请贴现时，应填制一式五联的"贴现凭证"提交贴现银行信贷部门审批，信贷部门审查同意后转交会计部门，会计部门按规定的贴现率计算贴现息后，以实付金额支付给收款人。其计算公式为：

贴现息=汇票面值×贴现率×贴现期

实付贴现额=汇票面值-贴现息

其会计分录如下：

借：贴现（汇票面值）

贷：活期存款——收款人户（实付贴现额）

利息收入——贴现利息收入（贴现息）

【例6-18】4月8日，开户单位汇丰仪表公司持一张面额为300 000元的银行承兑汇票来行贴现，汇票到期日为7月15日，经银行审查无误，办理贴现手续，月贴现率7.2‰。计算实际应付贴现金额，并编制有关会计分录。

贴现息=300 000×7.2‰÷30×98=7 056（元）

实付贴现金额=300 000-7 056=292 944（元）

借：贴现——银行承兑汇票　　300 000
　贷：活期存款——汇丰仪表公司户　　292 944
　　　利息收入——贴现利息收入　　7 056

2.贴现行贴现的汇票到期

按贴现的汇票不同，有两种不同的处理方式。

（1）银行承兑汇票

由于银行承兑汇票的付款人为承兑银行，则在汇票到期时，贴现银行作为持票人主动向承兑银行收款。

收到款项时，其会计分录如下：

借：清算资金往来（或活期存款）
　贷：贴现

（2）商业承兑汇票

贴现的商业承兑汇票到期，贴现行作为收款人应根据汇票到期日匡算邮程，提前填制委托收款凭证，向付款人收款。

当贴现行收到付款人开户行划来票款时，根据有关传票办理转账，其会计分录如下：

借：清算资金往来（或活期存款）
　贷：贴现

3.贴现到期未收回的处理

如果贴现行收到承兑银行或付款人开户行退回的委托收款凭证、汇票和拒付理由书，则可向贴现申请人追索票款。若贴现申请人在本行开户，可从其账户收取款项，填制两联特种转账借方凭证，并以第五联贴现凭证作贷方凭证。其会计分录如下：

借：活期存款——贴现申请人户
　贷：贴现

当贴现申请人账户余额不足时，按逾期贷款处理。其会计分录如下：

借：逾期贷款——贴现申请人户
　贷：贴现

【例6-19】4月8日开户单位汇丰仪表公司贴现的面额为300 000元的商业承兑汇票现已到期，该汇票的承兑人为永新仪表厂，其开户行为中国银行市新民大街支行。

①当贴现行收到中国银行市新民大街支行划来款项时：

借：清算资金往来　　300 000
　贷：贴现——商业承兑汇票　　300 000

②当贴现行收到中国银行市新民大街支行退回的委托收款凭证时，从汇丰仪表公司账户收取款项：

借：活期存款——汇丰仪表公司户　　300 000
　贷：贴现——商业承兑汇票　　300 000

③如果汇丰仪表公司账户只能支付100 000元：

借：逾期贷款——汇丰仪表公司户　　300 000
　贷：贴现——商业承兑汇票　　300 000

4.贴现贷款业务与一般贷款业务的联系与区别

（1）共同点

贴现贷款业务与一般贷款业务的共同点主要在于，两者都是银行的资产业务，银行都要计收利息。

（2）不同点

贴现贷款业务与一般贷款业务的不同点主要在于：

①融资依据不同。前者以未到期票据为融资依据；后者以借款人信用或资财为融资依据。

②计息的时间不同。前者在发放贷款时就预先从贴现金额中扣收利息；后者则是在贷款到期时计收利息或定期计收利息。

③贷款期限不同。前者为短期贷款，最长不超过6个月；后者分为短期、中期和长期贷款。在相同期限的情况下，贴现率应略低于贷款利率，通常贴现率为贷款利率的90%或95%为宜。

④体现的信用关系不同。前者体现的是银行与贴现申请人之间的银行信用关系，以及持票人、出票人、承兑人及背书人之间的商业信用关系；后者体现的是银行与借款人、担保人之间的银行信用关系。

【课程思政案例6-2】

票据上有伪造、变造的签章，不影响票据上其他真实签章的效力

基本案情：

2011年3月15日，川旺达公司向恒丰银行申请贴现。恒丰银行在审查了川旺达公司提供的购销合同、增值税发票等贴现材料后，为川旺达公司办理了案涉两张银行承兑汇票的贴现业务并支付了贴现款。川旺达公司将两张银行承兑汇票背书交付给恒丰银行。

两张银行承兑汇票均记载：出票人盐宁贸发公司，背书顺序为：盐宁贸发公司→沿海物资公司→神威商贸公司→中信海公司→宁涌经贸公司→川旺达公司→恒丰银行烟台西路支行。后经另案鉴定，证明沿海物资公司财务专用章、法人代表“徐新之印”、神威商贸公司财务专用章、法定代表人“陈广普印”系伪造。

2011年8月10日，恒丰银行向承兑行浦发银行提示付款遭拒。2011年9月23日，恒丰银行诉至烟台中院，要求川旺达公司支付汇票款及利息，浦发银行承担连带责任。烟台中院一审判决支持恒丰银行诉请。

浦发银行不服，上诉至山东高院。主张案涉汇票背书签章存在伪造情形，恒丰银行审查不严，取得票据存在重大过失，不享有票据权利。山东高院二审判决未支持该上诉请求，仅就利息计算部分作出改判。

思考题：

1.本案例中涉案的银行承兑汇票承兑行和贴现行分别是哪个银行？承兑、贴现和贴现到期未收到款项的业务核算是什么？

2.你认为本案判决是否合理？为什么？

3.该案例给银行票据结算业务办理带来了什么启示？

分析提示：

1.《票据法》第十四条第一款规定：“票据上的记载事项应当真实，不得伪造、变造。

伪造、变造票据上的签章和其他记载事项的，应当承担法律责任。”根据《刑法》第一百七十七条的规定，伪造、变造汇票、本票、支票的可构成伪造、变造金融票证罪，应依法承担刑事责任。同时，存在伪造、变造的票据并非绝对无效，根据《票据法》第十四条第三款的规定：“票据上其他记载事项被变造的，在变造之前签章的人，对原记载事项负责；在变造之后签章的人，对变造之后的记载事项负责；不能辨别是在票据被变造之前或者之后签章的，视同在变造之前签章。”

2.票据行为具有独立性，票据上的签章真伪及效力彼此独立，票据上部分签章伪造并不影响其他签章的效力。《票据法》第十四条第二款规定：“票据上有伪造、变造的签章的，不影响票据上其他真实签章的效力。”根据《最高人民法院关于审理票据纠纷案件若干问题的规定》第六十七条，被伪造签章者不承担票据责任。因此，票据背书签章存在伪造的，并不必然导致票据无效，也不影响持票人取得票据权利。善意取得票据的人，仍可行使票据权利。

3.了解我国票据签章的基本规则。

(1) 文义性的重要表现形式。签章是各种票据行为的共同要件，是文义性表示的重要形式。签章的目的在于确认票据行为人。签章后将在票据上表明谁应该承担票据的义务、谁应享有票据的权利等。

(2) 法律规范。我国《票据法》第四条规定：“票据出票人制作票据，应当按照法定条件在票据上签章，并按照所记载的事项承担票据责任。持票人行使票据权利，应当按照法定程序在票据上签章，并出示票据。其他票据债务人在票据上签章的，按照票据所记载的事项承担票据责任。本法所称票据权利，是指持票人向票据债务人请求支付票据金额的权利，包括付款请求权和追索权。本法所称票据责任，是指票据债务人向持票人支付票据金额的义务。”第七条规定：“票据上的签章，为签名、盖章或者签名加盖章。法人和其他使用票据的单位在票据上签章，为该法人或者该单位的盖章加其法定代表人或者其授权的代理人的签章。在票据上的签名，应当为该当事人的本名。”

《支付结算办法》第二十三条规定：“单位在票据上的签章，应为该单位的财务专用章或者公章加其法定代表人或其授权的代理人的签名或者盖章。个人在票据上的签章，应为该个人的签名或者盖章。支票的出票人和商业承兑汇票的承兑人在票据上的签章，应为其预留银行的签章。”

(3) 与预留印鉴的核对。关于付款银行是否应与预留印鉴核对，应分情况处理：①银行承兑汇票的付款人是承兑银行，其无须与预留印鉴核对。②支票和商业承兑汇票的付款人必须与预留印鉴核对，这是《支付结算办法》第二十三条规定的。

(4) 票据签章的基本种类。根据票据行为的不同，票据签章可分为出票签章、承兑签章、背书签章、保证签章、代理签章、提示付款签章六类，每项签章都表明参与不同的票据具体行为。

(5) 票据签章的相关限制。票据上的签章是文义性的具体表示，但对以下四种情况是有限制的：

①票据代理人签章的法律效力。《票据法》第五条规定：“票据当事人可以委托代理人在票据上签章，并应当在票据上表明其代理关系。没有代理权而以代理人名义在票据上签章的，应当由签章人承担票据责任；代理人超越代理权限的，应当就其超越权限的部分承

担票据责任。”

②无民事行为能力人或者限制民事行为能力人在票据上签章的效力。《票据法》第六条规定：“无民事行为能力人或者限制民事行为能力人在票据上签章的，其签章无效，但是不影响其他签章的效力。”

③票据共同签章的法律效力。票据上共同签章（指有1个以上的签章人）意味着各个共同签章的人都对该票据负有法律责任。按照民法的理论，从债权人角度看，可以选择其中一个较有实力的人或者部分债务人，或者全部债务人进行追索；在时间上可选择一个或者部分债务人，也可同时对所有共同签章人实施追索。

4.对案例的反思

（1）要认识到伪造签章现象存在的可能性。本案是银行之外的犯罪分子企图占用票据利益而伪造签章的情况。只要社会有犯罪分子存在，这类事情也必然存在，我们必须对此有清醒的认识，因为犯罪分子会用这种手段直接攫取财富。商业银行在受理所有票据业务、审视签章时，必须要想到这一点和防范好这一点。

伪造签章可能长期存在，可能随时存在，可能在若干票据中存在，要提高警惕、时刻设防。

（2）仔细核实预留印鉴和辨识印鉴。按照我国《票据法》的规定，银行在涉及商业承兑汇票和支票支付时应该核实预留印鉴和辨识印鉴。银行在受理商业承兑汇票贴现时应做好相关付款人的印鉴核实工作。当商业银行担任商业承兑汇票付款代理人时，也应该核实预留印鉴和辨识印鉴，这要成为一项可检查的制度。

【思政课堂6-1】

招商银行——供应链票据＋再贴现，精准扶持中小微供应链企业

2020年12月21日，招商银行继落地首批供应链票据贴现后，再次拔得头筹，办理国内首批“供应链票据+再贴现”业务，全面支持供应链票据业务场景，并引入人民银行优惠政策支持，精准扶持中小微供应链企业融资，为企业降本增效。这也标志着我国应收账款票据化进程又向前迈进了一大步。

近年来，中国人民银行、多部委积极推进应收账款票据化，上海票据交易所推出了供应链票据平台，为企业提供供应链票据的出票、承兑、背书、保证、贴现、转贴现、再贴现等全生命周期服务。上海票据交易所上线供应链票据再贴现功能，为供应链票据市场引入人行再贴现资金，纾解中小企业的资金周转压力，促进商业承兑汇票市场发展。

招商银行深度参与供应链票据项目，迅速与上海票据交易所完成系统对接，协同深圳、南京、苏州、西安及无锡分行得到属地人行再贴现政策的大力支持，成功办理全市场首批“供应链票据+再贴现”业务，企业融资成本较同期流动资金贷款降低了30%。

招商银行自2015年至今累计票据贴现量排名商业银行之首，从战略、体制、产品、流程、服务几个方面入手，打造了“票据大管家”平台、“指掌票据”App客户端，开发了“云闪贴”“云闪承”“商票通”“承贴通”“智+票据池”等产品，为企业票据业务提供“全、智、快”的创新型票据产品服务。

供应链票据是票据市场深度发展供应链金融的新蓝海，未来招商银行将持续升级票据业务产品体系和运行系统，生态化经营供应链票据，为核心客户及中小企业提供一站式、全流程、高度线上化的综合票据服务体系，对于赋能供应链金融服务创新，推动商业银行普惠业务发展，赋能传统产业数字化、智能化、云端化升级，具有非常高的实践价值和推广意义，切实发挥票据服务实体经济的重要作用。

资料来源：中国银行业协会官网。

第六节 银行本票的核算

一、银行本票的概念和种类

银行本票是银行签发的，承诺自己在见票时无条件支付确定的金额给收款人或持票人的票据。

银行本票分为定额本票和不定额本票两种。

定额本票的面额为1 000元、5 000元、10 000元和50 000元。根据中国人民银行的规定，自2005年1月1日起，将定额本票、不定额本票合并为本票（不定额），而且无金额起点限制。

二、银行本票的基本规定

（1）单位和个人在同一票据交换区域需要支付各种款项，均可使用银行本票。

（2）银行本票出票人，为经中国人民银行当地分支行批准办理银行本票业务的银行机构。

（3）签发银行本票必须记载的事项有：注明“银行本票”的字样；无条件支付的承诺；确定的金额；收款人名称；出票日期；出票人签章。

（4）签发银行本票应遵守的规定有：申请人和收款人均为个人才能签发现金银行本票；出票银行收妥款项，签发银行本票；用于转账的，在银行本票上划去“现金”字样；用于支取现金的，在银行本票上划去“转账”字样；不定额本票要用压数机压印出票金额。

（5）银行本票的提示付款期自出票之日起最长不超过2个月。逾期的银行本票，代理付款人不予受理，持票人在票据权利时效内（自出票日起2年）向出票银行做出说明，并提供本人身份证件或单位证明，可持银行本票向出票银行请求付款。

（6）持票人提示付款应遵守的规定有：现金银行本票的收款人只能向出票银行提示付款，凭注明“现金”字样的银行本票向持票银行支取现金时，应在银行本票背面签章，记载本人身份证件名称、号码及发证机关，并交验本人身份证件及其复印件。持票人对注明“现金”字样的银行本票需要委托他人向出票银行提示付款的，应在背面签章，记载“委托收款”字样、被委托人姓名和背书日期以及委托人身份证件名称、号码、发证机关。被委托人向持票银行提示付款时，应在银行本票背面处签章，记载身份证件名称、号码及发证机关，并同时交验委托人和被委托人的身份证件及其复印件。在银行开立存款账户的持票人向开户银行提示付款时，应在银行本票背面“持票人向银行提示付款签章”处签章，签章须与预留银行签章相同，并将银行本票、进账单送交开户银行。

（7）填明“现金”字样的银行本票不得背书转让。转账银行本票可以在同一票据交换区域背书转让。

（8）跨系统银行本票的兑付。持票人开户行可根据中国人民银行规定的金融机构同业往来利率，按实际垫付资金天数，向出票银行收取利息（小额本票业务除外）。

（9）银行本票丢失，失票人可以凭人民法院出具的其享有票据权利的证明，向出票银行请求付款或退款。

银行本票结算的特点有：信用度高；流通性强；使用灵活；只能用于同城。

三、银行本票的核算程序

依托小额支付系统办理银行本票业务简称小额支付系统银行本票业务，是指代理付款行与出票银行依托小额支付系统实现银行本票信息的实时比对和资金清算的业务。

2008年5月，小额支付系统银行本票业务在全国正式开通。采用小额模式处理银行本票后，银行本票出票信息全部转化为电子信息，录入出票行行内系统；银行本票的兑付由代理付款行采集票据信息和密押后，通过小额支付系统转发出票行行内系统进行自动比对兑付。小额支付系统银行本票业务不仅实现了本票信息的电子化传递，采用密押代替印鉴提高资金清算的安全性，而且有利于提高行际银行本票资金的清算效率，加速资金的周转，从而提高社会效益。

银行本票的核算程序有两种情况：

一是出票银行直接向持票人付款的核算程序，如现金银行本票、持票人在出票行开户的转账银行本票的核算。

二是由代理付款行向持票人付款的核算程序，如持票人不在出票行开户的转账银行本票的核算。

银行本票流转程序如图6-8所示。

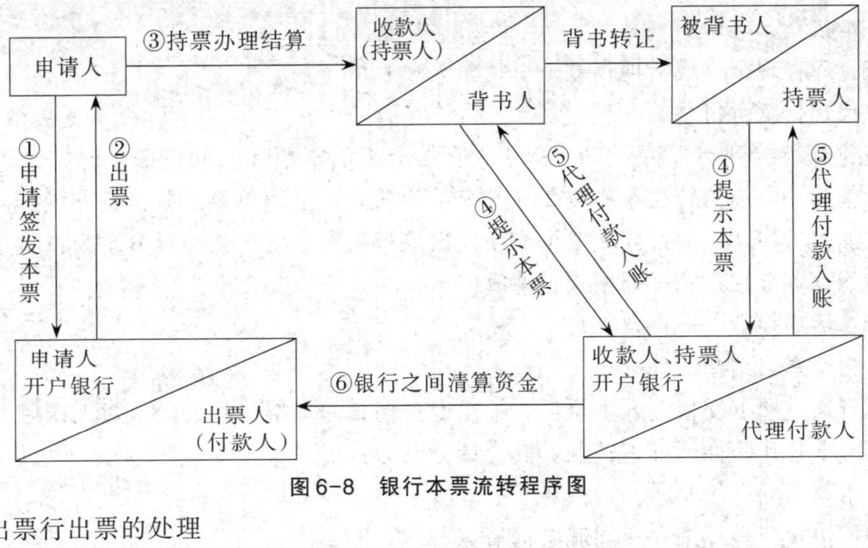

图6-8　银行本票流转程序图

1.出票行出票的处理

需要使用银行本票的申请人，应向银行提交一式三联的“银行本票申请书”。银行受理申请人提交的申请书时，经审查无误后，申请书第一联存根，由出票行盖章退回，表示受理；申请书第二联作借方传票，第三联作贷方传票，办理转账。申请人和收款人均为个人申请签发用于支取现金的银行本票时，应在申请书的“支付金额”栏先填写“现金”字样，后填写支付金额，申请书第二联注销。其会计分录为：

借：活期存款——××申请人户（或库存现金）

　贷：本票

出票行收取现金和转账以后，签发银行本票。不定额本票一式两联，第一联卡片，第二联本票。银行应在第二联不定额本票加盖本票专用章，并用压数机压印小写金额后，交给申请人；第一联加盖经办、复核名章后留存，专夹保管。

【例6-20】工行自由大路支行收到开户单位广运公司交来的“银行本票申请书”，金额为6 000元，经审核无误后收妥款项，办理转账。

借：活期存款——广运公司户　6 000

　贷：本票　6 000

【例6-21】工行自由大路支行收到江来交来填明“现金”字样的银行本票申请书及现金8 200元，收款人为个人，办理转账。

借：库存现金　8 200

　贷：本票　8 200

2.银行本票付款的处理

（1）出票行直接向持票人付款的处理

出票行接到现金本票或者持票人在本行开户时，都是由出票行直接向持票人付款结清票据，而无须代理付款行付款。

出票行接到现金本票时或者持票人在本行开户提交转账银行本票和进账单时，抽出专夹保管的不定额本票第一联卡片进行核对，并核验持票人身份证件。经审核无误后，现金本票作借方传票，以本票卡片作附件，进账单第一联加盖转讫章作收账通知交给持票人，进账单第二联作贷方凭证，办理转账。其会计分录为：

借：本票

　贷：库存现金（或活期存款——持票人户）

（2）代理付款行付款的处理

代理付款行接到在本行开户的持票人直接交来的本票和二联进账单时，经审查无误后，进账单第一联加盖转讫章作收账通知交给持票人，进账单第二联作贷方传票，办理转账。本票加盖转讫章，通过同城票据交换向出票行提出本票。其会计分录为：

借：清算资金往来——同城票据清算

　贷：活期存款——持票人户

（3）银行本票结清的处理

出票行通过票据交换提入本票后，抽出专夹保管的本票卡片，经核对无误后，本票作借方传票，卡片作附件，办理转账。其会计分录为：

借：本票

　贷：清算资金往来——同城票据清算

【例6-22】工行自由大路支行收到开户单位长铃公司交来的银行本票和进账单，审核银行本票、进账单无误，银行本票为其他系统行签发，金额为23 000元，办理转账。

借：清算资金往来——同城票据清算　23 000

　贷：活期存款——长铃公司户　23 000

【例6-23】某行南广场支行提入银行本票审核确定为本行签发，金额为6 000元，代理付款行为同城建行汽车厂支行，办理转账。

借：本票 6 000

贷：清算资金往来——同城票据清算 6 000

3.银行本票退款、超过提示付款期付款的处理

（1）退款的处理。申请人因本票超过提示付款期或其他原因要求出票行退款时，应填制一式三联进账单连同本票交给出票行，并按照支付结算办法的规定提交证明或身份证件。出票行经与原专夹保管的本票卡片核对无误，即在本票上注明“未用退回”字样，以第二联进账单作贷方凭证（如系退付现金，本联作借方凭证附件），本票作借方凭证，本票卡片作附件办理退款。其会计分录为：

借：本票

贷：活期存款——申请人户

或 贷：库存现金

进账单第一、三联分别盖章作受理回单和收账通知一并交给申请人。

（2）超过提示付款期付款的处理。持票人超过提示付款期不获付款时，在票据权利时效内向出票银行做出说明，并提供本人身份证件或单位证明，可持银行本票向出票银行请求付款。出票行经与原专夹保管的本票卡片核对无误，即在本票上注明“逾期付款”字样，办理付款手续。

持票人在本行开户的或是现金银行本票，应填制三联进账单。第一、三联进账单分别盖章作受理回单和收账通知一并交给持票人，第二联进账单作贷方凭证，本票作借方凭证，本票卡片作借方凭证附件。其会计分录为：

借：本票

贷：活期存款——持票人户

或 贷：库存现金

持票人未在本行开户的，应填制三联进账单。第一联进账单盖章作受理回单交给持票人，第二、三联进账单按票据交换规定提出交换。本票作借方凭证，本票卡片作借方凭证附件。其会计分录为：

借：本票

贷：清算资金往来——同城票据清算

持票人开户行收到票据交换提入的进账单时，将进账单第三联盖章作收款通知交给持票人，第二联进账单作贷方凭证，其会计分录为：

借：清算资金往来——同城票据清算

贷：活期存款——持票人户

四、本票、汇票、支票的比较

1.本票相对于汇票所独有的特征

本票是无条件支付的承诺，它的付款人应是出票人本人，该承诺对出票人具有法律约束力。汇票是无条件支付的委托，即第三人承付，该委托对第三人并没有《票据法》上的

约束力，第三人既可以按照委托支付票款，又可以拒绝支付。

商业本票的基本当事人只有两人，即出票人和收款人；商业汇票的基本当事人一般有三人，即出票人、付款人和收款人。

商业本票是自己付款的票款，因此是自付证券。

在操作上，本票与汇票也有不同之处。汇票有承兑制度，而本票是以“见票”作为提示付款的程序。见票的效力有：一是确定到期日，如见票后定期付款的本票，即从见票日起计算规定时间而确定到期日。二是行使和丧失追索权。出票人拒绝见票，持票人在规定期间做成拒绝见票证书后，无须再为付款提示，即可行使追索权。反之，如果持票人不在规定期间提示见票，或做成拒绝见票证书，则丧失了对出票人以外的前手的追索权。

2.支票相对于汇票、本票所独有的特征

出票人与付款人之间必须先有资金关系；支票的基本当事人同样有三人，即出票人、付款人和收款人；支票的出票人是票据的主债务人，超过期限未能提示付款或者没有做成拒绝见票证书，支票的持有人对出票人以外的前手均丧失追索权，这一点与本票一样；支票的出票人担保支票的付款；支票限于见票即付；支票的付款人限于银行；支票无承兑、参与承兑、参与付款、保证的制度；支票有保付和划线制度；支票没有拒绝承兑证书，没有复本，这一点与本票一样。

尽管支票大量用于即期支付，而且在金融发达国家流行的旅行支票流通期限较长，但其难以成为大额的投融资工具。

【思政课堂6-2】

易纲：社融下滑态势得到初步遏制，票据贴现没有大规模套利

2019年3月10日，中国人民银行行长易纲表示，同以前比较，2019年《政府工作报告》就货币政策的表达，没有提“中性”，但实际上稳健货币政策的内涵没有变。在考虑政策的时候，要把货币信贷数据拉长看，才能全面判断货币政策。对于外界关心的票据融资大增及其中存在的套利问题，易纲表示，央行对此高度重视，并结合全国数据进行了分析，总体认为，没有大规模的空转或者套利，票据贴现整体还是支持了实体经济。

当日上午9点，央行公布数据显示：2月末，广义货币M2同比增长8%，社会融资规模存量同比增长10.1%。

“大家知道，1月份社融增速相对高一些，这明显是季节因素。所以，我们要把前两个月的数综合起来看。”易纲说，前两个月人民币贷款新增4.1万亿元，同比多增了3 748亿元，社融新增5.3万亿元，同比多增1.05万亿元，社融增速连续两个月高于2018年年底的数据。社融持续下滑的态势得到了初步遏制，为2019年经济金融开局提供了保障。

易纲强调，货币信贷数据要拉长看，同一时点上，要看许多数字的加权平均；一个时间序列内，要看时间序列的移动平均。因此，从2019年前两个月的金融统计数据来看，总体保持了平稳增长，社融持续下滑态势得到初步遏制。

对于外界关心的1月信贷结构，票据贴现增加较多，以及与结构性存款之间的问题，易纲表示，央行对此高度重视，并结合全国数据进行了分析，总体认为，没有大规模的空转或者套利，票据贴现整体还是支持了实体经济。

"有些朋友说这可能是金融体系内一个空转。我们对这个事还是高度重视，而且把整个结构性存款有多少、票据贴现有多少、票据贴现的利率和结构性存款利率的利差有多大，结合全国的数字都进行了分析。"易纲说，得出的结论是，首先1月份的数字增长比较快，有季节性因素，要更全面地把1、2、3月的数综合起来看。

"我们仔细研究了结构性存款利率和票据贴现的利率，以及中央银行对票据的再贴现利率，总体来说没有大规模的空转或者套利，有个别银行、个别客户的个别现象，我不排除是存在的，但是如果看平均值，看整个发生时间的长度，整个票据贴现还是支持实体经济了，主要支持的还是小微企业和民营企业。"易纲说。

中国人民银行副行长潘功胜补充道，人民银行作为票据融资市场监管的部门之一，在今后的工作中，第一是要加强票据融资利率和资本市场利率之间的联动和传导，对于可能存在的套利和资金空转保持警惕，及时采取措施。第二是要引导金融机构加强内部管理，完善业务考核，发挥票据对实体经济的支持作用，防止有关行为的扭曲和风险的累积。

加强内部管理，完善业务考核，发挥票据对实体经济的支持作用，防止有关行为的扭曲和风险的累积。

资料来源：陈鹏，易纲．社融下滑态势得到初步遏制，票据贴现没有大规模套利［EB/OL］．［2019-03-10］．https：//www.jiemian.com/article/2933250．html．

【本章小结】

支付结算是世界范围内货币给付的主要形式，在经济社会运行中发挥着重要的作用。支付结算是我国商业银行业务量最大的中间业务，是银行日常核算的重要内容。

支付结算是指单位、个人在社会经济活动中使用票据、汇兑、托收承付、委托收款、信用卡等结算方式进行货币给付及资金清算的行为。

支票分为现金支票和转账支票。支票业务主要有支票的签发和提取现金，主要涉及的会计科目有"吸收存款""库存现金""清算资金往来"等。

银行汇票的主要业务有申请人申请汇票、持票人向银行兑付汇票、超过提示付款期限付款和银行汇票的结清等，主要涉及的会计科目有"吸收存款""库存现金""汇出汇款""清算资金往来""应解汇款"等。

商业汇票分为商业承兑汇票和银行承兑汇票。商业承兑汇票的主要业务有签发、承兑、持票人委托开户行收取汇票款、出票人开户行收到汇票、持票人开户行收到划回票款或退回凭证等，主要涉及的会计科目有"吸收存款""清算资金往来""同城票据清算"等。银行承兑汇票的主要业务有签发、承兑、委托开户行收取汇票款、承兑银行到期收取汇票款、承兑银行支付汇票款、持票人开户行收账、已承兑的银行承兑汇票的注销，主要涉及的会计科目有"吸收存款""手续费及佣金收入""应解汇款""逾期贷款""清算资金往来""同城票据清算"等。

银行本票的业务主要有银行本票出票、付款、结清、退款、超期付款，主要涉及的会计科目有"吸收存款""库存现金""同城票据清算""清算资金往来"等。

【复习思考题】

一、单项选择题

1.《中华人民共和国票据法》中所指的票据是（　　）。

A.汇票、本票　　B.本票、支票

C.汇票、本票、支票　　D.汇票、本票、支票及其他有价证券

2.支票的提示付款期限为自出票日起（　　）。

A.10天　　B.15天　　C.1个月　　D.3个月

3.银行汇票实际结算金额低于出票金额的，其处理方法为（　　）。

A.出票银行作为营业外收入　　B.出票银行退还申请人

C.代理付款人作为营业外收入　　D.代理付款人退还申请人

4.银行承兑汇票到期，出票人不能足额付款时，其不足款项记入（　　）科目。

A.“短期贷款”　　B.“其他应收款”

C.“逾期贷款”　　D.“营业外支出”

5.持票人对其前手的追索权，自被拒绝承兑或者被拒绝付款之日起（　　）内不行使而消灭。

A.3个月　　B.6个月　　C.1年　　D.2年

6.出票人签发，委托付款人在见票时无条件支付确定的金额给收款人或者持票人的票据是（　　）。

A.商业汇票　　B.本票　　C.支票　　D.以上都对

7.背书转让的汇票，背书是否连续关键看（　　）。

A.前一手的背书人是否是后一手的被背书人

B.前一手的被背书人是否是后一手的背书人

C.前一手的被背书人是否是后一手的被背书人

D.前一手的背书人是否是后一手的背书人

8.对背书人记载“不得转让”字样的汇票，其后手再背书转让的，产生的法律效果是（　　）。

A.该背书转让无效

B.该汇票无效

C.背书人对后手的被背书人承担保证责任

D.背书人对后手的被背书人不承担保证责任

9.银行汇票的付款人为（　　）。

A.汇票申请人　　B.出票银行　　C.承兑人　　D.持票人

10.银行承兑汇票的承兑人是（　　）。

A.付款人　　B.收款人　　C.持票人　　D.银行

11.商业承兑汇票的付款人在接到通知的次日起（　　）内未通知银行付款视为默认。

A.1日　　B.3日　　C.5日　　D.10日

12.定额银行本票由（　　）签发。

A.商业银行总行　B.商业银行分行　C.人民银行　D.付款人

13.银行汇票的提示付款期限为自出票日起（　　）。

A.1个月　B.2个月　C.3个月　D.6个月

14.商业汇票的提示付款期限为汇票到期日起（　　）。

A.10天　B.30天　C.60天　D.90天

15.商业汇票的付款期限最长不得超过（　　）。

A.3个月　B.6个月　C.9个月　D.1年

16.签发现金银行汇票，要求（　　）。

A.收款人为个人　B.申请人为个人

C.收款人和申请人均为个人　D.收款人和申请人有一人为个人

17.出票银行签发银行汇票时，使用（　　）科目核算。

A.“应解汇款”　B.“汇出汇款”

C.“定期存款”　D.“短期贷款”

18.银行承兑汇票的出票人应于汇票到期前将票款足额交存其开户银行。承兑银行应在汇票（　　）或到期日后的见票当日支付票款。

A．银行收到银行承兑汇票的当日

B．到期日

C．出票后1个月内

D．到期后10天

19.承兑是（　　）的特有行为。

A.支票　B.本票　C.银行汇票　D.商业汇票

20.在下列结算方式中，不能异地使用的是（　　）。

A.支票　B.本票　C.银行汇票　D.商业汇票

二、多项选择题

1.票据权利包括（　　）。

A.付款请求权　B.背书转让权　C.承兑权　D.追索权

2.票据的行为包括（　　）。

A.出票　B.背书　C.保证　D.付款

3.在下列情况中，银行应退票的有（　　）。

A.出票人签发空头支票　B.签章与预留银行签章不符的支票

C.支付密码错误的支票　D.受理出票人送交的支票

4.商业汇票包括（　　）。

A.银行承兑汇票　B.商业承兑汇票　C.同城汇票　D.异地汇票

5.在实践中，我国采用的支票种类有（　　）。

A.普通支票　B.现金支票　C.转账支票　D.一般支票

三、业务处理题

1.2022年某商业银行发生下列支票业务：

（1）收到开户单位汽车厂送交的支票和两联进账单，金额为80 000元，该支票的签发人在同城他行开户，当日退票时间过后未被退票，银行办理转账。

(2) 收到开户单位制药厂解入的塑料厂签发的支票一份，金额为200 000元，当即于第一场交换提出，下场没有退票。

(3) 提入支票一张，金额为79 000元，系本行开户单位油漆厂支付的材料款，因油漆厂账户资金不足，提出退票。

(4) 交换提回支票退票一份，系本行开户的油漆厂于昨日委托银行向上海红星乳品厂托收的支票322 000元，因存款余额不足退回。

(5) 提入支票一张，金额为45 000元，系本行开户单位蓝天贸易公司支付的货款，经审查无误后支付票款。

(6) 对开户单位新兴百货送交的支票提出交换，金额为100 000元，退票时间已过，未被退票，做收款处理。

要求：根据上述经济业务编制某商业银行的相关会计分录。

2.2022年某商业银行发生下列银行汇票业务：

(1) 客户李清提交银行汇票申请书及现金50 000元，委托银行签发银行汇票持往异地购货，经审查无误后予以受理，办理转账。

(2) 开户单位木材厂提交银行汇票申请书，金额为780 000元，该厂要去外地购买设备，经银行审查无误后予以受理，办理转账。

(3) 开户单位百货批发站持异地某行处签发的银行汇票及解讫通知和两联进账单来行办理入账手续，原汇票金额为190 000元，实际结算金额为183 000元，经审查无误后办理转账。

(4) 接到异地建设行寄来的汇票解讫通知及邮划借方报单，金额为19 000元，原汇票金额为20 000元，原汇款人为开户单位蓝天制药厂。银行经审核无误后办理转账。

(5) 王平持银行汇票及解讫通知来行办理支取现金手续，并提供个人身份证明。银行经审核无误后付给现金5 500元。

(6) 张力持银行汇票申请书第一联及个人身份证明来行领取银行汇票的多余款6 000元，经审核无误后付给现金。

(7) 开户单位油漆厂持异地中国银行签发的银行汇票要求兑付，金额为600 000元，经审核无误后，做转账处理。

要求：根据上述经济业务编制相关会计分录。

3.2022年某商业银行发生下列商业汇票业务：

(1) 开户单位净水厂提交到期的商业承兑汇票及同城委托收款结算凭证，金额为18 000元，委托银行向在同一行开户的百货商场收取汇票款，银行经审核无误后办理转账。

(2) 开户单位电视机厂申请办理银行承兑汇票，汇票金额为28 000元，经信贷部门审查同意，双方签订承兑协议，会计部门办理承兑手续，并按0.5‰收取承兑手续费。

(3) 根据承兑协议，向承兑申请人化工厂收取到期的银行承兑汇票款35 000元，办理转账。

(4) 根据承兑协议，向承兑申请人红润公司收取到期的银行承兑汇票款，金额为80 000元，但因该公司账户资金不足，只能支付70 000元。

(5) 收到异地某行处寄来的委托收款凭证及银行承兑汇票，金额为8 000元，经审核无误后于当日将款划出，办理转账。

（6）异地某行处寄来的商业承兑汇票到期，金额为9 000元，承兑人为开户单位油漆厂，银行经审核无误后办理划款手续。

（7）收到异地某行处划回商业承兑汇票款，金额为33 000元，收款人为开户单位服装厂，银行经审核无误后办理转账。

（8）某异地企业于5月11日以其持有的未到期银行承兑汇票向银行申请贴现，该汇票3月5日签发并承兑，6月5日到期，汇票面额为100 000元，贴现率为9‰。

要求：根据上述经济业务编制相关会计分录。

4.2022年某商业银行发生下列银行本票业务：

（1）收到开户单位可心超市交来的银行本票申请书，金额为50 000元，要求签发以他行开户的自来水厂为收款人的银行本票一张，经审核无误，当即予以签发。

（2）某支行收到开户单位第一实验小学解入的定额银行本票，金额为5 000元。银行经审核无误，当天提出交换。

（3）在农业银行开户的个体户赵易玲填制进账单，连同由个体户刘冶签发的金额为4 000元的现金银行本票一并解入，要求提取现金。银行经审核无误，验证有关身份证件后，当即付款。

要求：根据上述经济业务编制相关会计分录。

第七章　非票据结算方式的核算

【学习目标】

理论目标：（1）熟悉支付结算中结算方式的有关业务规定；（2）掌握汇兑、委托收款、托收承付的相关操作规程和处理手续。

实践目标：（1）熟悉各种非票据结算方式的结算规定；（2）熟悉各种结算方式业务的凭证格式；（3）掌握具体的填写要求，能按规定正确进行业务各环节的具体操作处理。

【课程思政案例7-1】

防范电信诈骗，守住自己的钱袋子

一直以来，国家对电信诈骗的打击从未松懈，但诈骗案件仍是屡禁不止、花样百出，各种套路令人防不胜防。2022年8月3日，中国裁判文书网公布一则判决书，将王某遭遇电信诈骗的经过披露于众。

基本案情：

2020年12月，王某突然收到一条朋友发来的微信消息，称遇到困难，想跟王某借12万元钱救急。随后，朋友向王某提供了收款账户信息，收款人是何某，收款账户是邮储银行涿州市支公司账户。王某觉得，朋友有困难，不能不帮。自己手里的钱不够，王某又向亲戚借了一些，东拼西凑了12万元，次日便委托儿子王某龙去银行给朋友转账。第二天，王某龙突然收到父亲来电，得知"朋友借钱"事实上是一起电信诈骗。但为时已晚，12万元已被儿子在河北涿州农商行南良沟支行（下称"涿州农商行南良沟支行"）成功转入"何某"账户。骗子们一般都深谙人性，利用感情或朋友之间的信任行骗是骗子惯用的伎俩，这招也屡试不爽，总能骗到一些像王某一样的人。事后，王某报警。

12万元对一个普通家庭来说不是小数目，况且其中一部分钱还是王某从亲戚手中借来的。受骗后的王某父子寝食难安。之后，儿子王某龙将当初的转账银行涿州农商行南良沟支行告上法庭，要求该行赔偿12万元被电信诈骗的经济损失，要求第三人邮储银行贵州省桐梓县松坎镇营业所（收款银行）承担连带赔偿责任。王某龙认为，在办理转账业务过程中，其在《支付业务凭证》上填写完收款人为何某及其账户的相关转账信息，涿州农商行南良沟支行未加审查核实，录入的信息中关于何某账户的接收银行名和银行号，跟后来得知被骗后查证的何某账户的开户行和行号并不一致。银行的《支付业务凭证》上接收账号、户名、接收行名称、接收行号等信息一定要完全一致才能转账成功。如果信息不一致，银行应当拒绝办理。但在本案中，王某龙认为由于涿州农商行南良沟支行未按操作规程办理、审查不清的过错行为，致使《支付业务凭证》上信息不对应的情况下仍然转账成功，被犯罪分子诈骗了自己巨额财产，该行负有不可推卸的责任。

法院审理查明，当初王某龙在涿州农商行南良沟支行办理转账业务时，在该行《支付业务凭证》上填写收款人为何某及收款账户等汇款信息，该行向王某龙出示的业务凭证显示，接收行名称为邮储银行涿州市支公司。但实际上，这12万元被诈骗款项的实际接收行是邮储银行贵州省桐梓县松坎镇营业所，其也是“何某”银行账户的开户行。法院认为，王某龙自己在转账前未核实收款人信息的真实性，导致不良后果理应自己负责。涿州农商行南良沟支行虽按王某龙填写的业务凭证操作汇款，但收款账号的开户行与王某龙填写的开户行明显不一致，该行未尽提示义务，也应当承担部分责任。由于被诈骗的12万元从“何某”账户被转走前，王某龙没有向第三人邮储银行贵州省桐梓县松坎镇营业所发送止付通知及时止损，所以法院表示第三人无须担责。于是，法院认为，对于损失，王某龙自己承担70%的责任，涿州农商行南良沟支行承担30%的责任。最后，法院判决涿州农商行南良沟支行赔偿王某损失3.6万元。

资料来源：科技金融在线．男子转账12万后发现是电信诈骗 转账银行被判承担30%赔偿责任[EB/OL]．[2022-08-08]．https://www.toutiao.com/article/7129454355295617544．有删改．

思考题：

1.阅读案例，阐述银行发生汇兑业务时应该注意哪些问题？

2.面对层出不穷的电信诈骗案件，我们应该如何提升反诈意识，防范电信诈骗风险，守住自己的钱袋子？

3.汇出行和汇入行在办理汇兑业务时应该注意哪些问题？

4.电信诈骗的款项汇划最终需要银行结算来完成，面对各种电信诈骗案件，银行工作人员应如何提升自身业务素养来阻截诈骗款项的支付？

第一节 汇兑结算

一、汇兑的概念和基本规定

1.汇兑的概念

汇兑是指汇款人委托银行将其款项支付给收款人的结算方式。汇兑分为信汇和电汇两种，由汇款人选择使用。

2.汇兑结算方式的基本规定

汇兑结算方式有以下主要规定：

（1）单位和个人异地结算各种款项，均可使用汇兑结算方式。

（2）汇兑不受金额起点限制。

（3）汇款人填写汇兑凭证必须记载下列事项：标明“信汇”或“电汇”字样；无条件支付的委托；确定的金额；收款人名称；汇款人名称；汇入地点、汇入行名称；汇出地点、汇出行名称；委托日期；汇款人签章。凭证上欠缺记载上列事项之一的，银行不予受理。

（4）汇兑凭证记载的汇款人、收款人在银行开立账号的，必须记载其账号。

（5）汇兑凭证上记载的收款人为个人的，收款人需要到汇入银行领取款项，汇款人应在汇兑凭证上注明“留行待取”字样。

（6）汇款人确定不得转汇的，应在汇兑凭证“备注”栏内注明“不得转汇”字样。

（7）汇款人对汇出银行尚未汇出的款项可以申请撤销，汇款人对汇出银行已汇出的款项可以申请退汇；转汇银行不得办理退汇。

【实务经验谈7-1】

汇兑的注意事项

汇款单位需要派人到汇入银行领取汇款时，除在“收款人”栏写明取款人的姓名外，还应在“账号或住址”栏内注明“留行待取”字样。留行待取的汇款，需要指定具体收款人领取汇款的，应注明收款人的单位名称。

个体经济户和个人需要在汇入银行支取现金的，应在信汇、电汇凭证上“汇款金额”大写栏先填写“现金”字样，接着紧靠其后填写汇款金额大写。

汇款人确定不得转汇的，应在“备注”栏内注明。

汇款需要收款单位凭印鉴支取的，应在信汇凭证第四联上加盖收款单位预留银行印鉴。汇出行受理汇款人的信汇、电汇凭证后，应按规定进行审查。审查的内容包括：信汇、电汇凭证填写的各项内容是否齐全、正确；汇款人账户内是否有足够支付的存款余额；汇款人盖的印章是否与预留银行印鉴相符等。银行审查无误后即可办理汇款手续，在第一联回单上加盖“转讫”章退给汇款单位，并按规定收取手续费；如果条件不符，汇出银行不予办理汇出手续，做退票处理。汇款单位根据银行退回的信汇、电汇凭证第一联，按不同情况编制记账凭证。

二、汇兑结算的会计核算（以信汇为例）

1.汇出行汇出款项（如图7-1所示）

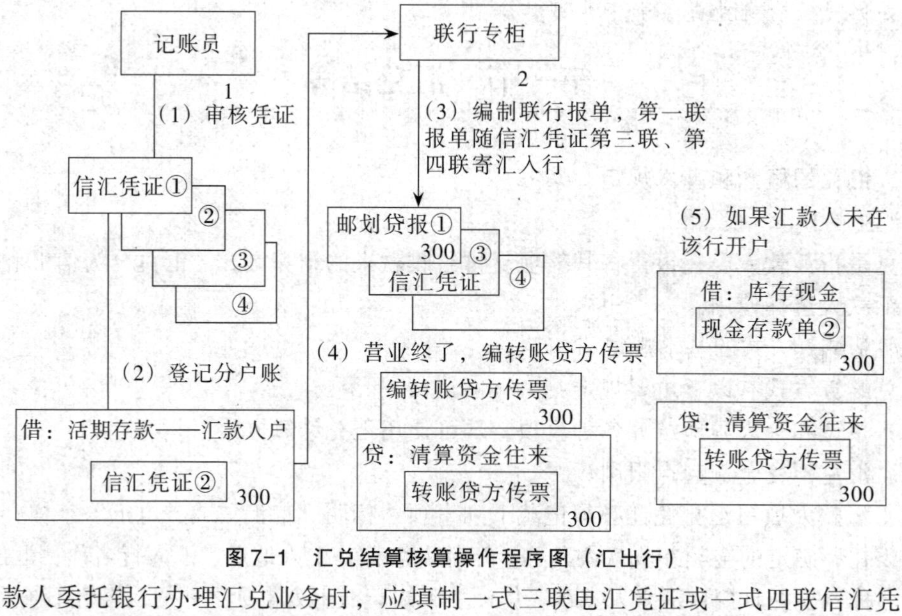

图7-1 汇兑结算核算操作程序图（汇出行）

汇款人委托银行办理汇兑业务时，应填制一式三联电汇凭证或一式四联信汇凭证。电汇凭证第一联是回单，第二联是借方凭证，第三联是发电依据。信汇凭证第一联是回单，第二联是借方凭证，第三联是贷方凭证，第四联是收账通知。

汇出行根据汇兑凭证办理转账汇款时，应根据情况选择行内汇划、大额支付或小额支付等方式办理资金汇划。第一联凭证加盖转讫章退给汇款人。其会计分录为：

借：活期存款——汇款人户

　　贷：清算资金往来

以现金形式汇款时，柜员收妥现金后填制一式两联现金收入凭证，第一联现金收入凭证作借方凭证，第二联汇兑凭证作附件办理记账。其会计分录为：

借：库存现金

　贷：清算资金往来

记账后，第三联信汇凭证加盖结算专用章，连同第四联及有关凭证寄往汇入行。若为电汇业务，汇出行用第三联电汇凭证作发报依据，向汇入行传递有关信息后作第二联记账凭证的附件。

【例7-1】银行接到开户单位达龙公司交来的信汇凭证，金额为3 000元，收款人为外省同系统芜湖支行开户的吉利公司，经审核无误，办理转账。

借：活期存款——达龙公司户　　3 000

　贷：清算资金往来　　3 000

【例7-2】银行收到客户张武交来的现金50 000元及电汇凭证，汇入行为外省同系统大庆市支行，审核凭证无误后收妥现金，办理转账。

借：库存现金　　50 000

　贷：清算资金往来　　50 000

2.汇入行入账（如图7-2所示）

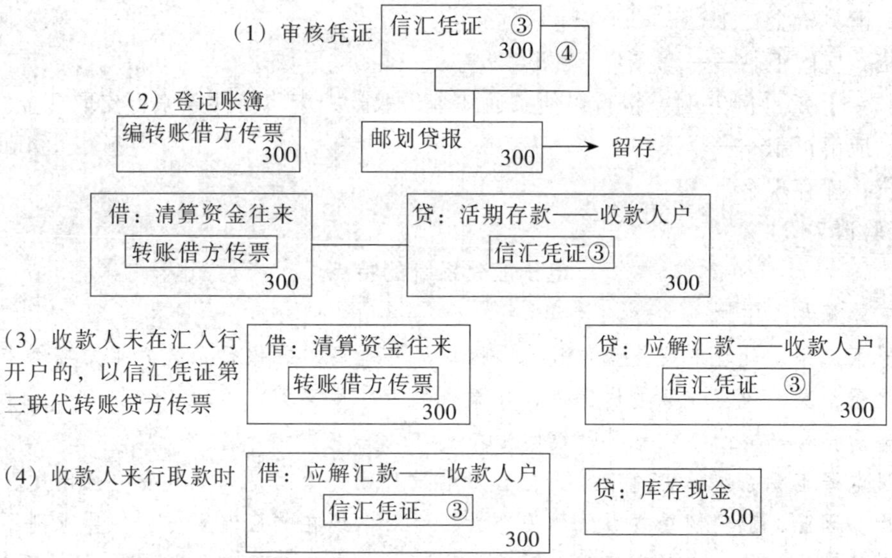

图7-2　汇兑结算核算操作程序图（汇入行）

汇入行收到汇出行寄来的第三、第四联信汇凭证及划收报单，或收到汇款电报信息，根据电报编制打印出两联资金汇划补充报单，按规定审查无误后区分以下两种情况处理。

（1）收款人在汇入行开户

如果收款人在汇入行开户，则汇入行可直接将汇款转入其账户。收款入账时以第三联信汇凭证或一联资金汇划补充凭证作贷方凭证记账，其会计分录为：

借：清算资金往来

　贷：活期存款——收款人户

第四联信汇凭证或另一联资金汇划补充凭证加盖转讫章作收账通知交给收款人。

(2) 收款人未在汇入行开户

如果收款人是未在汇入行开户的个人，收款时汇入行以第三联信汇凭证或一联资金汇划补充凭证作贷方凭证记账，其会计分录为：

借：清算资金往来

贷：应解汇款——收款人户

登记应解汇款登记簿，第四联信汇凭证或另一联资金汇划补充凭证留存保管，并通知收款人来银行领取款项。领取款项时，另填制一联现金付出凭证记账，第四联信汇凭证或另一联资金汇划补充凭证作附件，并销记应解汇款登记簿。其会计分录为：

借：应解汇款——收款人户

贷：库存现金

【例7-3】银行收到外省春城支行的报单及信汇凭证第三、四联，报单金额为5 000元，收款人是在本行开户的一群公司，经审核无误，办理转账。

借：清算资金往来　　5 000

贷：活期存款——一群公司户　　5 000

【例7-4】银行收到外省淄博支行的报单，金额为4 000元，收款人是名门宾馆203房间的李飞，经审核无误，办理转账。

借：清算资金往来　　4 000

贷：应解汇款——李飞户　　4 000

【例7-5】承【例7-4】，银行以便条通知李飞取款，李飞持便条来行支取现金。

借：应解汇款——李飞户　　4 000

贷：库存现金　　4 000

【实务经验谈7-2】

电子汇兑系统的特点

1.交易额大，风险高

电子汇兑系统处理的交易金额较大，因而风险也高。在银行系统的相关案例中，犯罪分子在电子汇兑系统里作案的比例大，作案金额是各类案例之首。

2.对系统的安全性要求高于时效性要求

通过电子汇兑系统的汇兑金额大，客户汇款时最关心的是系统的安全性问题，其次才是及时性。因此，应特别重视系统的安全性，而对系统在响应时间方面的要求则不必像零售银行系统那样严格。为了电子汇兑系统的安全，信息传输应采用先存后送的方式，确保信息在传输过程中所通过的每个站点都有确切的记录，以便万一汇兑业务出现问题时，能够迅速找出出事点。

3.跨行和跨国交易所占比例较大

汇兑业务有巨额的国际支付，有行际的资金调拨，有企业间的贸易往来，有个人的小额汇兑，还有各种托收和代付。在这些业务中，随着国际贸易的发展、跨国公司的壮大和全球经济一体化进程的加速，跨行和跨国交易所占的比例越来越高，因此，设计电子汇兑系统时，应适应国际上通行的各种标准、规格和要求。

3.退汇的核算

退汇是指将已经汇出，但尚未解付的汇款退回给汇款人。退汇包括汇款人申请退汇和汇入行主动退汇两种。

（1）汇出行退汇的处理

汇出行受理退汇业务时，应填制一式四联的“退汇通知书”，第一联交原汇款人，第二、三联寄交汇入行，第四联与函件和回单联一起保管。

①汇入行接到退汇通知书后，应区别以下两种情况处理：

经查如果该笔汇款尚未解付，应向收款人索回取款便条，并以第二联退汇通知书代借方凭证，以第四联汇款凭证为附件办理转账。其会计分录为：

借：应解汇款——收款人户

　贷：清算资金往来

转账后，第三联退汇通知书随同贷方报单寄回原汇出行。

经查如果该笔汇款已经解付，应在第二、三联退汇通知书上注明解付情况及解付日期，留存第二联退汇通知书，以第三联退汇通知书通知原汇出行。

②汇出行接到汇入行寄来的报单及退汇通知书的处理：

以第三联退汇通知书或第二联电划贷方补充报单作贷方凭证。其会计分录为：

借：清算资金往来

　贷：活期存款——原汇款人户

如果汇款人未在银行开立账户，应另填制一联现金付出传票。其会计分录为：

借：清算资金往来

　贷：其他应付款——原汇款人户

（2）汇入行退汇的处理

对于收款人拒绝接受的汇款或超期2个月仍未领取的汇款，汇入行应主动办理退汇。汇入行办理退汇时，应填制一联特种转账借方凭证和两联特种转账贷方凭证，并在凭证上注明“退汇”字样，将第四联汇款凭证作附件。其会计分录为：

借：应解汇款——原收款人户

　贷：清算资金往来

两联特种转账贷方凭证连同联行报单寄原汇出行，同时销记应解汇款登记簿。汇出行收到有关凭证后，以一联特种转账贷方凭证作贷方传票。其会计分录为：

借：清算资金往来

　贷：活期存款——汇款人户

另一联特种转账贷方凭证加盖转讫章作收账通知交给原汇款人。

【例7-6】银行收到外省同系统椰林支行的报单，金额为6 000元，系在本行开户的新立公司要求退汇款项，已办理转账。

借：清算资金往来	6 000	
贷：活期存款——新立公司户		6 000

【例7-7】解放大路支行在2个月前收到外省同系统古城支行汇入款项3 600元，收款人是住城西宾馆408房间的柳叶，柳叶一直未来取款，现办退汇。

借：应解汇款——柳叶户	3 600	
贷：清算资金往来		3 600

第二节 委托收款的核算

一、委托收款的概念和基本规定

委托收款是收款人委托银行向付款人收取款项的结算方式。委托收款结算款项的划回方式分为邮寄和电报两种。其主要规定包括：

（1）委托收款必须凭已承兑的商业汇票、债券、存单等付款人的债务证明办理款项的结算，仅凭发票不能使用委托收款方式。

（2）委托收款在同城、异地均可以使用。除国务院另有规定外，企业使用同城特约委托收款方式，仅限于公用事业费的收取，且须具有收付双方事先签订的经济合同，由付款人向开户银行授权，经开户银行同意，并报经中国人民银行当地分支机构批准。凡不符合上述条件的，一律不得使用同城特约委托收款方式。

（3）委托收款结算，不受金额起点限制。

（4）签发委托收款凭证必须记载下列事项：标明“委托收款”字样；确定的金额；付款人名称；收款人名称；委托收款凭据名称及附寄单证张数；委托日期；收款人签章。欠缺记载上列事项之一的，银行不予受理。

（5）银行可根据付款人的不同而在不同时间付款，具体而言：

①以银行为付款人的，银行应在见票当日将款项主动支付给收款人。

②以开户单位为付款人的，银行应及时通知付款人；银行在付款人接到通知的次日起3日内未收到付款通知书，也未收到拒绝付款通知书的，应于付款人接到通知第四日上午营业时将款项主动划给收款人。

（6）未在银行开立存款账户的个人作为收款人的，委托收款凭证必须记载被委托银行名称。

（7）单位委托银行收取商业承兑汇票或银行承兑汇票款项，委托收款凭证付款人栏应填明商业承兑汇票付款人名称或银行承兑汇票的承兑银行名称。

（8）付款人审查有关债务证明后，对收款人委托收取的款项需要拒绝付款的，可以在接到付款通知日的次日起3日内办理拒绝付款。

委托收款结算有以下特点：

（1）方法灵活、简便。它不强调经济合同和发运证件，收款人只要向银行提交委托收款凭证和有关债务证明即可办理委托收款。

（2）适用范围广泛。它不受结算起点限制，也不受地区限制，同城、异地均可使用，适用于单位和个人主动向付款方收取款项的经济事项。

（3）银行责任明确。委托收款银行只是代理收款，不负责审查拒付理由，交易双方的款项纠纷自行解决。

二、委托收款的核算程序

1.收款人开户行受理委托收款的处理

收款人办理委托收款应向银行提交委托收款凭证和有关债务证明。邮划（电划）委托收款凭证一式五联：第一联为回单，第二联为贷方凭证，第三联为借方凭证，第四联为收账通知（电划时为发电依据），第五联为付款通知。收款人在第二联凭证上签章后，将有关委托收款凭证和债务证明提交开户银行。

收款人开户行收到上述凭证，按有关规定认真审核无误后，将第一联凭证加盖业务公章退给收款人，第二联凭证专夹保管并登记发出委托收款结算凭证登记簿，第三联凭证加盖结算专用章，连同第四、第五联凭证及有关债务证明，一并寄交付款人开户行。具体操作程序如图7-3所示。

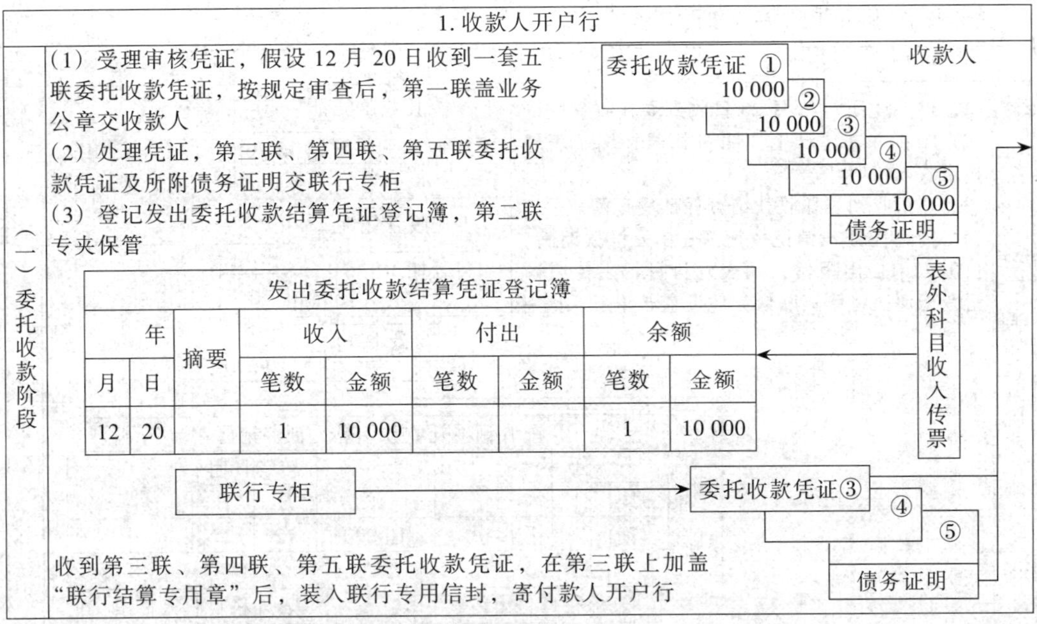

年		摘要	收入		付出		余额	
月	日		笔数	金额	笔数	金额	笔数	金额
12	20		1	10 000			1	10 000

图7-3　委托收款结算核算的操作程序和方法图解——收款人开户行

2. 付款人开户行收到委托收款凭证的处理

付款人开户行收到收款人开户行寄来的第三、第四、第五联委托收款凭证及有关债务证明，应在凭证上填注收到日期，根据第三、第四联凭证逐笔登记收到委托收款结算凭证登记簿后，专夹保管，并分别情况进行处理。

（1）付款人为银行的，付款人开户行应当在当日主动将款项划给收款人，以第三联委托收款凭证作借方凭证，有关债务证明作其附件。其会计分录为：

借：应解汇款（或其他科目）

　　贷：清算资金往来

或　　贷：清算资金往来——同城票据清算

转账后，银行销记收到委托收款结算凭证登记簿，并以第四联委托收款凭证通过票据交换或寄回收款人开户行。

（2）付款人为单位的，银行将第五联委托收款凭证加盖业务公章，连同有关债务证明及时交给付款人，并由其签收。付款人应于接到通知的次日起3日内（期间内遇法定假日顺延）通知银行付款，付款期内未提出异议的，视同同意付款。银行应于付款期满次日上午开始营业时将款项划给收款人。

如果付款人账户有足额资金支付，则将第三联凭证作借方凭证登记入账。其会计分录为：

借：活期存款——付款人户

　　贷：清算资金往来

或　　贷：清算资金往来——同城票据清算

转账后，银行在收到委托收款结算凭证登记簿上填明转账日期。采用邮划款项的，将第四联委托收款凭证填明支付日期后，随邮划贷方报单寄往收款人开户行。采用电划款项的，应根据第四联委托收款凭证填制电划贷方报单，作为发报依据。

具体操作程序如图7-4和图7-5所示。

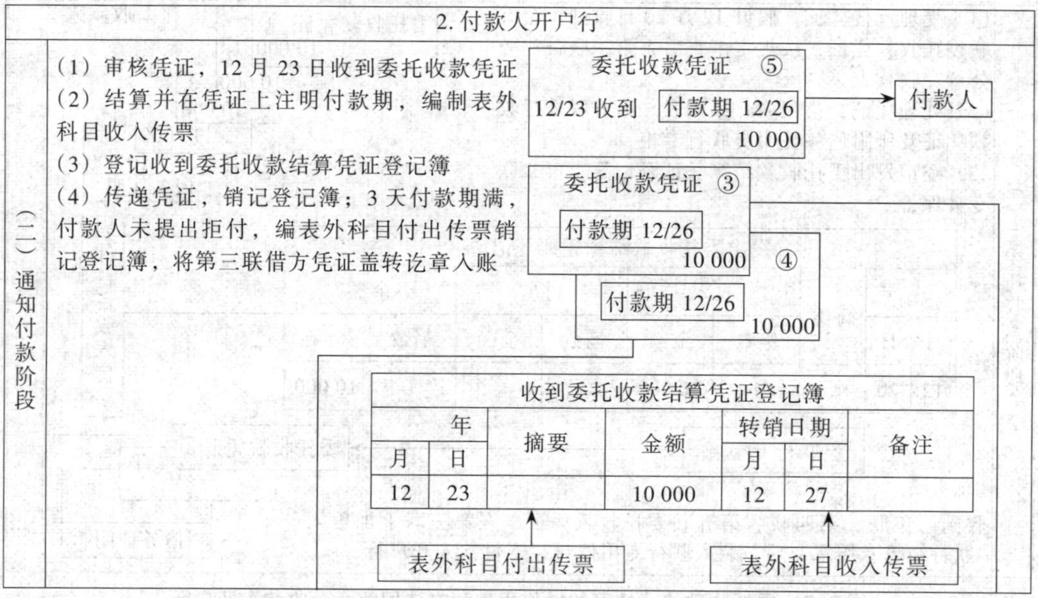

图7-4　委托收款结算核算的操作程序和方法图解——付款人开户行（邮划、全额到期付款）

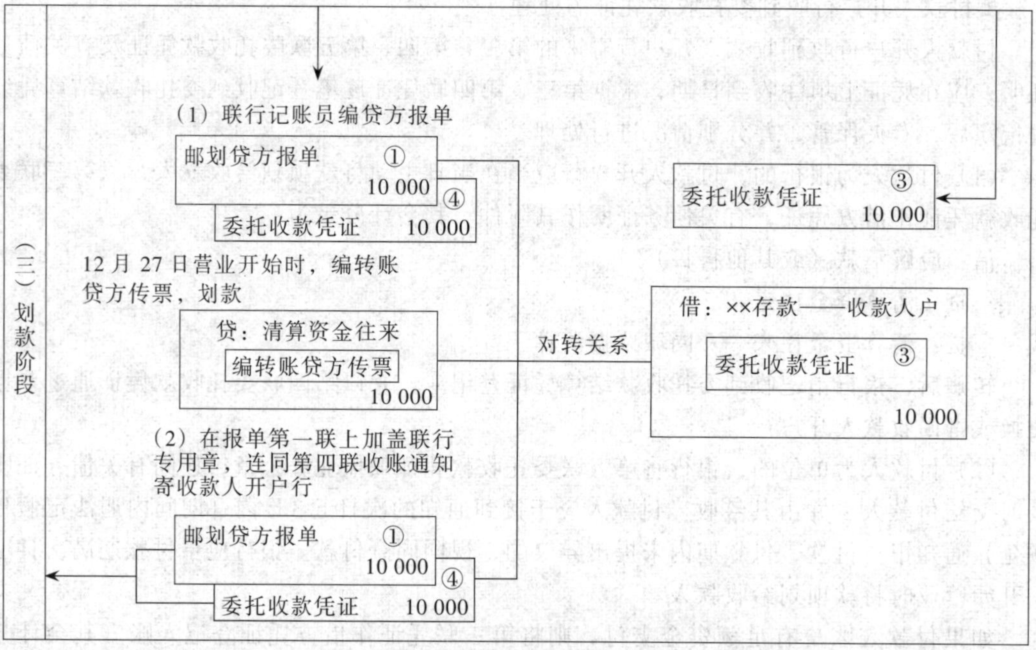

图7-5　委托收款结算核算的操作程序和方法图解——付款（邮划、全额到期付款）

银行在办理划款时，付款人账户不足支付全部款项的，银行应在委托收款凭证和收到委托收款结算凭证登记簿上注明退回日期和“无款支付”字样，并填制三联“付款人未付款项通知书”，将第一联未付款项通知书和第三联委托收款凭证留存备查，将第二、第三联未付款项通知书和第四联、第五联委托收款凭证连同债务证明一起寄回收款人开户行。

付款人若办理拒绝付款，则应在接到付款通知的次日起3天内填制四联“拒绝付款理由书”，连同债务证明及第五联委托收款凭证一并交给开户银行。银行审核无误后，在委托收款凭证和收到委托收款结算凭证登记簿上注明“拒绝付款”字样，然后将第一联拒付理由书加盖业务公章退还付款人，第二联拒付理由书连同第三联委托收款凭证一并留存备查，第三、第四联拒付理由书连同债务证明和第四、第五联委托收款凭证一并寄收款人开户行。

【例7-8】银行收到外省同系统行寄发的委托收款凭证及储户的定期存款凭证，存款金额50 000元已到期，利息为2 800元，经审核无误，向外省银行划付款项。

借：定期储蓄存款——某储户　　50 000
　　应付利息　　2 800
　贷：清算资金往来　　52 800

3.收款人开户行收到划回款项或退回凭证的处理

收款人开户行收到付款人开户行通过票据交换或寄来的第四联委托收款凭证和联行报单，应与留存的第二联委托收款凭证核对，无误后办理转账。其会计分录为：

借：清算资金往来
或　借：清算资金往来——同城票据清算
　贷：活期存款——收款人户

转账后，银行通知收款人，并销记发出委托收款结算凭证登记簿。

具体操作程序如图7-6所示。

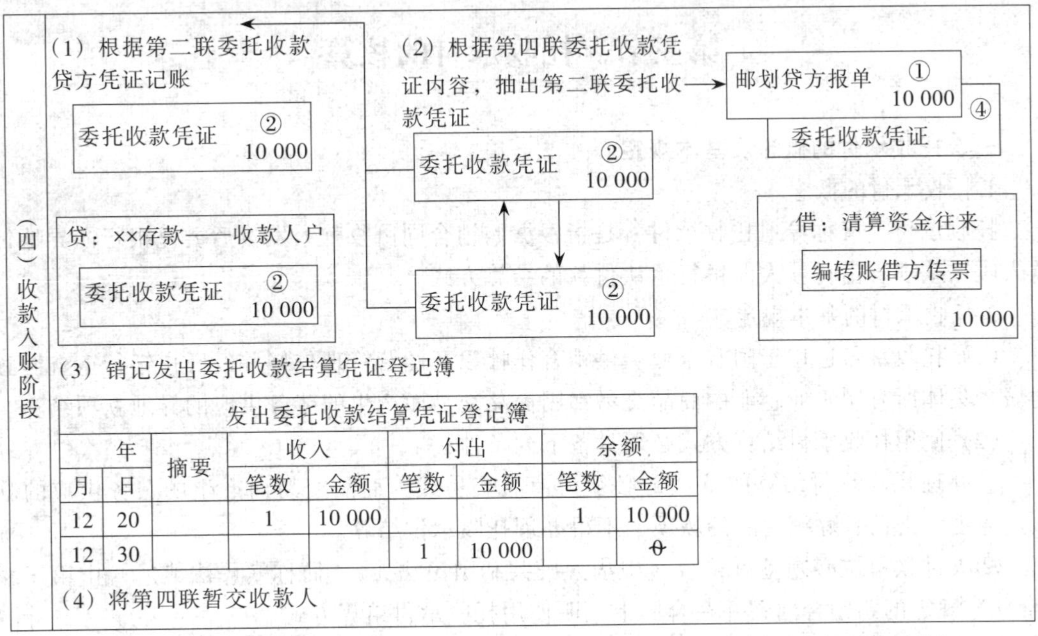

发出委托收款结算凭证登记簿								
年		摘要	收入		付出		余额	
月	日		笔数	金额	笔数	金额	笔数	金额
12	20		1	10 000			1	10 000
12	30				1	10 000		0

图7-6　委托收款结算核算的操作程序和方法图解——收款（邮划、全额到期付款）

若收到无款支付而退回的委托收款凭证及有关单据，收款人开户行应抽出第二联委托收款凭证，并在该联凭证备注栏注明“无款支付”字样，销记发出委托收款结算凭证登记簿，然后将第四、第五联委托收款凭证，第二、第三联未付款项通知书及债务证明退给收款人。收款人在第二联未付款项通知书上签收后，收款人开户行将第二联未付款项通知书及第二联委托收款凭证一并保管备查。

若收款人开户行收到第四、第五联委托收款凭证及有关债务证明和第三、第四联拒付理由书，应抽出第二联委托收款凭证核对，无误后，在该委托收款凭证上注明“拒绝付款”字样，销记发出委托收款结算凭证登记簿。然后将第四、第五联委托收款凭证、有关债务证明和第三、第四联拒付理由书一并退给收款人。收款人在第三联拒付理由书上签收后，收款人开户行将第三联拒付理由书连同第二联委托收款凭证一并保管备查。

【例 7-9】银行收到外省同系统行划回的委托收款 14 500 元，收款人为在本行开户的服装厂，已办理转账。

借：清算资金往来　　14 500

　　贷：活期存款——服装厂户　　14 500

【实务经验谈 7-3】

付款单位出纳员在填写“拒绝付款理由书”时的注意事项

付款单位出纳员在填写“拒绝付款理由书”时，除认真填写收款单位的名称、账号、开户银行，付款单位的名称、账号、开户银行，委托收款金额，附寄单证张数等外，对于全部拒付的，“拒付金额”栏填写委托收款金额，“部分付款金额”栏的大小写都为零，并具体说明全部拒绝付款的理由；若部分拒付的，“拒付金额”栏填写实际拒绝付款金额，“部分付款金额”栏填写委托收款金额减去拒绝付款金额后的余额，即付款单位实际支付的款项金额，并具体说明部分拒付的理由，并出具拒绝付款部分商品清单。填完后，在“付款人盖章”处加盖本单位公章，并注明拒付日期。

第三节　托收承付的核算

一、托收承付的概念及基本规定

1.托收承付的概念

托收承付，又称异地托收承付，是指根据购销合同由收款人发货后委托银行向异地付款人收取款项，由付款人向银行承认付款的结算方式。

2.托收承付的基本规定

（1）托收承付适用于国有企业、供销合作社以及经营管理较好并经开户银行审查同意的城乡集体所有制工业企业的商品交易和因商品交易而产生的劳务供应的异地款项结算。

（2）使用托收承付结算方式必须具备下列条件：

①办理托收承付结算的款项，必须为商品交易或因商品交易而产生的劳务供应的款项。代销、寄销、赊销商品的款项，不得办理托收承付结算。

②收付款单位必须签有符合《中华人民共和国民法典》（简称《民法典》）中第三编“合同”规定的购销合同，并在合同上注明使用托收承付结算方式。

③收付双方必须重合同、守信用。

④要有商品确已发运的证件（包括铁路、航运、公路等运输部门签发的运单、运单副本和邮局包裹回执）。

（3）托收承付结算每笔的金额起点为10 000元，新华书店系统每笔的金额起点为1 000元。

（4）承付货款分为验单付款和验货付款两种。验单付款的承付期为3天，从付款人开户行发出承付通知的次日算起（承付期内遇法定休假日顺延）。验货付款的承付期为10天，从运输部门向付款人发出提货通知的次日算起（遇法定休假日顺延）。

（5）逾期付款。付款人在承付期满日银行营业终了时，如无足够资金支付，其不足部分按逾期付款处理。付款人开户行应根据逾期付款金额和逾期天数，按每日5‰计算逾期付款赔偿金。赔偿金实行定期扣付，每月计算一次，于次月3日内由付款单位开户行划给收款人。

（6）付款人开户银行对逾期未付的托收凭证，负责进行扣款的期限为3个月（从承付期满日算起）。付款人开户银行要随时掌握付款人账户逾期未付的资金情况，待账户有款时，必须将逾期未付款项和应付的赔偿金及时扣划给收款人，不得拖延扣划。

二、委托收款和托收承付的比较

1.相同之处

（1）两者都是由收款人主动委托银行向付款人收取款项。

（2）两者的核算程序和各阶段的基本处理手续相同。

2.不同之处

（1）两者适用的地域范围不同。托收承付只适用于异地结算，而委托收款为同城、异地均可结算。

（2）两者适用的主体范围不同。托收承付只适用于国有企业、供销合作社及信誉较好的集体企业，而委托收款适用于各种单位和个人的结算。

（3）两者适用的条件不同。托收承付的条件比委托收款要严，它特别强调经济合同及发运证件等，而委托收款只需提交收款依据。

（4）两者的付款期（托收承付为承付期）不同。托收承付的承付期有两种：一种是验单付款，承付期为3天；一种是验货付款，承付期为10天。而委托收款的付款期根据付款人的不同而不同，但最长不超过3天，从付款人接到付款通知的次日算起。

（5）两者的金额起点不同。托收承付结算的金额起点为10 000元，新华书店系统为1 000元；而委托收款无金额起点的限制。

（6）银行审查拒付理由的义务不同。在托收承付中，银行有审查拒付理由的义务，当企业无规定的正当理由拒付时，银行可拒绝办理；而在委托收款中，银行没有审查拒付理由的义务，企业只要退回有关凭证就可以拒付。

（7）处理环节的复杂程度不同。托收承付的处理环节比委托收款复杂，可以分付款、部分付款和逾期付款的不同情况处理。

三、逾期付款的处理

在承付期满日银行营业终了前，付款人账户无款支付的，付款人开户行应在托收凭证和登记簿备注栏分别注明“逾期付款”字样，并填制一式三联的“托收承付结算到期未收通知书”，将通知书第一、第二联寄收款人开户行，通知书第三联与托收凭证第三、第四联一并保管，待付款人账户有款可以一次或分次扣款时，比照部分付款的有关手续办理，将逾期付款的款项和赔偿金一并划给收款人。赔偿金的计算公式为：

赔偿金金额=逾期付款金额×逾期天数×5‱

逾期付款天数从承付期满日算起。承付期满日银行营业终了时，付款人如无足够资金支付，其不足部分，应当算作逾期一天，计算一天的赔偿金。在承付期满的次日（如遇节假日，逾期付款赔偿金的天数计算也相应顺延，但以后遇节假日应当照算逾期天数）银行营业终了时，仍无足够资金支付，其不足部分，应当算作逾期两天，计算两天的赔偿金，其余类推。逾期付款期满，付款人账户不能全额或部分支付该笔托收款项的，开户行应向付款人发出索回单证的通知，付款人于银行发出通知的次日起2日内（到期日遇节假日顺延，邮寄的加邮程）必须将全部单证退回银行，经银行核对无误后，在托收凭证和登记簿备注栏注明单证退回日期和“无款支付”的字样，并填制一式三联的“逾期无款支付通知书”，通知书第一联和托收凭证第二联留存备查；另两联通知书连同托收凭证第四、第五联及有关单证一并寄收款人开户行。收款人开户行收到“托收承付结算到期未收通知书”第一、第二联后，应在托收凭证第二联上加注“逾期付款”字样及日期，然后将通知书第二联交给收款人，通知书第一联附于托收凭证第二联后一并保管。待接到一次划款或分次划款或单独划回赔偿金报单时，比照部分划回的有关手续办理。到期无款收回时，比照委托收款无款支付办理。

【例7-10】9月6日（星期一）工行建设街支行收到异地某银行寄来的托收结算凭证及附件，金额为560 000元，承付期内，付款人无异议，但付款人账户只有520 000元，于承付期满次日将款项划出。

借：活期存款——××户　　520 000

　贷：清算资金往来　　520 000

【例7-11】承【例7-10】，付款人于9月13日将余款付清。

赔偿金金额=逾期付款金额×逾期天数×5‱

=40 000×（13-9）×5‱

=80（元）

借：活期存款——××户　　40 080

　贷：清算资金往来　　40 080

第四节　信用卡的核算

一、信用卡的概念及有关规定

1.信用卡的概念

信用卡是指商业银行向个人或单位发行的，凭以向特约单位（商店、宾馆、娱乐场所、饭店等）购物、消费和向银行存取现金，并且具有消费信用的特制载体卡片。作为一种现代支付工具，银行卡一般具有转账结算、存取现金和消费信贷三大功能，因此它能满足持卡人如下需求：其一，持卡人可持卡在发卡机构特约商户办理购物消费；其二，持卡人可在发卡机构的指定受理网点或自动柜员机上存取现金；其三，持卡人可因临时消费急需，经发卡机构批准，在规定额度和期限内，进行透支性支付消费。信用卡广泛运用于商品经济的支付与结算，具有“电子货币”的功能。

2.信用卡的种类

（1）根据载体材料，信用卡可分为磁性卡和智能卡。前者是在表面镶有磁条纹码或磁带记载持卡人信息的信用卡；后者是采用高科技IC芯片记载持卡人信息的信用卡，又称IC卡。

（2）根据使用对象不同，信用卡可分为单位卡和个人卡。前者的发行对象是企业、机关、团体、部队、学校等单位组织；后者的发行对象是个人。

（3）根据信用等级不同，信用卡可分为金卡、银卡和普通卡。

（4）根据持卡人所处地位不同，信用卡可分为主卡和附属卡。附属卡是同主卡共同使用主卡账户资金的从属卡。

（5）按流通范围，信用卡可分为国际卡和地区卡。前者在国际上通用；后者只能在发行国国内或一定区域内使用。

3.信用卡有关规定

《支付结算办法》等法律法规规定：

（1）信用卡仅限于合法持卡人本人使用，持卡人不得出租或转借信用卡。

（2）透支期限最长60天，透支部分需计收利息。

（3）商业银行（包括外资、合资银行）、非银行金融机构只有经中国人民银行批准，才可以发行信用卡。

（4）单位卡账户的资金一律从其基本存款账户转账存入，不得交存现金，不得将销货收入的款项存入其账户。

（5）信用卡备用金存款利息，按照中国人民银行规定的活期存款利率及计息办法计算。

（6）发卡银行应建立授权审批制度，信用卡结算超过规定限额的必须取得发卡银行的授权。

（7）单位卡不得用于超过10万元的商品交易、劳务供应款项的结算。

（8）单位卡一律不得支取现金，个人卡持卡人在银行支取现金时，应将信用卡和身份证件一并交发卡银行或代理银行；IC卡、照片卡及持卡人凭密码在销售点终端上消费购物，可免验身份证件。

（9）信用卡透支额，金卡最高不得超过1万元，普通卡最高不得超过5 000元。信用卡透支期限最长不得超过60天。持卡人不得恶意透支。

（10）信用卡透支利息，自签单日或银行记账日起15日内按日息5‰计算，超过15日按日息10‰计算，超过30日或透支金额超过规定限额的，按日息15‰计算。透支计息不分段，按最后期限或者最高透支额的最高利率档次计息。

信用卡结算的基本流程如图7-7所示。

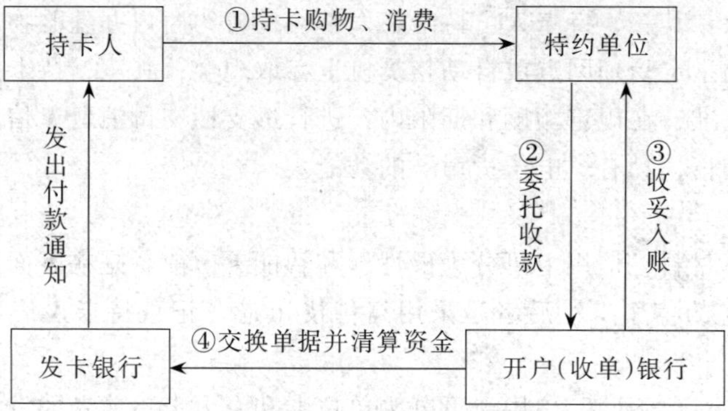

图7-7 信用卡结算的基本流程图

【思政课堂7-1】

《关于审理银行卡民事纠纷案件若干问题的规定》节选

（2019年12月2日最高人民法院审判委员会第1 785次会议通过，自2021年5月25日起施行）

为正确审理银行卡民事纠纷案件，保护当事人的合法权益，根据《中华人民共和国民法典》《中华人民共和国民事诉讼法》等规定，结合司法实践，制定本规定。

第一条 持卡人与发卡行、非银行支付机构、收单行、特约商户等当事人之间因订立银行卡合同、使用银行卡等产生的民事纠纷，适用本规定。

本规定所称银行卡民事纠纷，包括借记卡纠纷和信用卡纠纷。

第二条 发卡行在与持卡人订立银行卡合同时，对收取利息、复利、费用、违约金等格式条款未履行提示或者说明义务，致使持卡人没有注意或者理解该条款，持卡人主张该条款不成为合同的内容、对其不具有约束力的，人民法院应予支持。

发卡行请求持卡人按照信用卡合同的约定给付透支利息、复利、违约金等，或者给付分期付款手续费、利息、违约金等，持卡人以发卡行主张的总额过高为由请求予以适当减少的，人民法院应当综合考虑国家有关金融监管规定、未还款的数额及期限、当事人过错程度、发卡行的实际损失等因素，根据公平原则和诚信原则予以衡量，并作出裁决。

第三条 具有下列情形之一的，应当认定发卡行对持卡人享有的债权请求权诉讼时效中断：

（一）发卡行按约定在持卡人账户中扣划透支款本息、违约金等；

（二）发卡行以向持卡人预留的电话号码、通讯地址、电子邮箱发送手机短信、书面信件、电子邮件等方式催收债权；

（三）发卡行以持卡人恶意透支存在犯罪嫌疑为由向公安机关报案；

（四）其他可以认定为诉讼时效中断的情形。

第四条 持卡人主张争议交易为伪卡盗刷交易或者网络盗刷交易的，可以提供生效法律文书、银行卡交易时真卡所在地、交易行为地、账户交易明细、交易通知、报警记录、挂失记录等证据材料进行证明。

发卡行、非银行支付机构主张争议交易为持卡人本人交易或者其授权交易的，应当承担举证责任。发卡行、非银行支付机构可以提供交易单据、对账单、监控录像、交易身份识别信息、交易验证信息等证据材料进行证明。

第五条 在持卡人告知发卡行其账户发生非因本人交易或者本人授权交易导致的资金或者透支数额变动后，发卡行未及时向持卡人核实银行卡的持有及使用情况，未及时提供或者保存交易单据、监控录像等证据材料，导致有关证据材料无法取得的，应承担举证不能的法律后果。

限于篇幅，对该规定在此不做全面介绍，有关详细规定请查阅中华人民共和国最高人民法院官网。

二、发卡行发行信用卡的核算

1.发行单位卡的核算

单位卡只能转账，不能存取现金。

（1）申请人在发卡行开户时，应由申请人向银行填制支票及进账单，经发卡行审查无误后按照支票结算的有关程序处理，另填制一联特种转账贷方凭证，作收取手续费贷方凭证。其会计分录为：

借：活期存款——单位基本存款账户

　贷：活期存款——单位信用卡户

　　　手续费及佣金收入——信用卡手续费

（2）申请人不在发卡行开户的，需向银行填交支票及进账单，经发卡行审查无误，选择相应汇划渠道办理转账，按照支票结算的有关程序办理。通过票据交换，且没有退票，另填一联收取手续费的特种转账贷方凭证。其会计分录为：

借：清算资金往来（或有关科目）

　贷：活期存款——单位信用卡户

　　　手续费及佣金收入——信用卡手续费

2.发行个人信用卡的处理

个人申请开办信用卡时，需向发卡行交验身份证件，申办手续同单位卡。申请人交存现金的，银行收妥现金后发放信用卡，也可由发卡机构邮寄给申请人。其会计分录为：

借：库存现金

　贷：活期储蓄存款——个人信用卡户

　　　手续费及佣金收入——信用卡手续费

发卡银行在办理信用卡发卡手续时，应登记信用卡账户开销户登记簿和发卡清单，并在发卡单上记载领卡人身份证号码，由领卡人签收。

三、信用卡购物消费的核算

持卡人到银行卡特约商户刷卡购物时，特约商户打印签购单，由持卡人签字。特约商户汇总签购单，填制两联进账单交开户银行。特约商户开户银行审核无误后，区分不同发卡行信用卡的签购单，并按各发卡行分别汇总签购单的金额，将签购单寄往有关发卡行，收取持卡人应付的款项。

1.特约商户开户行的核算

（1）特约商户与持卡人在同一行开户的，直接办理转账。特约商户开户行根据签购单转账。其会计分录为：

借：活期存款——单位信用卡户

或　借：活期储蓄存款——个人信用卡户

或　借：信用卡透支——持卡人户

　贷：活期存款——特约商户户

　　手续费及佣金收入——信用卡手续费

（2）特约商户与持卡人在同一城市不同行开户和异地跨系统银行发行的信用卡，需待款项收妥后办理转账。其会计分录为：

借：清算资金往来

　贷：活期存款——特约商户户

　　手续费及佣金收入——信用卡手续费

2.发卡行的核算

发卡行收到同城不同行或异地跨系统银行发来的信用卡签购单的处理。发卡行审核报单及签购单无误，或收到清算行的电子汇划凭证后，办理转账。其会计分录为：

借：活期存款——单位信用卡户

或　借：活期储蓄存款——个人信用卡户

或　借：信用卡透支——持卡人户

　贷：清算资金往来

发卡行收到签购单，发现持卡人信用卡账户不足支付的，其不足支付部分纳入“信用卡透支”科目核算。起息日自签单日或银行记账日起，本金或利息未还清又透支的，透支日期连续计算。透支利息按最后期限或最高透支额的最高利率档次计算。

四、凭信用卡支取现金的处理

1.发卡行的处理

银行接到持卡人交来的信用卡、身份证后，应审核信用卡相关信息。审核无误后，压印一式四联“取现单”，在取现单上填写持卡人身份证件号码、金额及授权号码，持卡人在取现单上签名，核实后，将现金、一联取款凭证、信用卡、身份证交持卡人。其会计分录为：

借：活期储蓄存款——个人信用卡户

或　借：信用卡透支

　贷：库存现金

2.代理行受理信用卡取现的业务处理

参加同城票据交换和系统内联行往来的代理行，当持卡人来取现金时，应要求其提交身份证件，并审核信用卡有关信息。审核无误后，代理行向系统内的发卡行办理资金划付，向持卡人开户行或代理行所在地的跨系统发卡行通汇行提出票据交换。其会计分录为：

借：清算资金往来

　贷：应解汇款——××信用卡户

支付现金时，另填制一联现金付出凭证。其会计分录为：

借：应解汇款——××信用卡户

贷：库存现金

手续费及佣金收入——信用卡手续费

五、信用卡注销的处理

持卡人不需要继续使用信用卡时，应持卡主动到发卡银行办理销户手续。

1.单位卡销户

持卡人应提交授权单位销户证明及单位卡，银行审核后，填制一式四联的转账单。其会计分录为：

借：活期存款——单位信用卡户

利息支出——利息支出户

贷：活期存款——单位基本存款户

2.个人卡注销

其会计分录为：

借：活期储蓄存款——个人信用卡户

利息支出——利息支出户

贷：库存现金（或有关科目）

【课程思政案例7-2】

电汇业务的法律风险

基本案情：

20×3年12月5日，A市迅达公司与B市明明公司签订了一份电脑购销合同。根据合同约定，明明公司向迅达公司购买电脑100台，每台售价7 450元，合同总额为74.5万元。双方同时约定，明明公司于20×3年12月25日前以电汇的方式支付货款，迅达公司在货款到后发货。当年12月24日，明明公司到B市某银行办理了电汇手续，要求B市某银行将货款74.5万元直接汇往迅达公司在A市的银行账户。B市某银行受理了明明公司的电汇申请后，向其出具了汇款回单并加盖银行转讫章。明明公司接到汇款回单后，遂将汇款回单的复印件传真给迅达公司，称货款已汇出，因客户急需电脑，请迅达公司于当日下午发货。迅达公司见电汇回单上的汇款金额与货款相一致，便在当天下午委托货运公司将100台电脑发送至明明公司。而在同一时刻，明明公司工作人员又急匆匆地赶到B市某银行，在得知汇款尚未汇出后，向银行交付了该单位的公函及原电汇回单，称因与迅达公司之间出现纠纷，申请办理退款手续，并收回了电汇回单。20×4年1月3日，迅达公司因久未收到货款，遂向B市某银行进行查询，方知明明公司已办理了退款手续。

迅达公司认为，B市某银行在向明明公司出具的电汇回单上加盖了银行的“转讫”章而非“受理”章，因此可以认定该笔货款的所有权已经发生转移。B市某银行在未征得其同意的情况下，擅自为明明公司办理退款，严重侵害了迅达公司在购销合同上的利益。迅达公司于是向法院提起诉讼，要求判令明明公司偿还货款，B市某银行承担连带责任。

思考题：

银行办理电汇业务时，因汇款人要求退汇而给收款人造成损失的，银行是否承担责任？

分析提示：

本案的焦点问题在于，B市某银行向明明公司出具的电汇回单的效力如何？B市某银行在未征得迅达公司同意的情况下，是否有权为明明公司办理退款？

首先，《支付结算办法》第一百七十四条规定：汇出银行受理汇款人签发的汇兑凭证，经审查无误后，应及时向汇入银行办理汇款，并向汇款人签发汇款回单。汇款回单只能作为汇出银行受理汇款的依据，不能作为该笔汇款已转入收款人账户的证明。《支付结算办法》第一百六十四条规定：银行办理结算，给单位或个人的收、付款通知和汇兑回单，应加盖该银行的转讫章；银行给单位或个人托收承付、委托收款的回单和向付款人发出的承付通知，应加盖该银行的业务公章。根据上述规定，由于汇出银行在向汇款人出具电汇回单和汇款到达收款人账户之间具有一定时间间隔，因此B市某银行向明明公司出具的电汇回单仅能作为银行受理该笔电汇的依据，而非款项已经实际划转的证明。B市某银行在电汇回单上加盖“转讫”章而非“受理”章，也仅是严格按照《支付结算办法》的相关规定办理，该印章并不具有证明汇款所有权实际转移的效力。因此，迅达公司认为B市某银行在向明明公司出具电汇回单时该汇款的所有权就已发生转移，并无法律依据。

其次，《支付结算办法》第一百七十七条规定：汇款人对汇出银行尚未汇出的款项可以申请撤销。申请撤销时，应出具正式函件或本人身份证件及原信、电汇回单。汇出银行查明确未汇出款项的，收回原信、电汇回单，方可办理撤销。据此，我国法律明确赋予汇款人撤销汇款的权利。在本案中，明明公司在向B市某银行申请退款时，按《支付结算办法》的有关规定提供了该单位的公函及原电汇回单；而B市某银行在收到上述凭证后，在确认汇款尚未汇出的情况下，为明明公司办理了退款，整个退款手续符合我国法律的规定，并不存在结算上的差错。此外，B市某银行作为汇兑业务中的汇出行，只与明明公司之间就汇款事宜成立委托代理关系，而无义务对明明公司委托汇款或撤销汇款的要求是否违反其与迅达公司之间的基础合同进行审查，因此，迅达公司认为B市某银行侵害了其在购销合同下的利益，也无法律依据。

最后，从本案可以看出，明明公司根据汇款的特殊性，采用虚假汇款的方式，恶意骗取迅达公司的电脑，其行为具有欺诈性。迅达公司作为本案的受害人有权要求明明公司返还电脑，并承担由此产生的责任。同时，迅达公司在双方约定“款到后发货”的情况下，应在确认货款已入账的前提下发货，而不能仅凭汇出款项的受理回单发货。

【本章小结】

汇兑结算包括信汇和电汇，主要业务有汇出和退汇，主要涉及的会计科目有“清算资金往来”“活期存款”“库存现金”“应解汇款”等。

委托收款的业务主要有收款人开户银行受理委托收款、付款人开户银行通知划款、付款人开户银行划款和收款人开户银行收账，主要涉及的会计科目有“活期存款”“应解汇款”“清算资金往来”“同城票据清算”“待结算票据款项”等。

托收承付业务主要有银行受理托收承付、通知承付、付款人开户行划款、收款人开户行收账、逾期付款和拒绝付款，主要涉及的会计科目有“活期存款”“同城票据清算”“清算资金往来”等。

信用卡的主要业务有开户、购物消费、存取现金、同城转账交易、网络行异地转账、ATM存取款、挂失、补卡、换卡和销户，主要涉及的会计科目有“库存现金”“活期存款”“手续费及佣金收入”“信用卡透支”“通存通兑”“清算资金往来”“同城票据清算”“待处理结算款项”“存放系统内款项”“待处理结算款项”“个人信用卡存款”等。

【复习思考题】

一、单项选择题

1.在汇兑结算方式中，汇入行对留行待取的款项，应先转入（　　）。

A.其他应付款　　B.其他应收款　　C.汇出汇款　　D.应解汇款

2.在下列说法中，正确的是（　　）。

A.汇兑有金额起点的限制

B.汇兑分为信汇和电汇

C.汇兑凭证记载的汇款人、收款人在银行开立账号的，可以记载其账号，也可不记载

D.单位异地结算各种款项可用汇兑，个人异地结算则不可使用汇兑

3.以下单据中可以据此办理委托收款的是（　　）。

A.发票　　B.已承兑的商业汇票

C.发货单　　D.出库单

4.托收承付结算方式规定，验单付款的承付期为（　　）。

A.3天　　B.5天

C.10天　　D.接到通知的当天

5.托收承付的赔偿金定期扣收，每月计算一次，于次月（　　）单独划给收款人。

A.随逾期付款金额　　B.3日内

C.月初　　D.5日内

6.下列有关信用卡的说法，正确的是（　　）。

A.信用卡仅限于合法持卡人使用，持卡人可以转借信用卡

B.信用卡可以透支，透支期限最长为90天

C.信用卡按持卡人所处地位不同可以分为主卡和附属卡

D.信用卡起源于英国

7.托收承付的金额起点为（　　）元。

A.1 000　　B.5 000　　C.10 000　　D.50 000

8.在托收承付结算中，验单付款的承付期为（　　），验货付款的承付期为（　　）。

A.3天　　B.7天　　C.10天　　D.1个月

9.可以“先消费，后还款”的银行卡属于（　　）；可以“先存款，后消费”的银行卡属于（　　）。

A.借记卡　　B.贷记卡　　C.金卡　　D.普通卡

10.使用托收承付结算方式不用满足的条件有（　　）。

A.银行的开户单位　　B.国有企业或银行同意的企业

C.收付款双方签有购销合同　　D.款项必须是商品交易款

二、多项选择题

1.汇入行主动办理退汇的原因有（　　）。

A.经过2个月无法交付的汇款　　B.收款人为不在本行开户的个人

C.汇款人申请退汇　　D.收款人拒收汇款

2.委托收款必须凭（　　）办理款项的结算。

A.已承兑的商业汇票　　B.发票

C.存单　　D.债券

3.下列关于汇兑业务的说法中，正确的有（　　）。

A.汇款人对汇出银行尚未汇出的款项可以申请撤销

B.汇款人对汇出银行已汇出的款项可以申请退汇

C.转汇银行可以办理退汇

D.转汇银行不得办理退汇

4.有关委托收款业务与托收承付业务不同点的说法，不正确的有（　　）。

A.委托收款只适用于异地结算，而托收承付同城、异地结算均可

B.托收承付只适用于异地结算，而委托收款同城、异地结算均可

C.托收承付的条件比委托收款严格

D.委托收款适用于国有企业等信誉较好的企业，托收承付适用于各种单位和个人的结算

5.银行卡按使用方式不同分为（　　）。

A.购物卡　　B.贷记卡　　C.借记卡　　D.ATM卡

三、业务处理题

1.2×19年某商业银行发生下列汇兑业务：

（1）开户单位服装厂提交信汇凭证一份，金额为5 000元，汇往异地，银行审核无误后办理转账。

（2）张爽提交电汇凭证及现金4 300元，汇给异地王倩的生活费，银行审核无误后办理转账。

（3）收到异地某行寄来的邮划贷方报单及信汇凭证一份，汇给开户单位钢铁厂货款77 000元，银行审核无误后收妥款项。

（4）收到异地某行寄来的邮划贷方报单及信汇凭证一份，汇给个人李清差旅费3 300元，银行审核无误后办理转账。

（5）岳明持通知及个人身份证件来行领取其信汇款3 500元，银行审核无误后付现。

（6）将王平的信汇款2 000元退回原汇出行。

（7）收到异地某行划回的退汇款500元，原汇款人为张哲。

（8）张哲持退汇通知书及个人身份证件来行领取划回的退汇款500元，经审查无误后付给现金。

要求：根据上述经济业务编制相关会计分录。

2.2×19年某商业银行发生下列委托收款和托收承付结算业务：

（1）收到异地某行寄来的委托收款凭证，向本行开户单位思念商场收取货款35 000元，经审查无误，当日通知思念商场。思念商场经核对单证，没有提出异议，银行

于第四天上午将款项划出，办理转账。

（2）收到异地某行的委托收款凭证，向本行开户单位化工厂收取承兑汇票款80 000元，经审查无误，当日通知化工厂。化工厂经检验单证发现，部分商品规格不符，部分拒付3 000元，余款于付款期满次日划出。

（3）收到异地某行的邮划贷方报单，系划付的商业承兑汇票款，金额为55 000元，经审核无误后办理转账。

（4）收到异地某行寄来的有关托收承付结算凭证及附件，通知开户单位纺织批发站付款，金额为78 000元，3天承付期满，办理划款手续。

（5）开户单位纺织厂的委托收款货款付款期已满，金额为80 000元，但该单位账户只有10 000元。

要求：根据上述经济业务编制相关会计分录。

第八章　金融机构往来的核算

【学习目标】

理论目标：(1) 了解金融机构往来的含义；(2) 熟悉商业银行与中央银行往来以及商业银行之间往来的业务内容与会计处理方法。

实践目标：(1) 掌握商业银行与中央银行往来业务的基本规定；(2) 能够正确处理商业银行向中央银行存取现金、缴存存款、再贷款以及再贴现等业务。

【思政要点】

在本章的金融机构往来过程中，商业银行同业业务近几年发生了巨大变化，同业业务已经成为商业银行重要业务。由于商业银行利润增长空间不断缩减，为了快速获取利润，商业银行同业业务出现了很多问题，例如资金管理混乱、风险不断增大等。因此，在学习本章时，我们要深刻理解同业业务本质，了解商业银行要合理运用同业业务来达到提升流动性的目的，深刻理解商业银行在合规经营的基础上，如何在发展同业业务过程中强化自身风险管理。

【思政案例8-1】

2021年支付体系运行总体情况

中国人民银行发布的2021年支付业务统计数据显示，全国支付体系运行平稳，社会资金交易规模不断扩大，支付系统业务量稳步增长。

银行账户数量保持增长。截至2021年年末，全国共开立银行账户136.64亿户，同比增长9.00%，增速较上年年末下降1.43个百分点。全国银行共办理非现金支付业务4 395.06亿笔，金额4 415.56万亿元，同比分别增长23.90%和10.03%。支付系统共处理支付业务9 336.23亿笔，金额9 450.69万亿元，同比分别增长27.53%和15.32%。

资料来源：吴秋余．去年全国支付体系运行平稳 社会资金交易规模不断扩大［EB/OL］．［2022-04-03］．http：//www.gov.cn/shuju/2022-04/03/content_5683315.htm．有删改．

第一节　金融机构往来概述

金融机构往来是银行系统之间资金往来的总称，包括银行之间由于相互办理存贷款、拆借资金、解散资金、调拨现金、跨系统结算等发生的资金往来。银行间往来主要有商业银行与中央银行之间的往来、商业银行之间跨系统的同业往来等。

一、金融机构往来的概念和主要内容

1.金融机构往来的概念

金融机构往来是指商业银行与商业银行之间、商业银行与人民银行之间、商业银行与

非银行金融机构之间，由于办理资金划拨、结算等业务而引起的资金账务往来。

广义的金融机构往来包括中央银行与商业银行的往来、各商业银行之间的往来、中央银行与各金融机构之间的往来、商业银行与各金融机构之间的往来、金融机构之间的往来等。

狭义的金融机构往来包括中央银行与商业银行的往来、商业银行之间的往来等。

2.金融机构往来的主要内容

商业银行之间的往来主要包括：（1）银行间同城票据交换及清算；（2）异地跨系统汇划款项相互转汇；（3）银行间同业拆借及转贴现；（4）银行间资金存放等。

商业银行与中央银行的往来主要包括：（1）商业银行向中央银行发行库领取现金和缴存现金；（2）商业银行吸收的财政性存款全部缴存中央银行；（3）商业银行吸收的一般性存款按比例缴存中央银行；（4）商业银行向中央银行借款、再贴现；（5）商业银行通过中央银行转汇、办理资金清算等。

【思政课堂8-1】

中国银行业信息化大事记

1974年，银行业首次引进了61/60电子计算机系统。

1975年年末，在北京、上海、西安等地进行全国大中城市银行核算网试验工程。

1980年，我国金融业引进11套M150中型计算机系统，这是中国金融电子化系统工程开发应用的起点。

20世纪80年代中期，由中国人民银行牵头成立了金融系统电子化领导小组，经过大量的调查研究，制定了金融电子化建设规划和远期发展目标。

1989年，我国开始建设中国金融卫星通信网，对金融电子化具有重要的里程碑意义。

1985年6月，中国第一张信用卡诞生。

1993年，启动“金卡工程”，初步实现了试点城市和区域内银行卡业务跨行联合和设备资源共享。

1999年9月1日，中国工商银行提出了“9991工程”，把1994年开始的“大集中”概念进一步从市向全国集中，建立了北京和上海两大数据中心，大集中的建设热潮开始。

2002年3月，中国银联的诞生标志着在“金卡工程”的基础上，中国银行卡的“联网通用”和推广应用发展到新的阶段。

2006年6月26日，小额支付系统推广应用到全国，标志着中国现代化支付系统已基本建成。

二、金融机构往来的核算要求、规定及常用会计科目

1.核算要求及规定

（1）及时办理跨系统的结算业务，加速企业资金周转。

（2）商业银行跨系统汇划款项和商业银行系统内50万元（含）以上的汇划款项，一律通过人民银行办理转汇并清算资金。

（3）商业银行到人民银行取款不得透支；计划内借款不得超过人民银行核定的贷款额度；同业拆借应通过双方在中国人民银行的存款户办理转账，不得支取现金。

（4）要坚持“资金分开、独立核算”的原则。

（5）各商业银行在中央银行的存款账户要严格管理，不得透支。

（6）各商业银行之间临时性的资金占用应及时清算，要体现汇路畅通的要求，核算时必须做到及时、准确、快捷。

（7）票据交换系统是指各大中城市的票据交换系统，主要适用于同一城市或地区的各商业银行之间的票据往来业务。

（8）现代化支付系统是由中国人民银行于2005年建立的，由大额实时支付系统和小额批量支付系统两个应用系统组成。大额实时支付系统实行逐笔实时处理支付口令，全额清算资金，目标是为银行和社会企事业单位及金融市场提供快捷、安全、可靠的支付清算服务。小额批量支付系统实行批量发送支付口令，轧差净额清算资金，目标是为社会提供低成本、大业务量的支付清算服务，支撑各种支付业务，满足社会各种经济活动的需要。

2.常用会计科目

为了核算与中国人民银行的往来业务，各级商业银行要按照规定设置两个主要科目，即“存放中央银行款项”和“向中央银行借款”。为了核算商业银行间的往来业务，主要设置了“同业存放款项”“存放同业款项”“拆放同业”“同业拆入”“金融企业往来收入”“金融企业往来支出”等科目。

（1）“存放中央银行款项”科目

该科目是资产类科目，用来核算商业银行存放在中央银行的款项。当在中央银行的存款增加时，记入该科目的借方；当存款减少时，记入该科目的贷方；余额在借方，表明本行在中央银行存款的结余数。该科目要按照款项的性质分别设置下列三个存款账户：

①备付金存款户。该账户用来核算本行在中央银行的用于清算业务资金头寸的备付金存款的情况，它是核算本行与中央银行往来业务的基本账户，凡本行与中央银行的资金账务往来均通过该账户进行核算。

②准备金存款户。该账户用于核算本行缴存中央银行一般性存款的法定存款准备金的情况。向中央银行存入准备金时，记入该账户的借方；由于一般性存款余额变动而调缴存款，需从中央银行退回法定存款准备金时，记入该账户的贷方；余额在借方，表明本行在中央银行法定存款准备金的结余数。

③财政性存款户。该账户用于核算本行缴存中央银行财政性存款的情况。按规定向中央银行缴存或调增财政性存款时，记入该账户的借方；调减财政性存款时，记入该账户的贷方。

（2）“向中央银行借款”科目

该科目是负债类科目，本行向中央银行借款时，记入该科目的贷方；归还借款时，记入该科目的借方；余额在贷方，表示向中央银行借入的尚未归还的款项。向中央银行借款主要有日拆性贷款、年度性贷款和季节性贷款等。

（3）“金融企业往来收入”科目和“金融企业往来支出”科目

“金融企业往来收入”科目是收入类科目，用于核算本行在中央银行或者他行的存款利息和向其他金融机构拆出资金的利息收入。发生利息时，记入该科目的贷方；冲减或者结转利息时，记入该科目的借方。期末将余额结转到“本年利润”科目。

“金融企业往来支出”科目是支出类科目，用于核算其他商业银行在本行存款的利息支出和从其他金融机构拆入资金的利息支出。发生利息支出时，记入该科目的借方；冲减或者结转利息时，记入该科目的贷方。期末将余额结转到“本年利润”科目。

（4）“同业存放款项”科目和“存放同业款项”科目

“同业存放款项”科目是负债类科目，用于核算其他金融机构在本行的存款。存款增加时记入该科目的贷方，减少时记入该科目的借方。

“存放同业款项”科目是资产类科目，用于核算本行在其他金融机构的存款。存款增加时记入该科目的借方，减少时记入该科目的贷方。

（5）“同业拆入”科目和“拆放同业”科目

“同业拆入”科目是负债类科目，用于核算本行从其他金融机构拆入的款项。款项增加时记入该科目的贷方，减少时记入该科目的借方。

“拆放同业”科目是资产类科目，用于核算本行拆借给其他金融机构的款项。款项增加时记入该科目的借方，减少时记入该科目的贷方。

第二节 商业银行与中央银行往来的核算

一、商业银行与中央银行往来关系及现金业务的核算

商业银行与中央银行往来的流程如图8-1所示。

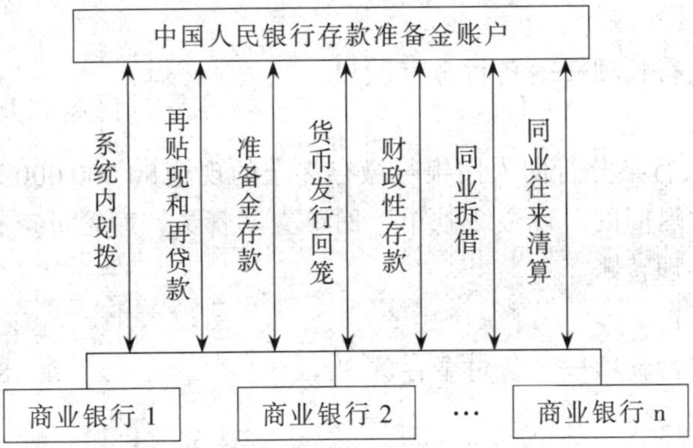

图8-1 商业银行与中央银行往来流程图

1.商业银行与中央银行往来的关系

中国人民银行是国家领导管理全国金融事业的中央银行，它是各商业银行的银行。商业银行在日常经营中，与开户人民银行主要存在如下往来关系：

（1）在当地人民银行开立存款户，将业务资金存入人民银行，与人民银行建立收支往来关系；

（2）商业银行上下级行之间的业务资金调拨，可通过开户人民银行汇拨；

（3）商业银行与其他商业银行的资金清算，要通过人民银行办理；

（4）商业银行的业务现金，要向人民银行发行库或发行保管库办理存取；

（5）商业银行要按规定向人民银行缴存法定的存款准备金；

（6）商业银行可以在核定额度内向人民银行借入资金，商业银行按规定通过人民银行办理资金拆出拆入，再贴现；

（7）商业银行可以接受人民银行的委托，办理人民银行的委托贷款业务等。

2.商业银行与中央银行日常现金往来的核算

为了反映和核算商业银行存入开户人民银行的业务资金收支及结存情况，使用“存放中央银行款项”科目核算。存入资金时记入借方，支取资金时记入贷方，余额在借方，反映商业银行在人民银行的存款资金数额。

（1）向人民银行缴存现金的核算

商业银行转账收入的各项资金主要包括上级行汇拨来的资金、同业行转入的结算资金、同业拆入资金、向开户人民银行借入资金等。

当商业银行向人民银行发行库缴存现金时，由库管员根据现金情况，提出缴存现金数额，填制人民银行“现金入库单”一式两联，根据缴款单填制“现金出库单”一式两联，经出纳负责人和主管行长审查，在出库单上签章，据以办理现金出库手续，将现金和两联缴款单一并交交款人。交款人持单押款到人民银行发行库办理新建缴存手续。

现金缴存后，交款人应立即将人民银行签章退回的“现金缴款单”回单交库管员，库管员审查无误后，一联出库单凭以登记“库存现金登记簿”；另一联出库单连同现金缴款单交出纳人员，出纳人员凭以登记“现金付出日记簿”后，将现金缴款单回单联交会计部门作借方凭证，“现金付出日记簿”和一联出库单作附件据以编制贷方凭证，办理转账。

其会计分录为：

借：存放中央银行款项——备付金存款户

　贷：库存现金

【例8-1】工商银行某分行向人民银行缴存多余的现金80 000 000元，现金缴存后，交款人将人民银行签章退回的“现金缴款单”回单交库管员，库管员审查无误后，交出纳人员，并由会计部门办理转账。

其会计分录如下：

借：存放中央银行款项——备付金存款户　　80 000 000

　贷：库存现金　　80 000 000

（2）从人民银行提取现金的核算

商业银行从开户人民银行存款户转账支取资金，主要包括给下级行调出业务资金、付给同业行结算资金、同业或系统行拆出资金、归还人民银行借款资金等。

商业银行向人民银行发行库提取现金时，由库管员根据库存现金情况，提出提取现金数额，由出纳人员签开本行“现金支票”，经由出纳负责人和主管行长审批同意，在现金支票存根联上签字，由会计主管人员审核，加盖预留人民银行印鉴，交提款人向人民银行发行库提取现金。提款人提取现金时，应当场验看券别，逐捆卡把，点清总数。

现金提回后，应立即交库管员办理现金入库手续。库管员逐捆卡把，清点核对现金无误后，填制“现金入库单”一式两联，一联留存，凭以登记“库存现金登记簿”；一联递交出纳人员，出纳人员根据现金支票存根和入库单登记“现金收入日记簿”，并加盖“现金收讫”章及经办人员名章后，将现金支票存根联交会计部门作贷方记账凭证，另集中编制借方记账凭证，“现金收入日记簿”和一联现金入库凭单作借方凭证附件，办理转账。

其会计分录为：

借：库存现金

　贷：存放中央银行款项——备付金存款户

二、商业银行向中央银行缴存存款的核算

1.缴存存款的种类和规定

（1）种类

向人民银行缴存的存款分为两种：缴存财政性存款和缴存一般性存款。财政性存款是指国家金库款，地方财政存款，中央经费限额支出，部队、机关团体存款，财政部发行的各项国库券款及各项债券款项等。一般性存款是指除财政性存款以外的各项存款，包括企业存款、储蓄存款、信托存款等。

（2）缴存比例

财政性存款的缴存比例为100%；一般性存款的缴存比例根据放松和紧缩银根的需要，中国人民银行随时调整。

（3）缴存行

财政性存款为存款行办理缴存；一般性存款为总行统一办理缴存。

（4）缴存时间

财政性存款：除第一次按规定时间缴存外，城市分支行（包括所属部、处）每旬调整一次，于旬后5日内办理；县支行及其所属处所，每月调整一次，于月后8日内办理。

一般性存款：各商业银行每旬调整一次，于旬后5日内办理，缴存单位为千元，缴存数额通过余额表计算。

2.缴存财政性存款的核算

各商业银行代理财政性存款，需要定期缴存到人民银行，当在人民银行的存款余额低于本行账面余额时，需要调增补缴；当在人民银行的存款余额高于本行账面余额时，需要调减退缴。商业银行第一次向人民银行缴存存款时，应根据有关存款科目余额，填制“缴存存款科目余额表”，并按规定比例计算出应缴存金额，然后分别填制“缴存财政性存款划拨凭证”和“缴存一般性存款划拨凭证”各一式四联。

（1）调增（补缴）财政性存款时，其会计分录为：

借：存放中央银行款项——缴存××人民银行财政性存款户

　贷：存放中央银行款项——备付金存款户

转账后，将划拨凭证的第三、四联签章后与余额表一起送开户人民银行。

（2）调减（退缴）财政性存款时，其会计分录为：

借：存放中央银行款项——备付金存款户

　贷：存放中央银行款项——缴存××人民银行财政性存款户

人民银行规定，如果各商业银行不能及时足额缴存财政性存款，欠缴罚款。其会计分录为：

借：营业外支出——违约金罚款户

　贷：存放中央银行款项——××存款

【例8-2】某行缴存财政性存款科目余额表见表8-1。

表 8-1 **某行缴存财政性存款科目余额表**

××××年7月10日

单位：元

科目代号	余额	科目代号	余额
		位数	位数
261	250 000.00		
262	386 000.00		
296	215 000.00		
468	27 000.00		
合计	878 000.00	合计	

缴存财政性存款划拨凭证见表 8-2。

表 8-2 **缴存（或调整）财政性存款划拨凭证（贷方凭证）**

总字第××号

金额单位：元

<table>
<tr><td rowspan="2">收受银行</td><td>名称</td><td>中国人民银行
××支行</td><td rowspan="2">缴存银行</td><td>名称</td><td>工商银行
××市支行</td></tr>
<tr><td>账号</td><td>××××</td><td>账号</td><td>××××</td></tr>
<tr><td>存款类别</td><td>××××年7月10日</td><td>缴存比例</td><td>应缴存款余额</td><td>存款类别</td><td>××××年7月10日</td></tr>
<tr><td>财政性存款</td><td>878 000.00</td><td>100%</td><td>878 000.00</td><td>财政性存款</td><td>878 000.00</td></tr>
<tr><td colspan="5">1.合计</td><td></td></tr>
<tr><td colspan="5">2.已缴存金额</td><td></td></tr>
<tr><td colspan="5">3.本次应补缴金额（1-2）</td><td></td></tr>
<tr><td colspan="5">4.本次应退回金额（2-1）</td><td></td></tr>
<tr><td colspan="3">上列缴存金额或应补缴和应退回金额，已按规定办理划转</td><td colspan="2">备注：</td><td>会计分录：
科目（借）
对方科目（贷）
会计　复核　记账</td></tr>
</table>

3.缴存一般性存款的核算

法定存款准备金制度是中央银行重要的金融调控手段。它规定商业银行吸收的存款必须按一定比例存入中央银行，一般情况下不能动用。其主要作用在于：限制派生存款，以调节和控制信用规模；扩大商业银行的提存准备，增强资金后备力量。商业银行法定存款准备金的缴存顺序如图 8-2 所示。

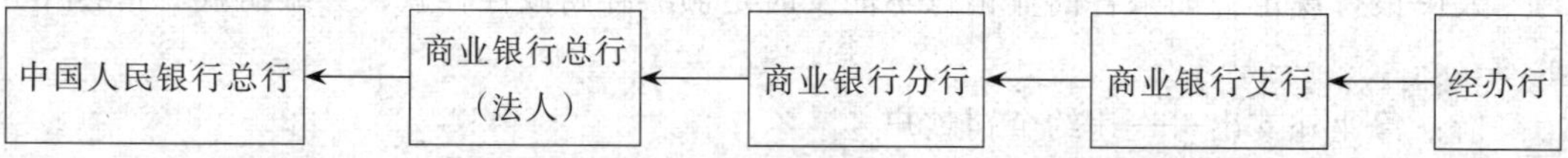

图 8-2 商业银行法定存款准备金的缴存顺序

（1）缴存比例与范围

法定存款准备金的缴存比例由人民银行根据调整和控制信用规模及货币供应量的需要确定，并根据经济与金融发展状况及需要进行调整。

各商业银行应缴存法定存款准备金的一般性存款包括：吸收的机关团体存款、财政预算外存款、单位存款、个人储蓄存款及其他各项存款，商业银行办理的委托、代理业务的负债项目减去资产项目后的贷方余额，如委托存贷款轧差后的贷方余额、代理发行和兑付债券轧差后的贷方余额（代理国债业务轧差后的贷方余额应作为财政性存款）、国家与地方委托贷款基金与贷款轧差的贷方余额等。凡轧差后为借方余额的，视同该缴存款项目为零，不允许以借方余额抵减其他缴存款项目。

（2）法定存款准备金的考核

法定存款准备金是由人民银行按各商业银行的法人统一进行考核，各金融机构法人在人民银行开立的存款账户属于法定存款准备金和备付金合一账户。该账户余额随着法人机构所办理的资金调拨、资金清算、存取现金和其他日常收付的款项不断发生增减变化，同时，各金融机构吸收的一般性存款也随着经营的各项存贷款业务的发生而不断发生增减变化，因此，人民银行应按规定的法定存款准备金缴存范围、比例等进行考核，从而监督各金融机构及时、足额地缴存法定存款准备金。

人民银行对各商业银行法定存款准备金每日进行考核。各商业银行在每日营业终了，自下而上编制一般性存款余额表（见表8-3），由法人统一汇总后报送“法定存款准备金”账户开户的人民银行。同时，每月月末，各商业银行应将汇总的全系统月末日计表报送开户的人民银行。人民银行于每日营业终了按一般性存款余额的一定比例考核法定存款准备金。日间，人民银行要控制“法定存款准备金”账户，不能使其发生透支；日终，该账户余额必须达到法定存款准备金的最低限额。

表8-3 一般性存款余额表

××××年5月8日　　单位：元

科目代号	余额	科目代号	余额
2010	3 860 000.00		
2020	1 500 000.00		
2030	4 210 000.00		
2060	2 220 000.00		
217	1 820 000.00		
2196	3 340 000.00		
合计	16 950 000.00	合计	

【例8-3】按表8-3所示的一般性存款余额情况，假设法定存款准备金率为17%。当日营业终了，该商业银行法人在人民银行开立的“法定存款准备金”账户的余额不得低于2 881 500元。其计算方法为：

法定存款准备金=一般性存款余额表合计数×缴存比例

=16 950 000×17%

=2 881 500（元）

每日日终，人民银行对法定存款准备金进行考核时，如果商业银行法人统一存入人民银行的准备金存款低于规定的缴存金额，人民银行应对其不足的部分处以罚款；商业银行不按时报送一般性存款余额表和按月报送月末日计表的，人民银行应责令其报送，逾期不报送的，人民银行对其处以1万元以上10万元以下的罚款。

【例8-4】工商银行某支行于2019年9月成立，至9月末该银行财政性存款余额为500 000元，一般性存款余额为6 000 000元。9月末该银行第一次办理缴存手续。假设一般性存款缴存比例为8%，则该银行：

应缴存财政性存款=500 000×100%=500 000（元）

应缴存一般性存款=6 000 000×8%=480 000（元）

其会计分录为：

借：存放中央银行款项——财政性存款户　　500 000

　贷：存放中央银行款项——备付金存款户　　500 000

借：存放中央银行款项——准备金存款户　　480 000

　贷：清算资金往来　　480 000

问题：如果是工商银行总行，该如何编制会计分录？

【例8-5】承【例8-4】，本期末，该工商银行某支行财政性存款余额为400 000元，上期期末为500 000元；一般性存款余额为9 000 000元，上期期末为6 000 000元。假设一般性存款缴存比例为8%，则需要调整的缴存存款额计算如下：

应缴存财政性存款=400 000×100%-500 000

=400 000-500 000

=-100 000（元）

其会计分录为：

借：存放中央银行款项——备付金存款户　　100 000

　贷：存放中央银行款项——财政性存款户　　100 000

应缴存一般性存款=9 000 000×8%-480 000

=720 000-480 000

=240 000（元）

其会计分录为：

借：存放中央银行款项——准备金存款户　　240 000

　贷：清算资金往来　　240 000

问题：如果是工商银行总行，该如何编制会计分录？

三、商业银行向中央银行借款的核算

中央银行向商业银行发放的贷款，也称再贷款。它是解决商业银行临时资金不足，发挥中央银行宏观调控作用的工具。向中央银行借款主要用于解决商业银行支付清算的临时头寸不足，分为信用贷款和质押贷款两种。可以作为质押贷款权利凭证的有价证券包括：国库券、人民银行融资券、人民银行特种存款凭证、金融债券和银行承兑汇票等。目前，人民银行对商业银行发放的贷款按期限划分，主要包括年度性贷款、季节性贷款、日拆性贷款和再贴现。

1.贷款发放的核算

商业银行各级行向中央银行申请再贷款时，计划部门应填制一式两份再贷款申请书，报送人民银行计划部门批准。再贷款申请书经人民银行计划部门签批后，商业银行会计部门填制一式五联的借款凭证，在借款凭证上加盖预留印鉴后，提交人民银行办理借款手续。

其会计分录为：

借：存放中央银行款项——存××人民银行存款户

　贷：向中央银行借款——向××人民银行借款户

2.贷款归还的核算

归还贷款时，应正确计算本利和，同时划转款项，其会计分录为：

借：向中央银行借款——向××人民银行借款户

　　金融企业往来支出——向××人民银行借款利息支出户

　贷：存放中央银行款项——存××人民银行存款户

第三节　商业银行往来的核算

一、商业银行往来的概念

同业往来，是商业银行有关跨系统行之间由于办理结算、资金拆借及代理业务等而发生的资金账务往来。其包括同城票据清算、跨系统划款相互转汇和各商业银行之间的资金拆借等往来。

二、同城票据交换（清算）的核算

同城票据交换（清算）示意图如图8-3所示。

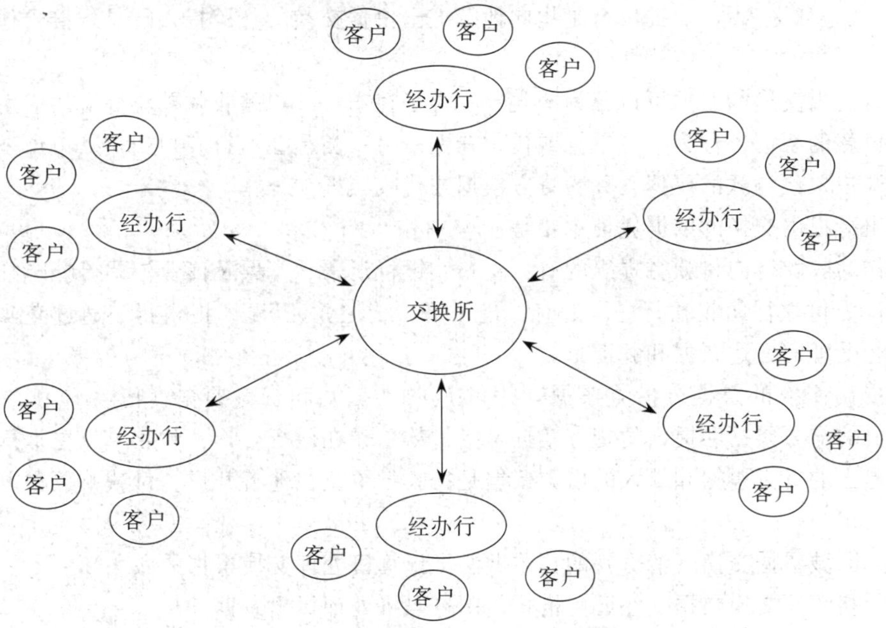

图8-3　同城票据交换（清算）示意图

1.同城票据交换（清算）的概念、作用及组织

(1) 同城票据交换（清算）的概念

同城票据交换，是指同一城市所有商业银行各行将相互代收、代付票据，按照人民银行规定的时间和场次，集中到指定的票据交换所进行交换，当场轧记往来行之间应收应付差额，并由人民银行清算差额资金的一种方法。

(2) 同城票据交换（清算）的作用

在同一城市和毗邻地区范围内由人民银行（或委托银行）统一组织各商业银行进行票据交换（清算）的意义在于：其一，可以加速有关银行间的凭证传递，加速资金周转，提高结算效率；其二，可以简化各商业银行间的往来核算手续，及时清算银行间的往来占款，有利于各行的业务经营。

(3) 同城票据交换（清算）的组织

同城有关商业银行间进行的票据交换（清算），一般由人民银行通过设立票据交换所统一组织；当地没有人民银行机构的，一般由人民银行委托当地某商业银行组织。

参加票据交换（清算）的行一般是同城内的有关商业银行，但交通方便的地区，也可吸收毗邻市县的有关行参加本市的票据交换（清算）。进行票据交换（清算）的具体场次和时间，须根据各地的具体情况而定。一般在大中城市，每天进行两次；在中小城市，每天进行一次。

2.同城票据交换（清算）的基本规定

(1) 对参加交换的行，核定交换号码。参加票据交换的银行营业机构，必须向人民银行交换清算的部门申请交换号码，经审查同意后，核发该行交换号码，并通报全市各参加交换的银行，自哪一天起参加交换。

(2) 确定交换场次和时间。

(3) 票据交换分“提出行”“提入行”两个系统处理，一般参加交换的行，既是“提出行”，又是“提入行”。提出行是指向他行提出票据交换的行；提入行是指接受他行票据的行。

各行提出交换的票据可以分为两类：一类是在本行开户的收款单位提交的应由他行开户单位付款的票据，称为借方票据或代付票据；另一类是在本行开户的付款单位委托本行向他行开户单位付款的票据，称为贷方票据或代收票据。

提出行提出交换的票据凭证主要是：

①作为收款行向付款行提出的有：支票、银行汇票、本票及商业汇票等。

②作为付款行向收款行提出的有：进账单、贷记凭证等。“提入行”通过交换提回应属于本行受理的上述票据和凭证。

③提出交换的票据分借方票据（代付/应收票据）和贷方票据（代收/应付票据）两种。提出的借方票据和提入的贷方票据是指付款单位在他行开户，收款单位在本行开户的票据；提出的贷方票据和提入的借方票据是指收款单位在他行开户，付款单位在本行开户的票据。

(4) 同城票据交换（清算）的具体做法（计算机处理交换票据的做法）。

①严格统一交换票据（凭证）格式，用打码机处理提出票据。

特制统一的交换票据（凭证）。由于这些票据（凭证）仍系签发人手写，为此须经打

码机处理后才能提出交换。

打码机在每张票据（凭证）末端，用磁性油墨打印一行数码。这行数码根据票据和凭证填写的有关要素打印，其中包括：票据号码、交换行号、单位账号、借（贷）方代码及金额五项内容（前三项内容，当支票发售时已予打上），以供计算机输入打制提出交换的逐笔清单。为了便于分批处理提出交换票据（凭证），在每批（不超过100张）打码机处理后，另打制一“批控卡”以控制分批金额。

②填制“交换提出报告单”连同票据（凭证）提出交换。提出行根据“批控卡”的借方（贷方）总额填入“交换提出报告单”，结计合计总数，并与打码机的总数核对相符，连同本场交换提出的全部票据和贷记凭证以及逐笔清单，一并装袋送交换场。

③交换所清分、打印及提回交换凭证。交换场工作人员在柜面与提出交换行送达的票据（凭证）办理交接手续，按规定必须在每场交换规定时间前送达办妥。然后将交换票据（凭证）送交机房，由工作人员陆续投入计算机运行，自动按提回行进行清分、读数，打出明细清单，直至最后把提回票据（凭证）输进各提回行的箱夹，整个交换工作即告完成。

④根据提出、提回票据（凭证）的借、贷方总金额轧计，打制“交换差额报告单”送人民银行营业部门办理转账。

⑤提入行将票据（凭证）处理入账。提入行提回的票据（凭证），通过终端机输入，记入各单位账户，有关票据（凭证）的审核、验印手续，按转账支付核算办理。这批票据（凭证）的输入总金额，应与提回清单的总金额相符，如有差异应逐一查对处理。

（5）同城票据交换的账务处理。

理论上，提出提入的票据（凭证）每笔资金清算都要通过人民银行办理，即逐笔与“存放中央银行款项”科目对转，而实务上却是汇总轧差的一套分录，为使各行与人民银行账务相符，不能直接使用“存放中央银行款项”科目，而需通过相应的过渡科目列账，最终从过渡科目与交换差额以“存放中央银行款项”一笔进行核算。

3.票据交换和差额的会计核算

（1）提出代收票据时：

借：其他应收款——提出交换凭证应收款

　贷：其他应付款——托收票据

（2）提出代付票据时：

借：吸收存款——活期存款——××单位

　贷：其他应付款——提出交换凭证应付款

（3）提回代付票据时，付款单位的存款账户有足够的资金支付票款，则转账分录为：

借：吸收存款——活期存款——××单位

　贷：其他应付款——提回交换凭证应付款

当提回代付票据的付款单位的存款账户无足够资金支付票款或者因为票据要素错误无法支付票款时，应通知退票，此时的转账分录如下：

借：其他应收款——退票户

　贷：其他应付款——提回交换票据应付款

（4）提回代收票据时：

借：其他应付款——托收票据

贷：吸收存款——活期存款——××单位

（5）每次交换终了，轧差清算的会计分录为：

如果本次交换后本行为应收差额，则：

借：存放中央银行款项——备付金存款户

贷：其他应收款

如果本次交换后本行为应付差额，则会计分录与之相反。

【课堂练习8-1】

某行第一场交换提出借方票据金额合计为300 000元，提出贷方票据金额合计为600 000元，提回借方票据金额合计为100 000元，提回贷方票据金额合计为200 000元。

要求：计算应收（应付）差额，编制清算资金的会计分录。

三、异地跨系统汇划款项转汇的核算

1.“先横后直”的转汇方式

该种方式适用于汇出行所在地为双设机构地区，即该地区既有汇出行，又有人民银行或与汇入行相同系统的银行机构。“先横后直”的转汇方式如图8-4所示。

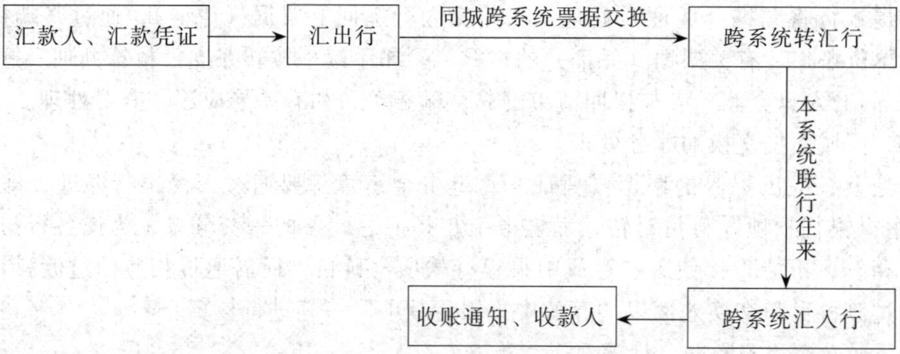

图8-4 “先横后直”的转汇方式

（1）汇出行的账务处理

汇出行根据客户提交的汇款凭证，将不同系统的汇入行逐笔填制转汇清单提交同城跨系统转汇行。

如果是代收款项，则会计分录为：

借：吸收存款——活期存款——××汇款人户

贷：存放中央银行款项

或 贷：同业存放款项——转汇行户

如果贷记“存放中央银行款项”科目，表示汇出行在央行准备金减少，直接通过央行清算，也就是两个系统银行间的实质清算。如果贷记“同业存放款项”科目，表示跨系统转汇行在本行的存款增加，是本行的负债增加。这种债权债务还要进行实质性清算，在进行实质性清算时，会计分录为：

借：同业存放款项——转汇行户

贷：存放中央银行款项

如果是代付款项，则会计分录相反。

（2）转汇行的账务处理

转汇行是本地跨系统的代理行，代理转汇事项。转汇行收到汇出行提交的转汇清单和转划凭证，经审查无误后，应先办理跨系统的清算，或者相互记载同业账户，然后将转汇业务视同本行业务，按照系统内联行的做法，编制联行报单，办理联行业务。

如果是代收款项，其会计分录为：

借：存放中央银行款项

或　借：存放同业款项

　贷：联行往账

如果是代付款项，则做相反的会计分录。

（3）异地汇入行的账务处理

汇入行收到本系统转汇行寄来的联行报单和结算凭证，按系统内联行业务处理。

如果是代收款项，其会计分录为：

借：联行来账

　贷：吸收存款——活期存款——××收款人户

如果是代付款项，则做相反的会计分录。

2.“先直后横”的转汇方式

该种方式适用于汇出行所在地为单设机构地区，而汇入行所在地为双设机构地区。“先直后横”的转汇方式如图8-5所示，其核算方法如图8-6所示。

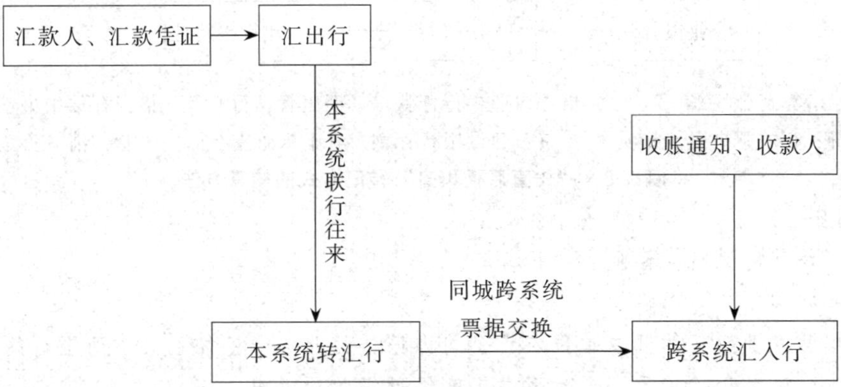

图8-5　“先直后横”的转汇方式

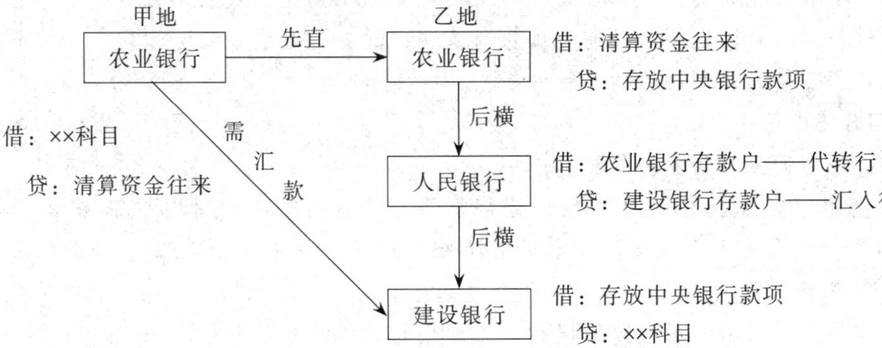

图8-6　“先直后横”转汇方式的核算方法

3.“先直后横再直”的转汇方式

该种方式适用于汇出行所在地和汇入行所在地均为单设机构地区。“先直后横再直”的转汇方式如图8-7所示，其核算方法如图8-8所示。

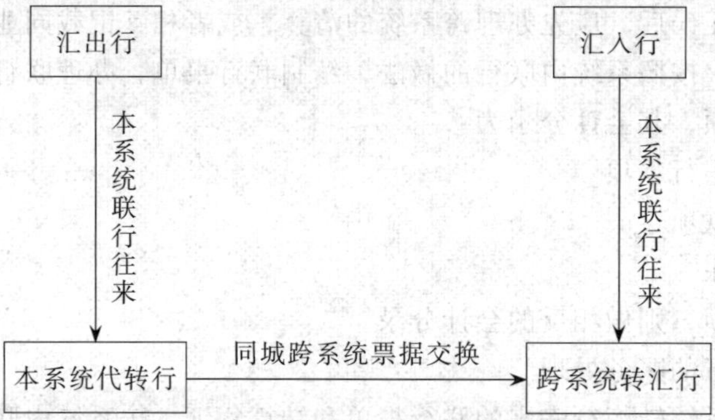

图8-7 “先直后横再直”的转汇方式

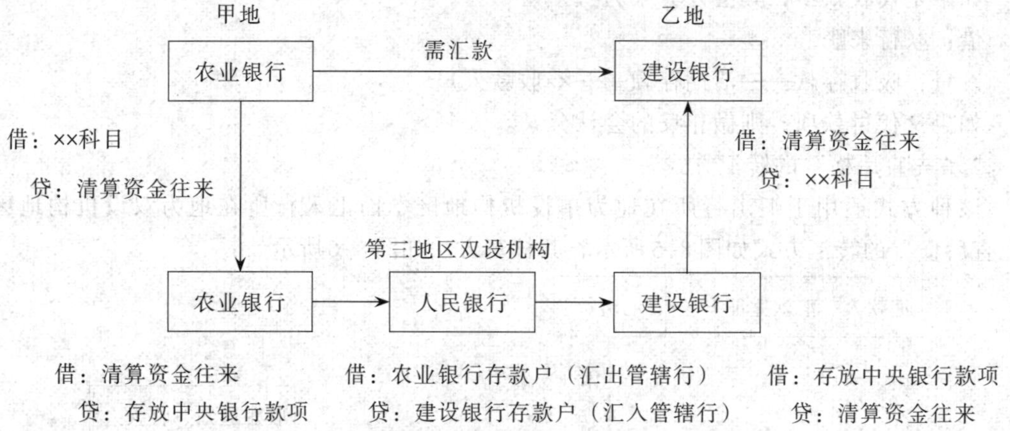

图8-8 “先直后横再直”转汇方式的核算方法

【课堂练习8-2】

目的：练习跨系统转汇业务的核算。

资料：

（1）甲县农业银行的开户单位农机公司办理信汇业务，汇往乙县工商银行的开户单位机械厂，支付货款78 000元，通过甲县工商银行将款项汇出。

（2）甲县农业银行的开户单位纺织印染厂电汇20 000元，收款单位是乙县中国银行开户的技术进出口公司。因当地没有中国银行机构，通知乙县农业银行划转。

要求：根据资料编制相关的会计分录。

【课堂练习8-3】

目的：练习同业拆借业务的核算。

资料：甲市建设银行因季节性资金需求要求于6月11日从本市工商银行拆借资金3 000 000元，经人民银行批准，确定拆借期限为15天，月利率为7.5‰。建设银行6月21日归还拆借资金本息。

要求：根据资料编制甲市建设银行和工商银行的相关会计分录。

四、同业拆借的核算

1.同业拆借的概念

同业拆借是指商业银行之间临时融通资金的一种短期信贷行为，是解决因转汇或票据交换等业务而产生的资金不足的一种有效方法。其特点是拆借时间短，定期归还；拆借资金均要通过双方在人民银行的存款账户办理转账。跨地区拆借资金须报管辖行批准，跨省拆借应报总行审批。

2.同业拆借的会计科目

(1)“拆放同业”科目。该科目属于资产类科目，由拆出行使用。拆出资金时，记入本科目的借方；收回资金时，记入本科目的贷方；余额在借方，表明该行拆出尚未收回的款项。该科目应按拆入行设明细账进行核算。

(2)“同业拆入”科目。该科目属于负债类科目，由拆入行使用。拆入资金时，记入本科目的贷方；归还资金时，记入本科目的借方；余额在贷方，表明该行拆入尚未归还的款项。该科目应按拆出行设明细账进行核算。

(3)“金融企业往来收入/支出”科目。该科目属于损益类科目，用于核算银行间往来利息的收入与支出。收入利息时，记入“金融企业往来收入”科目的贷方；支出利息时，记入“金融企业往来支出”科目的借方。

【实务经验谈8-1】

拆入资金与拆出资金

商业银行拆出资金仅限于交足存款准备金和归还中国人民银行到期贷款之后的闲置资金；而拆入资金，仅用于弥补票据清算、联行汇差头寸不足和解决临时性周转资金的需要，且不得将拆借资金用于弥补信贷收支缺口、扩大贷款规模和直接投资。

为把商业银行的拆借资金风险控制在银行自身可以承受的范围之内，防止短借长用，或把拆借资金用于放款而带来的风险，人民银行规定：商业银行拆出资金余额与各项存款余额之间的比例不能超过4%；拆入资金余额与各项存款（扣除存款准备金/联行存款）余额之间的比例不得超过8%。参加同业拆借的双方必须签订拆借合同，合同内容应包括拆借金额、期限、利率、资金用途和双方的权利义务等。

3.同业拆借的处理（以同城为例）

(1) 资金拆借的核算

①拆出行的核算。拆出行经计划部门批准，与拆入行签订拆借合同后，应签发其在人民银行存款账户的转账支款凭证（一般以转账支票代替），办理转账手续。其会计分录为：

借：拆放同业——拆入行户

　贷：存放中央银行款项——备付金存款户

转账后，将转账支票连同进账单一起交拆入行或开户行（即人民银行）。

②人民银行的核算。人民银行收到拆出行签发的转账支票和进账单，应据以办理转账。其会计分录为：

借：××银行准备金存款（拆出行户）

　贷：××银行准备金存款（拆入行户）

③拆入行的核算。拆入行收到进账单回单联，应据以办理转账。其会计分录为：

借：存放中央银行款项——备付金存款户

　贷：同业拆入——拆出行户

（2）拆借资金归还的核算

①拆入行的核算。

借：同业拆入——拆出行户

　　金融企业往来支出——同业拆借利息支出户

　贷：存放中央银行款项——备付金存款户

转账后，将支票和进账单一起交人民银行。

②人民银行的核算。人民银行收到拆入行签发的转账支票和进账单，应据以办理转账。其会计分录为：

借：××银行准备金存款（拆入行户）

　贷：××银行准备金存款（拆出行户）

转账后，将进账单第一联盖转讫章交拆出行。

③拆出行的核算。拆出行收到进账单回单联，应据以办理转账。其会计分录为：

借：存放中央银行款项——备付金存款户

　贷：金融企业往来收入

　　　拆放同业——拆入行户

【例8-6】某市农业银行因季节性资金需要向同城工商银行拆借资金3 000 000元，经人民银行批准同意办理拆借手续。编制拆借时工商银行、农业银行、人民银行的会计分录如下：

工商银行：

借：拆放同业——农业银行户　　3 000 000

　贷：存放中央银行款项　　3 000 000

农业银行：

借：存放中央银行款项　　3 000 000

　贷：同业拆入——工商银行户　　3 000 000

人民银行：

借：工商银行准备金存款　　3 000 000

　贷：农业银行准备金存款　　3 000 000

【例8-7】承【例8-6】，如果拆借时间为20天，利率为2.1%，到期时农业银行主动归还。编制农业银行、工商银行、人民银行的会计分录如下：

农业银行：

借：同业拆入——工商银行户　　3 003 500

　贷：存放中央银行款项　　3 003 500

工商银行：

借：存放中央银行款项　　3 003 500

　贷：拆放同业——农业银行户　　3 003 500

人民银行：

借：农业银行准备金存款　　3 003 500

　贷：工商银行准备金存款　　3 003 500

【课程思政案例8-1】

中国工商银行鄂州市分行与中国银行鄂州市分行资金拆借合同纠纷

基本案情：

原告：中国银行鄂州市分行（以下简称鄂州中行）

被告：中国工商银行鄂州市分行（以下简称鄂州工行）

1996年2月，鄂州工行房地产信贷部主任熊某（兼任金鹏房地产公司经理）与鄂州中行联系资金拆借事宜，商定先由鄂州中行出面向中国银行蚌埠分行（以下简称蚌埠中行）拆入资金2 000万元，然后借给鄂州工行房地产信贷部和金鹏房地产公司，事成后，将付给鄂州中行10万元好处费。

于是，鄂州中行和蚌埠中行达成协议：鄂州中行从蚌埠中行拆入资金2 000万元，拆借期限自1996年3月12日至1997年3月12日；拆借月利率为13.8‰，利息分三次结算；到偿还期不偿还本息，按日利率0.5‰计算罚息。

1996年3月12日，鄂州中行将蚌埠中行汇到的2 000万元转入鄂州工行房地产信贷部账户，而后转入金鹏房地产公司账户。熊某出具了盖有鄂州工行房地产信贷部印章、面额为2 000万元、未注明期限及利率的大额存单和一份承诺函。该承诺函载明：鄂州中行兑付本息。同年4月5日，鄂州中行与鄂州工行补签一份资金拆借合同，约定：鄂州中行拆借给鄂州工行资金2 000万元，此笔资金由鄂州工行房地产信贷部具体办理、运用，拆借日期为1996年3月12日，拆借月利率为13.8‰，到期未还按日0.5‰计收罚息。双方在该合同上均盖了公章，鄂州工行行长在合同上签了名。鄂州工行在合同签订后向鄂州中行支付了好处费10万元。

1996年9月19日，鄂州中行致函鄂州工行催付到期利息未果，遂向湖北省高级人民法院提起诉讼，请求鄂州工行归还本息，并承担违约金及诉讼费用。法院判决：鄂州工行偿还鄂州中行拆借款本金1 990万元；鄂州工行支付占用该1 990万元的利息给鄂州中行。

思考题：

1.鄂州中行与鄂州工行的资金拆借合同约定的利率、期限等内容违反了哪些规定？

2.到1996年9月19日，鄂州工行应支付多少利息？

分析提示：

鄂州中行与鄂州工行的资金拆借合同约定的“利率为月利率13.8‰，利息分三次结算；到偿还期不偿还本息，按日利率0.5‰计算罚息”不符合商业银行关于利息的规定。

案例中双方商定，1996年2月，鄂州工行房地产信贷部主任熊某（兼任金鹏房地产公司经理）与鄂州中行联系资金拆借事宜，先由鄂州中行出面向蚌埠中行拆入资金2 000万元，然后借给鄂州工行房地产信贷部和金鹏房地产公司，事成后，将付给鄂州中行10万元好处费。这种做法明显不符合规定。

关于利息计算，到1996年9月19日，鄂州工行应支付利息的本金为1 990万元，利率为13.8‰，期限为1996年3月12日到1996年9月19日。

【课程思政案例8-2】

商业银行分支机构提供担保的法律效力

基本案情：

20×6年12月15日，上海光辉有色金属公司（以下称“借款人”）与某国有商业银行

A支行（以下称“贷款银行”）签订借款合同一份。该借款合同约定，贷款银行向借款人贷款人民币2 000万元，借款用途为支付购货款，借款期限自20×6年12月31日至20×7年12月31日，还款方式为按季结息，到期还本，贷款利率为9.34%，保证人与借款人对债务承担连带责任。借款人的经办人找到有关系的某商业银行B支行（以下称“担保银行”），请其为借款提供担保。担保银行在借款合同的担保栏内加盖了公章，并出具了一份承诺书，内容为：上海光辉有色金属公司向某国有商业银行A支行借款2 000万元，期限为1年，如借款到期，借款人未能及时归还贷款本息，B支行负责清偿。次日，贷款银行将2 000万元划入借款人账户。借款期间，借款人没有付息。至还款期满，借款人无力还本。贷款银行多次催讨未果，于20×8年4月3日致函担保银行，要求其还本付息。担保银行内部对该承诺函是否具有担保的法律效力产生了争论，有的认为有效，有的认为无效。

思考题：

商业银行分支机构未经总行授权对外提供的担保是否有效？

分析提示：

实际上，本案的案情相当复杂，我们只是摘取其中部分情节，探讨一下“商业银行分支机构未经总行授权提供保证的法律效力”这一问题。

《民法典》实施前，依照《担保法解释》第十七条的规定，企业法人的分支机构未经法人书面授权提供保证的，担保合同无效。也就是说，分支机构对外担保的，需要公司授权，担保合同才有效。《民法典》实施后，依照《民法典担保制度解释》第七条、第八条的规定，公司对外担保，必须按照《公司法》第十六条的规定，须经股东会或董事会决议，否则，担保无效。也就是说，分支机构在《民法典》实施以后提供担保的，必须经过公司决议，改变了《担保法解释》只需公司授权的规定，条件变得更加严格。

第四节　现代化支付系统

一、现代化支付系统概述

现代化支付系统是中国人民银行按照我国支付清算需要，利用计算机网络和电子通信技术开发建设的，为银行业金融机构和金融市场提供资金清算服务的公共平台。

现代化支付系统主要由大额实时支付系统和小额批量支付系统两个业务应用系统，以及清算账户管理系统和支付管理信息系统两个辅助支持系统组成，建有两级处理中心，即国家处理中心和全国省会城市处理中心及深圳城市处理中心。

二、会计科目与清算账户设置

1.“大（小）额支付往来”科目

该科目用来核算支付系统发起清算行和接收清算行通过大（小）额支付系统办理的支付结算往来款项，余额轧差反映。年终，本科目余额全额转入“支付清算资金往来”科目，余额为零。

2.“支付清算资金往来”科目

该科目用来核算支付系统发起清算行和接收清算行通过大（小）额支付系统办理的支

付结算汇差款项。年终，“大（小）额支付往来”科目余额核对准确后，结转至本科目，余额轧差反映。

三、大额支付系统业务处理

1.大额支付系统的业务范围

大额支付系统是中国人民银行按照我国支付清算需要，利用现代计算机技术和通信网络开发建设，处理同城和异地跨行之间及行内的大额贷记及紧急小额贷记支付业务、人民银行系统的贷记支付业务以及即时转账业务等的应用系统。

大额支付系统的业务范围包括一般大额支付业务、即时转账业务和城市商业银行银行汇票业务。

（1）一般大额支付业务，是由发起行发起，逐笔实时发往国家处理中心，国家处理中心清算资金后，实时转发接收行的业务，具体包括：汇兑、委托收款划回、托收承付划回、中央银行和国库部门办理的资金汇划等。

（2）即时转账业务，是由与支付系统国家处理中心直接连接的特许参与者发起，通过国家处理中心实时清算资金后，通知被借记行和被贷记行的业务，目前主要由中央债权综合业务系统发起。

（3）城市商业银行银行汇票业务，是支付系统为支持中小金融机构结算和通汇而专门设计的支持城市商业银行银行汇票资金的移存和兑付的资金清算业务。

2.大额支付系统的支付流程

总的来说，大额支付系统的支付业务是由付款行或者特许参与者发起，经过清算行、发报城市处理中心、国家处理中心、收报城市处理中心，直至接收清算行收款为止。一般大额支付业务流程图如图8-9所示。

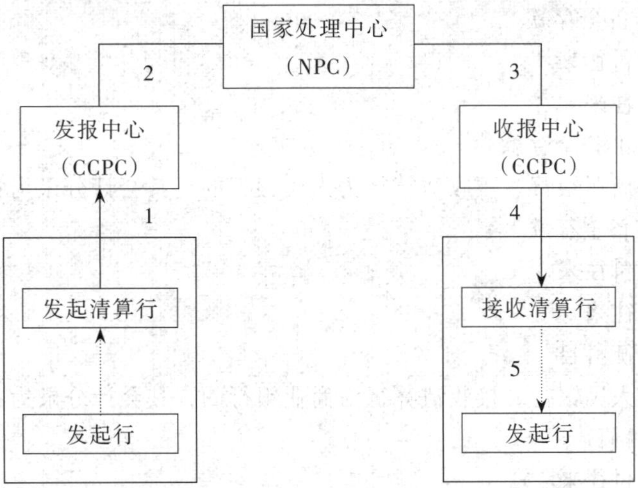

图8-9　一般大额支付业务流程图

大额支付系统涉及的支付机构有以下几种：

付款行：是指付款人的开户银行，可以直接接入银行机构或者代理接入银行机构。

付款清算行：是指付款人开户行所属的直接接入银行机构。

收款行：是指收款人的开户银行，可以是直接接入银行机构或者代理接入银行机构。

收款清算行：是指收款人开户行所属的直接接入银行机构。

发报城市处理中心：是指向国家处理中心转发付款清算行支付信息的城市处理中心（简称CCPC）。

收报城市处理中心：是指向收款清算银行转发国家处理中心支付信息的城市处理中心（简称CCPC）。

国家处理中心：是指接收、转发支付信息，并进行资金清算处理的机构（简称NPC）。

3.大额支付系统业务的会计处理

（1）发起大额支付业务的会计处理

①发起行（发起清算行）的处理。发起行可以为商业银行，也可以为人民银行。发起行业务发生后将支付信息传输给发起清算行，发起清算行将发起行传输来的支付信息与本身发生的支付信息合并后，由操作员录入、复核，自动逐笔加编密押后发送发报中心。

发起清算行为商业银行的，其会计分录为：

借：××科目

　贷：存放中央银行款项

发起清算行为人民银行的，其会计分录为：

借：××科目

　贷：大额支付往来

②发报中心的处理。发报中心收到发起清算行发来的支付信息，将其发送至国家处理中心。

③国家处理中心的处理。国家处理中心收到发报中心发来的支付报文，逐笔确认无误后，分情况进行账务处理。

发起清算行、接收清算行均为商业银行的，其会计分录为：

借：××银行准备金存款

　贷：大额支付往来

借：大额支付往来

　贷：××银行准备金存款

发起清算行为商业银行、接收清算行为人民银行的，其会计分录为：

借：××银行准备金存款

　贷：大额支付往来

借：大额支付往来

　贷：汇总平衡科目

发起清算行为人民银行、接收清算行为商业银行的，其会计分录为：

借：汇总平衡科目

　贷：大额支付往来

借：大额支付往来

　贷：××银行准备金存款

发起清算行、接收清算行均为人民银行的，其会计分录为：

借：汇总平衡科目

　贷：大额支付往来

借：大额支付往来

　贷：汇总平衡科目

发起清算行为商业银行的，其清算账户头寸不足时，国家处理中心将该笔业务进行排队处理。国家处理中心账务处理完成后，将支付信息发往收报中心。

(2) 接收支付信息的处理

①收报中心收到国家处理中心发来的支付信息，确认无误后，逐笔加编密押实时发送至接收清算行。

②接收清算行（接收行）可以为商业银行，也可以为人民银行，收到支付信息后，传输给接收行或对本行业务进行处理。其会计分录为：

借：存放中央银行款项

　贷：××科目

四、小额支付系统业务处理

1.小额支付系统的业务范围

(1) 普通贷记业务，是指付款人通过其开户银行办理的主动付款业务，主要包括金额2万元以下的汇兑、委托收款（划回）、托收承付（划回）、网上银行支付以及财税库汇划等业务。

(2) 普通借记业务，是指收款人通过其开户银行向付款人开户银行主动发起的收款业务，包括人民银行机构间的借记业务、国库借记汇划业务和支票截留业务等。

(3) 定期贷记业务，是指付款人开户银行依据当事各方事先签订的合同，定期向指定的收款人开户银行发起的批量付款业务，如代付工资、养老金、保险金、国库各类款项的批量划拨等。

(4) 定期借记业务，是指收款人开户银行依据当事各方事先签订的合同，定期向指定的付款人开户银行发起的批量收款业务，如收款人委托其开户银行收取水、电、煤气等公用事业费用。

(5) 实时贷记业务，是指付款人委托其开户银行发起的，将确定款项实时划拨到指定收款人账户的业务，主要包括国库实时缴税、跨行个人储蓄通存等业务。

(6) 实时借记业务，是指收款人委托其开户银行发起的，从指定付款人账户实时扣收确定款项的业务，主要包括国库实时扣税、跨行个人储蓄通兑等业务。

2.小额支付系统的支付流程

小额支付系统的支付业务总体上可以分为贷记类业务、借记类业务和其他类支付业务，下面将分别对前两类业务进行说明。

(1) 贷记类业务

贷记类业务是指由付款人向收款人主动发起的付款业务，包括普通贷记、定期贷记和实时贷记三种业务。根据业务处理周期的不同，小额支付系统的贷记业务又可以分为实时处理和批量处理两种模式。其中，实时贷记业务采用实时处理模式，普通贷记和定期贷记采用批量处理模式。

①普通贷记业务。

A.付款（清算）行的处理：

银行业金融机构发起业务的处理：付款（清算）行根据客户提交的普通贷记凭证，审核无误后进行账务处理。完成账务处理后，付款（清算）行行内业务处理系统将数据组包自动发给前置机。前置机对提交的业务按收款清算行组包并加编地方密押后发送至发报城市处理中心。

中国人民银行发起业务的处理：人民银行会计营业部门和国库部门进行账务处理后，分别在中央银行会计集中核算系统（ABS）和国家金库会计核算系统（TBS）按收款清算行组包后，加编地方密押后发送至发报城市处理中心。

B.付款清算行CCPC的处理：

付款清算行CCPC收到业务包后，进行检查。CCPC对检查无误的同城业务转发收款清算行；检查未通过的，将业务包返回付款清算行。CCPC对检查无误的异地业务加编全国密押后转发国家处理中心。

C.国家处理中心的处理：

国家处理中心收到业务包后，进行合法性检查。检查通过的，转发收款清算行CCPC；未通过的，将业务包返回付款清算行CCPC。

D.收款清算行CCPC的处理：

收款清算行CCPC收到国家处理中心发来的业务包，核验无误后，加编地方密押转发收款清算行。

E.收款（清算）行的处理：

银行业金融机构接收业务的处理：银行行内业务处理系统前置机收到CCPC发来的业务包，逐包确认并审核地方密押无误后，发送至行内系统拆包，并立即进行账务处理。

人民银行接收业务的处理：ABS和TBS收到CCPC发来的业务包，逐包确认并审核地方密押无误后，进行相应的账务处理。

②定期贷记业务。

定期贷记业务是由付款清算行发起的。办理定期贷记业务前，付款（清算）行需要与企业签订双方合同。定期贷记业务与普通贷记业务的处理流程基本一致，差别在于普通贷记业务是单个付款人付给单个收款人；定期贷记业务为签订协议各方定期发生的批量付款，是单个付款人付给多个收款人。

③实时贷记业务。

实时贷记业务分为发起实时业务的处理和实时业务回执的处理两个阶段。在发起实时业务的处理阶段，付款（清算）行根据客户提交的实时贷记凭证，按实时贷记业务报文单笔组包加编密押，经由CCPC转发给收款清算行。在实时回执阶段，收款（清算）行对实时贷记业务的收款人账号、户名进行检查，并将受理成功或拒绝受理的实时业务回执包返回CCPC。收款行、CCPC、国家处理中心、付款清算行的其他业务处理流程比照普通贷记业务处理流程处理。

（2）借记类业务

借记类业务是指由收款人向付款人主动发起的收款业务，包括普通借记、定期借记和实时借记三种业务。根据业务处理周期的不同，小额支付系统的借记业务又可以分为实时处理和批量处理两种模式。

①普通借记业务。

A.发起借记业务的处理：

a.收款（清算）行的处理：

银行业金融机构发起业务的处理：收款（清算）行根据客户提交的普通借记凭证，确定每笔业务的借记回执信息最长返回时间，按相同的时间和付款清算行组包后发送前置机。前置机检查无误并加编地方密押后发送至CCPC。

中国人民银行发起业务的处理：ABS和TBS对需要发起的借记业务，确定每笔业务的借记回执信息最长返回时间，按相同的时间和付款清算行组包后，加编地方密押发送至CCPC。

b.收款清算行CCPC的处理：收款清算行CCPC收到业务包，经审核无误后对同城业务转发付款清算行，对异地业务加编全国密押后发送国家处理中心。

c.国家处理中心的处理：国家处理中心收到业务包，经检查无误后将业务包转发付款清算行CCPC。

d.付款清算行CCPC的处理：付款清算行收到国家处理中心发来的支付业务，经审核无误后转发付款（清算）行。

e.付款（清算）行的处理：

银行业金融机构接收业务的处理：付款（清算）行收到业务包，逐包确认审核，确认无误后发送至行内业务处理系统拆包和处理。

中国人民银行接收业务的处理：ABS和TBS收到业务包，逐包确认并审核，确认无误后拆包进行相应处理。

B.借记业务回执的处理：

付款（清算）行收到借记业务后，检查协议，执行扣款，并返回借记业务回执包，由前置机将回执包加编地方密押后发送付款清算行CCPC，然后同城业务再转发收款清算行；异地业务回执包加编全国密押后发往国家处理中心。国家处理中心转发收款清算行CCPC。收款清算行CCPC核验后转发收款（清算）行，然后发送至行内业务处理系统并立即进行账务处理。

②定期借记业务。

办理定期借记业务前，付款（清算）行、付款人、收费单位需要签订办理代扣某类费用的三方合同。定期借记业务分为发起业务阶段和处理借记回执阶段。在发起业务阶段，收款（清算）行接收费用单位提交的业务数据，经检查无误后按同一付款清算行、同一收款人、同一业务种类、同一借记回执信息最长返回时间组包。定期借记业务与普通借记业务的区别是，普通借记业务是单个收款人向单个付款人收款，而定期借记业务则是单个收款人向多个付款人收款。其他的支付流程，两者是相同的。

③实时借记业务。

收款（清算）行根据客户提交的实时借记业务凭证，按实时借记业务报文单笔组包。付款（清算）行对扣款成功或失败的需实时返回受理成功或拒绝受理的回执包。收款（清算）行、CCPC、国家处理中心、付款（清算）行的其他业务处理流程比照普通借记业务处理流程处理。

3.小额支付系统业务的会计处理

（1）普通贷记业务

贷记业务回执的处理：

①付款（清算）行的处理：

借：××存款

贷：待清算支付款项

②收款（清算）行的处理：

借：待清算支付款项

贷：××存款

付款（清算）行、收款（清算）行收到已清算通知的处理：

①付款（清算）行的处理：

借：待清算支付款项

贷：存放中央银行款项

②收款（清算）行的处理：

借：存放中央银行款项

贷：待清算支付款项

（2）普通借记业务

借记业务回执的处理：

①付款（清算）行的处理：

借：××存款

贷：待清算支付款项

②收款（清算）行的处理：

借：待清算支付款项

贷：××存款

付款（清算）行、收款（清算）行收到已清算通知的处理：

①付款（清算）行的处理：

借：待清算支付款项

贷：存放中央银行款项

②收款（清算）行的处理：

借：存放中央银行款项

贷：待清算支付款项

第五节　电子银行

随着当前网络信息技术的深入发展和金融市场的日益创新，电子银行业务已逐渐成为各大银行发展的焦点。电子银行依靠先进的网络信息、电子技术，为客户提供自助式金融服务，主要包括网上银行、自助银行、电话银行、手机银行等类型。随着网络技术的广泛应用及消费金融的日渐兴起，电子银行业不但通过创新消费模式拓展出全新的市场空间，而且逐渐对传统金融服务业形成不可忽视的冲击。为满足广大客户的需求，适应国际金融业的发展趋势，各商业银行都非常重视电子银行业务的发展。

一、POS业务

POS（销售点终端）是指具有通信功能，能够接收银行卡信息，并接收收银员的指令而完成金融交易信息和有关信息交换的设备。

（一）收单账户的规定

1.非个体工商户不得使用个人银行结算账户作为收单账户。

2.个体工商户原则上应使用凭营业执照以字号或经营者姓名开立的单位银行结算账户作为收单账户。

3.对于无法提供单位银行结算账户的小商户，允许使用个人银行结算账户作为收单账户，但不得受理信用卡。

（二）POS消费

POS消费是特约商户在出售商品或提供服务时，通过POS终端渠道完成消费者用卡付款的过程。会计分录如下：

借：个人借记卡存款

　贷：清算资金往来——银联资金往来

借：清算资金往来——银联资金往来

　贷：手续费收入

预授权是特约用户通过POS终端，根据持卡人预计支付金额向发卡机构索取付款承诺的过程。预授权完成是指特约商户对已取得预授权的交易，在预授权金额或超过预授权金额一定比例的范围内，通过POS等终端或手工方式完成持卡人付款的过程。会计分录同POS消费。

二、网上银行业务

网上银行是指以互联网为主要媒介，为客户提供账户查询、转账结算、在线支付等金融服务的电子银行业务。网上银行业务包括企业网上银行业务和个人网上银行业务。

（一）企业网上银行业务

企业网上银行业务是指银行通过互联网或专线网络，为企业客户提供账户查询、转账结算、在线支付等金融服务的网上银行业务。

企业网上银行业务主要包括定向汇款、网上外汇汇款、网上收款、集团理财、网上信用证、网上通知存款、网上协定存款、网上基金、国债、网上银行贵宾室、网上支付结算代理、网上代缴学费、银企互联、企业财务室、网上企业年金、网上委托贷款、网上票据、网上信息应答、定期存款、在线缴费、网上银财通等业务。

（二）个人网上银行业务

个人网上银行业务是指通过银行互联网，为个人客户提供账户查询、转账汇款、投资理财、在线支付等金融服务的网上银行业务。

三、电话银行

电话银行是指使用计算机电话集成技术，利用电话自助语音服务和人工服务方式为客户提供业务咨询、账户查询、转账汇款、投资理财、代理业务等金融服务的电子银行业务。银行使用统一的电话号码，提供24小时对外服务。电话银行业务包括个人转账业务、个人行内汇款业务、基金业务、国债业务、外汇买卖业务、黄金业务、银企转账业务等。

自助语音服务是指客户按照电话银行语音提示，通过电话键盘选择服务功能，并输入业务处理所需要的各项数据，自助完成业务处理的服务方式。人工服务是指由业务代表通过电话为客户提供业务咨询、代客操作等服务的方式。电话银行客户按客户类型不同分为个人客户和企业客户；按注册方式不同分为自助注册客户和柜面注册客户；按注册卡类型不同分为信用卡客户和非信用卡客户。个人电话银行业务根据客户类型、注册方式、注册卡类型和申请项目的不同，为客户提供相应业务功能。企业电话银行业务包括账户服务、传真服务、客户服务、金融信息、票据业务、企业年金业务等。

四、手机银行

手机银行业务包括手机银行短信业务、手机银行STK业务等。

手机银行短信业务是指银行按照客户通过手机发送的短信指令，为客户办理查询、转账、汇款、捐款、消费、缴费等业务，并将交易结果以短信方式通知客户的金融服务方式。

手机银行STK业务是指银行通过移动通信网络，为具有专用STK卡的手机客户提供账户查询、转账、缴费付款等金融服务的电子银行业务。

【本章小结】

金融机构往来，是指银行与银行之间或银行与非银行金融机构之间由于资金融通、调拨、汇划款项而引起的资金账务往来。金融机构往来包括商业银行与中央银行间的业务往来，商业银行跨系统间的业务往来，以及商业银行系统内部的业务往来。商业银行与中央银行往来业务主要包括：向中央银行缴存（调整）法定存款准备金、备付金存款、向中央银行借款、同业拆借资金及代理财政性存款等。联行往来是同一系统银行各分支机构间的账务往来，而金融机构往来则是跨系统的、不同银行间的账务往来。

【复习思考题】

一、单项选择题

1.下列关于同城票据交换业务的说法，错误的是（　　）。

A.参与者是同城的商业银行和人民银行

B.有规定的时间和场次

C.有集中交换的场所

D.不能当场轧计出差额

2.拆入行的应计利息应记入（　　）科目。

A.“利息收入”　　B.“利息支出”

C.“金融企业往来收入”　　D.“金融企业往来支出”

3.同业拆借一般不允许超过（　　）天。

A.1　　B.7　　C.30　　D.180

4.如果汇出地为单设机构，而汇入地为双设机构，则可以采取（　　）的转汇方式。

A.“先直后横”　　B.“先横后直”

C.“先直后横再直”　　D.以上都可以

5.商业银行在中央银行开立的存款账户，其中可以用来办理清算的账户是（　　）。

A.法定存款准备金　　B.缴存财政性存款户

C.备付金账户　　D.再贷款户

6.财政性存款的缴存比例为（　　）。

A.6%　　B.10%　　C.50%　　D.100%

7.商业银行同业拆入的资金可以用于（　　）。

A.弥补信贷收支缺口　　B.扩大信贷规模

C.投资债券　　D.弥补清算头寸缺口

8.下列关于同城票据交换业务的说法，错误的是（　　）。

A.参与者是同城的商业银行和中国人民银行

B.有规定的时间和场次

C.有集中交换场所

D.不能当场轧计出差额

9.下列不属于财政性存款的缴存范围的是（　　）。

A.国家金库款轧减中央经费限额支出数

B.待结算财政款项轧减借方数

C.财政发行的国库券款项

D.财政预算外存款

10.下列不属于异地跨系统转汇的方式有（　　）。

A.“先横后直”　　B.“先直后横”

C.“先横后直再横”　　D.“先直后横再直”

11.下列不属于商业银行同中国人民银行往来的业务主要有（　　）。

A.缴存存款　　B.提取现金

C.借入长期借款　　D.借入短期借款

12.在下列选项中，不需要通过大额实时支付系统完成资金汇划的是（　　）。

A.2万元以上的同行异地支付业务　　B.2万元以下的跨行同城支付业务

C.2万元以上的跨行异地支付业务　　D.2万元小额紧急异地支付业务

二、业务处理题

1.甲地、乙地、丙地各银行发生转汇业务如下：

（1）甲地某中国银行开户单位蓝天公司电汇乙地某工商银行开户单位常青茶叶供销公司茶叶款55 000元，汇出地为双设机构地区，采取“先横后直”的划款方式。

（2）甲地工商银行开户单位纺织厂电汇7 000元，收款单位是在中国银行丙地支行开户的技术进出口公司，通过中国工商银行丙地支行转汇。

要求：根据上述资料分别编制汇出行、转汇行、汇入行的相关会计分录。

2.上海市工商银行虹口支行向上海市建设银行徐汇支行拆借资金2 000 000元，1个月期满时还本付息（假定拆借利率为每月4‰）。

要求：根据上述资料编制上海市建设银行和工商银行的相关会计分录。

3.工商银行某市支行与人民银行发生的往来业务如下：

（1）工商银行某市支行3月18日向人民银行申请季节性贷款，金额为450万元，期限为3个月，贷款月利率为6‰。经人民银行审查同意，办理贷款发放手续。5月23日，工商银行提前归还贷款250万元，其余200万元和利息于到期日6月18日全部归还。

（2）工商银行某市支行5月10日持未到期的商业承兑汇票向人民银行申请再贴现，汇票面额为15万元，汇票于6月23日到期，经人民银行审查后同意办理（再贴现率为6‰）。

（3）工商银行某市支行签发现金支票，向开户的人民银行提取现金30万元，人民银行审核无误后，从其存款账户中支付。

要求：根据上述资料编制工商银行的相关会计分录。

4.8月2日，工商银行、农业银行的第一次票据交换情况如下：

（1）工商银行提出转账支票12张，金额为67 441元；提出进账单4张，金额为11 021元；提入转账支票7张，金额为41 200元；提入进账单2张，金额为8 456元。

（2）农业银行提出转账支票9张，金额为59 784元；提出进账单5张，金额为39 004元；提入支票10张，金额为72 097元；提入进账单6张，金额为27 900元。

假设：票据交换后在统一规定入账时间内入账，未发生退票；参加交换的行均在人民银行开立账户，且均有足够资金清算票据交换差额。

要求：根据上述资料分别计算工商银行、农业银行的应收金额、应付金额和交换差额并编制其相关会计分录。

5.某支行缴存款情况如下：

（1）某支行缴存款每旬调整一次，6月5日调整后余额如下：

“缴存中央银行财政性存款”科目余额123 940 000元；

“缴存中央银行一般性存款”科目余额66 191 000元。

（2）该支行6月10日、20日各种存款余额见表8-4。

表8-4 **某支行各种存款余额表** 单位：元

项目	6月10日余额	6月20日余额
1.财政性存款	112 527 000.00	136 308 000.00
2.企业存款	812 350 000.00	704 010 000.00
3.储蓄存款	40 120 000.00	42 040 000.00

（3）缴存比例为：财政性存款100%；其他存款6%。

要求：根据上述资料做出某支行6月上旬、中旬调整缴存财政性存款的会计分录，并填制6月上旬一般性存款划拨凭证。

三、综合题

（1）工商银行通过同城票据交换所收回贴现票款300 000元。

要求：办理转账手续。

（2）农业银行签发转账支票，归还向工商银行拆借的资金1 200 000元，利息为21 600元。

要求：编制农业银行、工商银行的会计分录。

（3）长春建设银行的开户单位机车厂办理电汇业务，汇往在黑山工商银行开户的机械厂用以支付货款，金额为150 000元，通过同城工商银行将款汇出。

要求：编制汇出建设银行、同城工商银行及汇入行黑山工商银行的会计分录。

（4）某市农业银行因季节性需要向同城工商银行拆借资金300 000元，经人民银行批准，同意办理拆借手续。

要求：编制市农行、市工行的会计分录。

（5）自由大路分理处12月9日第一场交换提出、提回票据情况如下：提出应借票据76张，金额为314 657.38元；提出应贷票据47张，金额为162 469.52元；提回应借票据68张，金额为230 365.27元；提回应贷票据34张，金额为184 358.30元。

要求：计算同城票据清算差额并编制会计分录。

（6）建设银行11月28日向人民银行缴存（或调整）11月11日至20日的一般性存款，11月20日一般性存款余额为40 357 000元，11月15日已缴存款余额为3 100 000元，缴存比例为6%。

要求：计算应调整缴存存款金额。

第九章　损益及权益类的核算

【学习目标】

理论目标：(1) 了解银行收入、费用、利润的含义及构成；(2) 了解所有者权益的概念及构成；(3) 明确商业银行利润的形成与分配。

实践目标：掌握各项业务的核算方法。

【课程思政案例 9-1】

中国建设银行年度业绩报告

2022 年 3 月 29 日，中国建设银行股份有限公司（股票代码 SH：601939；HK：00939）（简称建设银行）公布 2021 年年度经营业绩。公告显示，截至 2021 年 12 月 31 日，按照国际财务报告准则，建设银行资产总额为人民币 302 539.79 亿元，较上年增长 7.54%；实现税前利润为人民币 3 784.12 亿元，较上年增长 12.31%；净利润为人民币 3 025.13 亿元，较上年增长 11.09%；平均资产回报率和平均股东权益回报率分别为 1.04% 和 12.55%；得益于良好的业绩表现，董事会建议派发末期现金股息，每股为人民币 0.364 元。

商业银行作为特殊的经济实体，因为其经营存款、贷款业务，风险也比其他行业高，为了增强自身抗风险的能力，保障客户与自身的利益，会计上就多出了一份"一般风险准备"。商业银行所有者权益的核算，主要围绕实收资本、资本公积、盈余公积、一般风险准备、利润的形成与分配等方面来进行。

资料来源：中国建设银行年度报告.

问题：

1. 银行业的主要收入和费用有哪些？

2. 分析建设银行利润增长的原因。

第一节　收入的核算

一、收入的含义及特点

1. 收入的含义

收入是指银行在日常活动中形成的、会导致所有者权益增加的、与所有者投入资本无关的经济利益总流入。收入必须是在商业银行日常活动中所取得的，不包括为第三方或者客户代收的款项。日常活动是指商业银行为完成经营目标而从事的所有活动，如贷款业务、结算业务、资金拆借业务、外汇买卖业务等。与这些业务相对应，银行的收入主要包括利息收入、手续费收入、金融企业往来收入、汇兑收益等。

除日常业务以外所取得的收益通常称为利得，是商业银行偶然发生交易或事项的结果，如处置固定资产所取得的收益等。利得属于不需要经过经营过程而取得的收益或不曾预期的收益，与主营业务收入相比，利得的可持续性较差。

2.收入的特点

（1）收入必须能够以货币计量。只有能够以货币计量才能为收入的确认、计量、记录和报告提供准确依据，便于与为取得收入而发生的费用进行合理配比，从而确定当期的经营成果。

（2）收入可能表现为银行资产的增加（如增加应收手续费等），也可能表现为负债的减少。由于“资产-负债=所有者权益”，银行收入的取得一定能够增加所有者权益。收入的这一特征，既反映了其经济属性，同时也表明了它在银行经营活动中的地位。

（3）收入只包括本银行经济利益的流入，不包括为第三方或客户代收的款项，如商业银行代理委托贷款企业收取的利息。代收款项一方面增加银行的资产，另一方面增加银行的负债，因此并不会增加银行的所有者权益，不属于银行的经济利益，不属于银行的收入。

广义的银行收入包括营业收入和营业外收入。我们通常所指的收入即营业收入。

二、收入的会计处理

一般来说，银行核算营业收入的增减变动情况，要设置“利息收入”、“手续费及佣金收入”、“投资收益”、“汇兑损益”和“其他业务收入”等科目，并在每一个科目下进一步设置明细科目，进行分类核算。

收入项下的各科目属于损益类科目，收入增加时记入科目的贷方；余额在贷方，期末结转后，该类科目无余额。

1.利息收入

利息收入是指商业银行根据收入准则确认的收入，包括发放各类贷款（银团贷款、贸易融资、贴现和转贴现融出资金、协议透支、信用卡透支和垫款等）、与其他金融机构（中央银行、同业等）之间发生资金往来业务、买入返售金融资产等所取得的利息收入等。利息收入应按照他人使用本行货币资金的时间和实际利率计算确定。

“利息收入”科目按照业务类别进行明细核算。资产负债表日，银行应按依据合同约定的名义利率计算确定的应收未收利息，借记“应收利息”科目；按依据摊余成本和实际利率计算确定的利息收入，贷记“利息收入”科目；其差额记入“贷款——利息调整”科目。

2.手续费及佣金收入

手续费及佣金收入是指商业银行根据收入准则确认的手续费及佣金收入，包括结算业务收入、委托业务及代理业务手续费收入、国债手续费收入、银行卡业务收入、电子银行业务收入等。

银行应设置“手续费及佣金收入”科目对该业务进行核算，按照手续费及佣金收入的类别设置明细科目进行明细分类核算。手续费收入应该在收入获取的期间内确认，一般采取当时收取和定期汇总计收两种方式，其会计分录为：

确认手续费及佣金收入时：

借：应收账款（代理承销证券款等）

　　贷：手续费及佣金收入

实际收到手续费及佣金时：

借：存放中央银行款项

　贷：应收账款

3.投资收益

投资收益包括银行在相关法规允许的范围内，通过购买有价证券或以现金、实物、无形资产对外投资所获得的收益，包括衍生工具投资收益、交易性金融资产投资收益、长期股权投资收益等。根据《企业会计准则第22号——金融工具确认和计量》的有关规定，投资的金融资产可以分为三类：第一类是以摊余成本计量的金融资产。这类金融资产的持有目的是按照本金收取利息，到期收回本金，中途不涉及买卖，按照成本计价，利息计入当期损益，不考虑公允价值变动，一般购买债券属于这类；第二类是以公允价值计量且其变动计入其他综合收益的金融资产。这类与上一类的区别就是中途可能会出售，所以需要按照公允价值计量，但是买卖的不确定性导致公允价值的变动不会计入当期损益，而是计入其他综合收益，不会影响利润表数据，一般包括其他债权投资和其他权益工具投资；第三类是以公允价值计量且其变动计入当期损益的金融资产。这类金融资产的持有目的就是等到价格上涨就出售赚取收益，所以公允价值变动直接计入当期损益，影响利润表，一般指交易性金融资产。划分这三类金融资产时，第一要看合同现金流量特征，是要求本金+利息，还是赚取买卖的价差；第二要看管理的业务模式，是准备持有到期还是准备出售。

银行应设置“投资收益”科目进行核算，按照投资种类和接受投资单位设立明细科目进行明细分类核算。当获得投资收益时，其会计分录为：

借：存放中央银行款项

　贷：投资收益

4.汇兑损益

汇兑损益是商业银行经营结售汇、外汇买卖、外币兑换等业务所发生的收入。在外汇分账制的会计处理方法下，银行的外汇买卖及兑换业务通过“外汇买卖”科目进行核算，该科目按币种设置明细账。期末确认损益时，如果外汇买卖账户人民币金额在贷方，则表明是汇兑收益。“汇兑损益”与“外汇买卖”科目对转的会计分录为：

借：外汇买卖

　贷：汇兑损益

5.其他业务收入

其他业务收入是指银行经营的除贷款、投资、结算、代理、外汇买卖以及金融机构往来以外的其他营业收入，如贵金属买卖收入、租赁收入等。发生其他业务收入时，一般的会计分录为：

借：库存现金（或其他相关科目）

　贷：其他业务收入

第二节　成本和费用的核算

一、费用的含义及特征

费用是指银行在日常活动中发生的、会导致所有者权益减少的、与向所有者分配利润无关的经济利益的总流出。费用有广义和狭义之分。广义的费用泛指各种日常活动发生的所有耗费；狭义的费用仅指与本期营业收入相配比的那部分耗费。

费用具有以下两个基本特征：

（1）费用是从银行日常活动中产生的，而不是从偶发的交易或事项中产生的，如固定资产处置支出，就不属于银行的费用，而是营业外支出。这一特征与收入是相对应的。

（2）费用的发生会导致银行经济利益流出，最终将减少企业的资源，也将减少企业的所有者权益，这与收入导致所有者权益增加恰恰相反。

因此，银行在计量经营成果时，必须使收入与费用合理配比，准确地反映企业当期的经营成果。

二、费用的会计处理

1.营业成本

（1）利息支出

利息支出是商业银行以负债形式筹集资金所支付给债权人的利息费用，包括吸收公众存款、发行金融债券、办理票据的转贴现和再贴现支出的利息费用。利息支出必须按照国家规定的适用利率分档次计算。“利息支出”科目根据利息支出的种类设置明细账。

借：利息支出

　贷：应付利息（或吸收存款）

（2）手续费及佣金支出

手续费及佣金支出是指银行委托其他单位代办业务而支付的费用，如代办储蓄手续费支出、国债手续费支出、票据交换手续费支出等。“手续费及佣金支出”科目按照手续费及佣金的种类设置明细账。发生手续费及佣金支出的会计分录为：

借：手续费及佣金支出——××支出户

　贷：存放中央银行款项

2.业务及管理费用

业务及管理费用是银行在业务经营及管理工作中发生的各种费用，涉及众多项目，根据重要性的不同分类，下面对主要项目的核算做简要的介绍。

（1）职工费用的核算

职工费用是指商业银行应付本行职工的工资、奖金（绩效工资）、各项福利、各项社会保险等所有支出。其中，商业银行根据有关法律、法规和政策的规定，为职工缴纳的基本医疗保险、基本养老保险、失业保险等社会保险费用，应当据实列入成本（费用）。

职工工资是指在职职工的工资、奖金、津贴和补贴，通过“应付职工薪酬”科目核算。银行每月按照规定的开支渠道，将本月应发放的工资按照不同的开支项目进行分配，编制“工资分配表”，据以编制记账凭证，其会计分录为：

借：业务及管理费用——职工工资

　贷：应付职工薪酬

（2）固定资产折旧和无形资产摊销

固定资产折旧费是银行各项固定资产按照规定的折旧年限和折旧方法计提的应计入当期损益的折旧费用。固定资产折旧费一般按照固定资产的类别设置明细科目进行核算，其会计分录为：

借：业务及管理费用——折旧费

　贷：累计折旧

使用寿命有限的无形资产需要在一定的期限内摊销，当期摊销无形资产的会计分录为：

借：业务及管理费用——无形资产摊销

　贷：累计摊销

使用寿命不确定或使用寿命无限的无形资产不需要摊销，只需要定期进行减值测试，如果发生减值则需要计提减值准备，计提的减值准备计入当期损益，其会计分录为：

借：资产减值损失——无形资产减值准备

　贷：无形资产减值准备

（3）业务管理费

业务管理费是银行在业务经营和管理过程中发生的、除人员费用之外的各项费用支出。业务管理费用应按照费用项目设置明细账户进行明细核算。业务管理费用的具体会计核算应遵循权责发生制和配比原则，在各项支出的收益期内计入当期损益。

3.税金及附加

按照国家税法的规定，银行应向国家税务机关缴纳的各项税费包括增值税、城市维护建设税、教育费附加等附加税费。

银行在季末计提城市维护建设税时，其会计分录为：

借：税金及附加

　贷：应交税费——应交城市维护建设税

计提教育费附加时，其会计分录为：

借：税金及附加

　贷：应交税费——应交教育费附加

实际缴纳上述税款时，其会计分录为：

借：应交税费——应交城市维护建设税

　　　　　　——应交教育费附加

　贷：存放中央银行款项

4.其他业务成本

其他业务成本是指为获取其他业务收入而发生的支出和成本，例如贵金属买卖支出、证券业务损失等。银行发生其他业务成本时的会计分录为：

借：其他业务成本——明细科目

　贷：库存现金等有关科目

三、“营改增”相关规定

自2016年5月1日起，银行业全面实施“营改增”，对各银行取得的增值税应税收入，如果客户需要，需履行向客户开具增值税发票的义务。银行需要对拟开具增值税发票的客户进行筛选和统计，具体原则和要求如下：

（1）个人客户。无论是否属于重要性客户，均不得开具增值税发票（包括普通发票和专用发票）。

（2）对公客户。对公业务只有中间业务收入可以作为进项税抵扣，其他业务不得抵扣，在开具发票时需区别处理：

①贷款利息收入客户。原则上均不开具增值税发票（包括普通发票和专用发票），如为满足重要客户的特殊要求，可开具增值税普通发票。

②存放同业的利息收入客户。根据《同业拆借管理办法》，经人民银行批准，进入全国银行间同业拆借市场的金融机构之间通过全国统一的同业拆借网络进行的短期（一年以下含一年）无担保资金融通行为免征增值税。除上述免税同业业务之外，其他非免税存放同业利息收入需缴纳增值税。

③中间业务收入客户。对公客户为增值税一般纳税人的，应开具增值税专用发票。

第三节 利润及利润分配的核算

利润反映了商业银行的最终经营成果，是衡量银行经营管理的重要指标。对利润进行核算，可以及时反映银行在一定会计期间的经营业绩和获利能力，反映银行的投入产出效率。此外，对利润进行准确核算也是利润分配的前提。

一、利润的含义及层次

利润是银行在一定会计期间的经营成果，包括收入减去费用后的净额、直接计入当期利润的利得和损失等，表现为盈利或亏损。

利润的构成可分为营业利润、利润总额和净利润三个层次。

1.营业利润

营业利润是指由银行日常经营活动形成的盈利或亏损，其计算公式为：

营业利润=营业收入-营业支出

其中：

营业收入=利息净收入+系统内往来净收入+手续费佣金净收入+投资收益+公允价值变动收益+汇兑收益+其他业务收入

营业支出=税金及附加+业务及管理费用+资产减值损失+其他业务成本

2.利润总额

利润总额是指营业利润加上营业外收入，减去营业外支出后的金额，其计算公式为：

利润总额=营业利润+营业外收入-营业外支出

3.净利润

净利润是指利润总额减去所得税费用后的金额，其计算公式为：

净利润=利润总额-所得税费用

二、利润的结转

银行为了反映利润的形成和构成，设置了损益类科目“本年利润”。期末，银行要结转利润，将各项收入和费用余额全部转到“本年利润”账户中去。结转后“本年利润”账户的贷方余额为当期实现的净盈余，借方余额为当期发生的净亏损。

1.收入及支出的结转

当期结转各项损益于“本年利润”账户时，其会计分录为：

借：利息收入

手续费及佣金收入

汇兑损益

公允价值变动收益

投资收益

其他业务收入

营业外收入

贷：本年利润

借：本年利润

贷：利息支出

手续费及佣金支出

税金及附加

业务及管理费用

其他业务成本

营业外支出

所得税费用

2.未分配利润的结转

年度终了时，将“本年利润”账户的余额转入“利润分配——未分配利润”账户，使“本年利润”账户的余额为零。

如果盈利，其会计分录为：

借：本年利润

贷：利润分配——未分配利润

如果亏损，则做相反的会计分录。

第四节　所有者权益业务概述

一、所有者权益的概念

所有者权益又称为净资本，是指银行资产扣除负债后由所有者享有的剩余权益，其金额为银行总资产减去总负债的余额。商业银行所有者权益体现了商业银行的经营实力，也是衡量对债权人利益保障程度的重要指标。

二、所有者权益的分类

商业银行的所有者权益根据其核算内容和要求，可分为实收资本、资本公积、盈余公积、一般风险准备和未分配利润。其中，实收资本和资本公积统称为投入资本；盈余公积、一般风险准备和未分配利润统称为留存收益。

【实务经验谈9-1】

商业银行实收资本数额的有关规定

（1）对设立银行最低资本金的要求。根据《中华人民共和国商业银行法》（2015年修正）可知，设立全国性商业银行的注册资本最低限额为10亿元人民币；设立城市商业银行的注册资本最低限额为1亿元人民币；设立农村商业银行的注册资本最低限额为5 000万元人民币。注册资本应当是实缴资本。商业银行在中华人民共和国境内设立分支机构，应当按照规定拨付与其经营规模相适应的运营资金。拨付各分支机构运营资金的总和，不得超过总行资本金总额的60%。

（2）根据《中华人民共和国外资银行管理条例》（2006年11月15日，国务院第478号令）和《国务院关于修改〈中华人民共和国外资保险公司管理条例〉和〈中华人民共和国外资银行管理条例〉的决定》（2019年9月30日，国务院第720号令）对外资银行的最低注册资本要求，外商独资银行、中外合资银行的注册资本最低限额为10亿元人民币或者等值的自由兑换货币，注册资本应当是实缴资本。外国独资银行或中外合资银行在中华人民共和国境内设立的分行，应当由其总行无偿拨付给不少于1亿元人民币或者等值的自由兑换货币的营运资金。外国银行分行可吸收中国境内公民每笔不少于50万元人民币的定期存款。

第五节 投入资本的核算

一、实收资本的核算

实收资本，是指投资者按照企业章程或合同、协议的约定，实际投入企业的各种财产的价值。按投资主体不同，实收资本可分为国家投资、法人投资、外商投资和个人投资。

银行的实收资本是指投资者按照商业银行章程、合同或协议的约定，实际投入商业银行的资本，实收资本是商业银行经营的启动资金和先决条件。一般来说，投资者可以通过货币、实物、无形资产等形式向商业银行投资。由于各商业银行总行是法人代表，按照统一注册、统一管理、统一核算的原则，实收资本由总行集中管理。

1.商业银行实收资本数额的规定

为了保证商业银行的稳健运行，防范金融风险，人民银行规定了设立商业银行的最低资本要求。目前中资银行的最低资本要求是：设立有分支机构的全国性商业银行的最低资本为20亿元人民币；不设立分支机构的全国性商业银行的最低资本为10亿元人民币；区域性银行最低资本要求为8亿元人民币；合作银行的最低资本要求为5亿元人民币等。

我国目前实行的是注册资本制度，要求银行的实收资本与注册资本保持一致，当银行的实收资本与原来的资本相比增减超过20%时，应持资金使用证明或验资证明向原登记机关申请变更登记，不得擅自改变注册资本或抽逃资金。

2.会计科目设置

商业银行应设立“实收资本”或“股本”科目核算实际收到的投资者投入的资本。该科目属于权益类科目，贷方登记实际收到投资者投入的资本、按法定程序结转的资本公积、盈余公积转增资本的增加数，需按照投资人设置明细科目进行明细分类核算；借方一般不做记录，只在银行回购股份、减少注册资本和合并时通过“库存股”科目登记减少数；余额在贷方，表示商业银行实际拥有的资本总金额。

3.实收资本的具体核算

（1）投资者投入的会计核算

当投资者按照合同约定的时间、金额和方式投入资本时，在办理相关手续后，根据投资者所享有的注册资本相应份额确认实收资本，约定的投入金额超过实收资本的部分确认为资本公积。其会计分录如下：

借：存放中央银行款项（或固定资产、无形资产、其他应收款等）

　贷：实收资本（股本）——××投资者（在注册资本中所占份额）

　　资本公积——资本溢价（股本溢价）

（2）实收资本增加

股东大会可以通过增发、转增以及分派股票股利等途径增加资本。商业银行增加实收资本的途径和会计处理如下：

资本公积转增资本时，应按照原投资者所持股份同比例增加投资人权益，其会计分录为：

借：资本公积

　贷：实收资本（股本）——××投资者

盈余公积转增实收资本时，也应按照原投资者所持股份同比例增加投资人权益，其会计分录为：

借：盈余公积

　贷：实收资本（股本）——××投资者

对于利润分配方案中应当分派的股票股利，应在办理增资手续之后，按照原投资者所持股份比例进行分派，其会计分录为：

借：利润分配——转作股本的股利

　贷：股本（实收资本）——××股东

可转换公司债券持有人行使转换权利，将其持有的债券转换为股票的，应在办理增资手续之后，以所转换的股份面值总额确认为股本的增加，债券的账面净值与股份面值的差额确认为资本公积。其会计分录为：

借：应付债券——可转换公司债券

　贷：股本——××股东

　　资本公积——股本溢价

（3）实收资本减少

银行的实收资本不得随意减少，股东在存续期间内不能抽回投资。银行实收资本减少的原因主要有两种：一是资本过剩；二是企业发生重大亏损，短期内无力弥补而需要减少实收资本。需要注意的是，商业银行设立的分支机构不具有法人地位，分支机构应有规定数额的营运资金，该营运资金由其总行从资本金或公积金中拨付，但累计拨付总额不得超过其总行资本金的60%。其会计分录为：

借：实收资本

　贷：存放同业等

【例9-1】实收资本（股本）的确认与计量：

（1）某银行在股份制改革的过程中，A公司、B公司两个股东作为发起人，约定在2×20年12月31日投入资本。该行注册资本为120 000 000 000元，A、B的出资比例分别为51%、49%。2×20年12月31日，两位股东的出资已经到位，并经过中国注册会计师验证，有关法律手续已经办妥。其中，A公司投入11 200 000 000元固定资产，剩余的资本用货币资金投入；B公司全部用现金投入。

2×20年12月31日，该行应做如下会计处理：

借：存放同业	108 800 000 000	
固定资产	11 200 000 000	
贷：股本——A公司		61 200 000 000
——B公司		58 800 000 000

（2）2×21年该行完成上市，增发300亿股，共募集资金240 000 000 000元，另支付1%的佣金。截至2×21年12月31日，相关手续已经办妥。

2×21年12月31日，该行应做如下会计处理：

借：存放同业	237 600 000 000	
贷：股本——其他		30 000 000 000
资本公积——股本溢价		207 600 000 000

（3）2×21年，该行经营业绩良好，拟向股东以10送1的方式发放股票股利，相关增资手续于2×22年3月31日办妥。

2×22年3月31日，该行应做如下会计处理：

借：利润分配——转作股本的股利	15 000 000 000	
贷：股本——A公司		6 120 000 000
——B公司		5 880 000 000
——其他		3 000 000 000

（4）2×22年，该行经股东大会决定缩减规模，减少股本10%，以现金的方式向各股东按原有的持股比例支付款项。相关手续于2×22年12月31日办妥。

2×22年12月31日，该行应做如下会计处理：

借：股本——A公司	6 732 000 000	
——B公司	6 468 000 000	
——其他	3 300 000 000	
贷：存放同业		16 500 000 000

二、资本公积的核算

1.资本公积概述

资本公积是银行收到的投资者出资超过其在注册资本（股本）中所占份额的部分，以及不通过净利润直接计入所有者权益的利得和损失。其中，直接计入所有者权益的利得和损失是指不应计入当期损益、会导致所有者权益发生增减变动的、与所有者投入资本或向所有者分配利润无关的利得或者损失。资本公积的主要内容包括：资本溢价或股本溢价、接受非现金资产捐赠、关联交易差价、股权投资准备和其他债权投资的公允价值变动。

《中华人民共和国公司法》规定，资本公积在银行扩大规模时，根据股东大会的决议可用于转增资本，但是不得用于弥补亏损。资本公积转为资本时，所留存的资本公积不得少于转增前银行注册资本的25%。

2.会计科目设置

“资本公积”科目是权益类科目，按照“资本溢价”“其他资本公积”进行明细核算。本科目期末余额在贷方，反映银行资本公积的余额。

3.资本公积的具体核算

资本公积的确认与计量应根据形成资本公积的交易和事项的类别分别处理。

（1）投资者投入的资本或股本溢价

投资者投入资金大于所享有权益的差额和股票发行所得款项大于发行的股票面值的差额记入“资本公积——资本（股本）溢价”科目，其会计分录为：

借：库存现金（或其他科目）

　贷：实收资本（股本）

　　　资本公积——资本（股本）溢价

（2）采用权益法核算的长期股权投资

长期股权投资采用权益法核算时，在持股比例不变的情况下，被投资单位除净损益以外的所有者权益的其他变动，银行按照持股比例计算应享有的份额，计入资本公积，待相应的股权投资处置时，应将资本公积结转至投资收益。

被投资单位权益增加时：

借：长期股权投资

　贷：资本公积——其他资本公积（被投资单位其他权益变动）

被投资单位权益减少时：

借：资本公积——其他资本公积（被投资单位其他权益变动）

　贷：长期股权投资

（3）其他债权投资公允价值的变动

其他债权投资取得发生的交易费用应当计入初始入账金额，其他债权投资后续计量时公允价值变动计入所有者权益（其他综合收益）。可供出售外币股权投资因资产负债表日汇率变动形成的汇兑损益计入所有者权益（其他综合收益）等。在资产负债表日，除了以公允价值计量且其变动计入当期损益的金融资产以外的金融资产，若有客观证据表明该资产发生减值的，应当确认减值损失，计提减值准备。

公允价值增加时：

借：其他债权投资——公允价值变动

　贷：其他综合收益

公允价值减少时：

借：其他综合收益

　贷：其他债权投资——公允价值变动

【例9-2】承【例9-1】，该行经股东大会决议扩大规模，以10：1的方式用资本公积转增股本，相关增资手续已经办妥，其会计处理如下：

借：资本公积——资本溢价　　　　14 850 000 000

贷：股本——A公司 6 058 800 000

——B公司 5 821 200 000

——其他 2 970 000 000

第六节 留存收益的核算

留存收益是指银行通过经营管理活动而形成的，即经营所得净收益的积累，包括盈余公积、一般风险准备和未分配利润。

一、盈余公积的核算

盈余公积是银行从税后净利润中提取的，可用于弥补亏损或转增资本的累积盈余，包括法定盈余公积和任意盈余公积等。盈余公积的提取是为了保证企业的持续经营，维护债权人的利益。

银行年度净利润在弥补以前年度亏损之后，按照规定的标准提取法定盈余公积。法定盈余公积的累计余额超过实收资本的一定比例后，可以不用计提。此外，银行还可以根据实际需要经投资者或股东大会批准计提任意盈余公积。

银行累积的盈余公积经股东大会或投资者批准后，可用于弥补亏损、转增资本或派送新股。具体会计处理如下：

提取盈余公积的会计分录为：

借：利润分配——提取法定盈余公积

——提取任意盈余公积

贷：盈余公积——法定盈余公积

——任意盈余公积

银行累积的盈余公积经股东大会（投资者）批准后，用于转增资本或派送新股时，其会计分录为：

借：盈余公积

贷：实收资本（或股本）

二、利润分配的核算

利润分配是将商业银行实现的本期净利润和期初未分配利润，根据股东大会或类似的权力机构的决议进行归结及分配。

1.利润分配的顺序和原则

当期实现的净利润，加上年初未分配利润（或减去年初未弥补亏损）和其他转入后的余额，为可供分配的利润，按如下顺序进行分配：

（1）按净利润扣除以前年度未弥补亏损后余额的10%提取法定盈余公积。

（2）按规定比例提取一般风险准备。在符合监管的前提下，根据风险资产的一定比例提取一般风险准备，用于弥补尚未识别的可能风险。

（3）经过上述分配后，剩余部分为可供投资者（股东）分配的利润，可做如下分配：

①分配优先股股利，是指银行按照利润分配方案向优先股股东分派现金股利；

②根据股东大会的有关决议提取任意盈余公积；

③向投资者分配利润（普通股股利），是指银行按照利润分配方案向投资者（普通股股东）分配现金股利；

④转作股本的普通股股利，是指银行按照利润分配方案以分派股票股利的形式转作股本，以利润转增的资本，也在本项目核算。

可供投资者分配的利润经过上述分配后，为未分配利润。未分配利润可留待以后年度进行分配。

2.利润分配的会计核算

（1）利润分配的结转。年度终了，应将“本年利润”科目的余额转入“利润分配”科目。其会计分录为：

盈利时：

借：本年利润

　贷：利润分配——未分配利润

亏损时：

借：利润分配

　贷：本年利润

（2）提取盈余公积，其会计分录为：

借：利润分配——提取法定盈余公积

　　　　　——提取任意盈余公积

　贷：盈余公积——法定盈余公积

　　　　　——任意盈余公积

（3）提取一般风险准备，其会计分录为：

借：利润分配——计提一般风险准备

　贷：一般风险准备

（4）向投资者分配利润，其会计分录为：

借：利润分配——应付利润（股利）

　贷：应付股利

（5）利润分配完成后，应将利润分配各明细账户余额结转至“利润分配——未分配利润”明细账户，其会计分录为：

借：利润分配——未分配利润

　贷：利润分配——提取法定盈余公积

　　　　　——计提一般风险准备

　　　　　——应付股利

　　　　　——提取任意盈余公积

经过利润分配后，如“利润分配”账户还有贷方余额，即为当期的未分配利润，留待以后年度进行利润分配。

【例9-3】利润分配实例：2×22年某行年初未分配利润余额为100 000 000 000元，2×21年当年实现税后利润10 000 000 000元，年底利润分配预案为提取10%的法定盈余公积和5%的一般风险准备，每10股发放2元现金股利，按照10：1发放股票股利。2×22年

5月31日，该分配预案获得股东大会批准，并办妥相关手续，假设登记在册的普通股面值为10 000 000 000元。2×21年该行实现税后利润12 000 000 000元，利润分配预案为提取10%的法定盈余公积、5%的一般风险准备、10%的任意盈余公积，每10股发放1元现金股利。

(1) 2×21年12月31日，将本年实现的净利润结转到未分配利润。

借：本年利润　　10 000 000 000

　贷：利润分配——未分配利润　　10 000 000 000

利润分配预案未经过股东大会的批准，除计提法定盈余公积、一般风险准备外，其他项目暂不做会计处理，仅在会计报表附注中披露。

借：利润分配——提取法定盈余公积　　1 000 000 000

　贷：盈余公积　　1 000 000 000

借：利润分配——计提一般风险准备　　500 000 000

　贷：一般风险准备　　500 000 000

同时，结转“利润分配”账户。

借：利润分配——未分配利润　　1 500 000 000

　贷：利润分配——提取法定盈余公积　　1 000 000 000

　　　　　　——计提一般风险准备　　500 000 000

(2) 2×22年5月31日，根据股东大会议案分配利润。

借：利润分配——应付现金股利　　2 000 000 000

　贷：应付股利　　2 000 000 000

借：利润分配——应付股票股利　　1 000 000 000

　贷：股本　　1 000 000 000

(3) 结转“利润分配”账户。

借：利润分配——未分配利润　　3 000 000 000

　贷：利润分配——应付现金股利　　2 000 000 000

　　　　　　——应付股票股利　　1 000 000 000

(4) 2×22年12月31日，根据利润分配预案做如下会计处理：

借：本年利润　　12 000 000 000

　贷：利润分配——未分配利润　　12 000 000 000

借：利润分配——提取法定盈余公积　　1 200 000 000

　贷：盈余公积　　1 200 000 000

借：利润分配——计提一般风险准备　　600 000 000

　贷：一般风险准备　　600 000 000

同时，结转“利润分配”账户。

借：利润分配——未分配利润　　1 800 000 000

　贷：利润分配——提取法定盈余公积　　1 200 000 000

　　　　　　——计提一般风险准备　　600 000 000

【本章小结】

所有者权益是指资产扣除负债后由金融企业所有者享有的剩余权益，是金融企业所有者对金融企业净资产的所有权，也是金融企业筹集资金的主要来源。金融企业所有者权益的主要内容有：实收资本、资本公积、盈余公积、一般风险准备及未分配利润。熟悉所有者权益的构成、掌握各项权益的核算方法是本章的重点。

【复习思考题】

一、单项选择题

1.能记入“税金及附加”账户借方的税费是（　　）。

A.增值税　　B.印花税

C.城镇土地使用税　　D.城市维护建设税

2.对无形资产、递延资产、其他资产按受益期摊销是执行（　　）核算原则的体现。

A.谨慎性　　B.权责发生制

C.历史成本　　D.划分两类支出

3.“利润分配”科目按其性质分类，属于（　　）。

A.资产类科目　　B.负债类科目

C.损益类科目　　D.所有者权益类科目

4.处置固定资产的净收益，应转入（　　）账户核算。

A.“营业外支出”　　B.“营业外收入”

C.“其他业务收入”　　D.“投资收益”

5.无形资产摊销的核算，应该借记的科目是（　　）。

A.“业务及管理费用”　　B.“营业外支出”

C.“手续费及佣金支出”　　D.“本年利润”

6.在我国商业银行的经营收入中，其主要收入是（　　）。

A.金融企业往来收入　　B.利息收入

C.投资收益　　D.手续费收入

7.（　　）是按照款项实际收到或付出的日期和金额来确定本期效益和费用的原则。

A.应计制　　B.应收应付制

C.权责发生制　　D.收付实现制

8.按照（　　）原则，凡是为了取得当期收入而发生的费用，都应当确认为当期的费用；不以取得收入为目的的支出不能作为费用。

A.历史成本　　B.权责发生制

C.配比　　D.谨慎性

9.（　　）是银行在经营过程中，与中央银行、其他同业等金融机构间发生的资金存放、资金拆借、转贴现、买入返售等资产业务产生的利息收入、补贴收入等。

A.投资收益　　B.汇兑收益

C.利息收益　　　　D.金融企业往来收入

10.银行的长期待摊费用的摊销期一般不超过（　　）。

A.1年　　B.2年　　C.6个月　　D.3个月

11.定期存款是到期一次性还本付息，在会计期末需对已经发生尚未支付的利息进行计提时，应（　　）。

A.借记“利息支出”，贷记“库存现金”

B.借记“本年利润”，贷记“利息支出”

C.借记“利息支出”，贷记“活期存款（存款户）”

D.借记“利息支出”，贷记“应付利息”

12.商业银行与中央银行、其他同业，以及与同系统其他银行之间由于存入款项、资金拆借和资金账务往来等业务而发生的利息支出是（　　）。

A.手续费支出　　　　B.利息支出

C.金融企业往来支出　　　　D.营业支出

13.（　　）是银行全部营业收入扣除营业成本费用和各种税金及附加后的数额。

A.利润总额　　　　B.营业外收支净额

C.净利润　　　　D.营业利润

14.由于会计制度和税法在计算收益、费用或损失时的口径不同，所产生的税前会计利润与应纳税所得额之间的差异是（　　）。

A.时间性差异　　　　B.永久性差异

C.非固定性差异　　　　D.固定性差异

15.商业银行的净利润是由利润总额扣除（　　）而得。

A.所得税费用　　　　B.营业外支出

C.税金及附加　　　　D.营业支出

16.所有者权益是商业银行投资者对企业（　　）的要求权。

A.全部资产　　B.全部负债　　C.净资产　　D.净利润

17.商业银行其他债权投资报告期末公允价值变动损益应计入（　　）。

A.股本　　B.盈余公积　　C.资本公积　　D.未分配利润

18.资本公积转为资本时，所留存的资本公积不得少于转增前银行注册资本的（　　）。

A.10%　　B.15%　　C.25%　　D.30%

19.按现行会计制度的规定，盈余公积可用于转增资本和（　　）。

A.增加利润　　B.弥补亏损　　C.增加营业收入　　D.增加资产

二、多项选择题

1.利润是银行在一定会计期间的经营成果，表现为盈利或亏损。利润根据其构成项目的不同，可以区分为（　　）三个层次。

A.营业利润　　B.利润总额　　C.净利润　　D.税前利润

2.营业收入的特征有（　　）。

A.是银行收益的主要部分

B.必定引起银行负债的减少

C.必须是银行在经营过程中有所耗费而获得的收入

D.主要是银行对外提供劳务或者提供资金而获得的收入

E.同银行业务活动有密切联系

3.银行的营业收入按其来源可分为（　　）。

A.利息收入　　B.手续费收入

C.金融企业往来收入　　D.汇兑损益

E.其他业务收入

4.银行营业外收入是指与日常经营业务无直接关系的各项收入，包括（　　）。

A.固定资产处置净收入　　B.政府补助收入

C.金融衍生产品交易收入　　D.债务重组收入

E.捐赠收入

5.银行的业务及管理费用包括（　　）。

A.应付职工薪酬　　B.业务宣传费

C.无形资产摊销　　D.固定资产清理支出

E.手续费支出

三、业务处理题

1.建设银行某分行发生下列经济业务：

（1）收到投资者投入的办公设备，评估价值为90 000元，办理转账。

（2）按有关规定，将资本公积100 000元转增资本。

（3）按政策规定，从税后利润中提取盈余公积150 000元。其中：法定盈余公积100 000元，任意盈余公积50 000元。

（4）以盈余公积50 000元弥补上年亏损，40 000元转增资本。

（5）计算应向投资者分配的利润为1 200 000元。

（6）收到国家投入资本1 000 000元，办理转账。

（7）股份制银行发行普通股40万股，每股面值为10元，以12元溢价发行，如数收到股本并存入银行。

要求：编制每笔业务的会计分录。

2.工商银行某支行发生下列经济业务：

（1）结息日，计算活期储蓄利息支出为253 400元，办理转账手续。

（2）收到财政部门交来代理发行国库券手续费收入47 600元转账支票一张，存入人民银行存款账户。

（3）中央银行转来缴存一般性存款利息123 400元。

（4）收到咨询服务收入14 000元转账支票一张，存入人民银行存款账户。

（5）支付农业银行存款利息98 700元，办理转账手续。

（6）年末放款余额为11 860 000元，按2%计提贷款呆账准备。

（7）现金出纳长款3 000元，经报批做销账处理，办理转账手续。

（8）年终固定资产盘亏共计7 200元，经批准做损失处理，办理转账手续。

（9）12月20日，计算定期储蓄利息179 300元，办理转账手续。

要求：根据资料编制相关会计分录。

3.工商银行某支行年末决算时各损益类账户12月底余额如下：利息收入12 300 000

元，手续费收入250 000元，金融企业往来收入570 000元，其他业务收入230 000元，营业外收入34 000元，利息支出9 800 000元，手续费支出140 000元，金融企业往来支出352 000元，其他业务成本90 000元，营业外支出13 000元，税金及附加369 000元。

要求：

（1）计算全年利润总额后，按25%的税率缴纳所得税，并编制相关会计分录。

（2）结转各损益类账户，确定本年利润。

第十章　年度决算

【学习目标】

理论目标：（1）了解商业银行年度决算的意义、要求和程序；（2）掌握年度会计报告的具体内容，了解年度会计报告的写作方法。

实践目标：（1）熟练掌握商业银行年度决算的基本工作流程和业务内容；（2）掌握商业银行年度决算各项报表的编制方法。

【课程思政案例10-1】

《公开发行证券的公司信息披露编报规则第26号
——商业银行信息披露特别规定（2022年修订）》

2022年1月，中国证监会在网上公布《公开发行证券的公司信息披露编报规则第26号——商业银行信息披露特别规定（2022年修订）》（简称《特别规定》），要求商业银行应在定期报告中披露截至报告期末前三年的主要会计数据和主要财务指标。其中，主要会计数据包括资产总额及结构、负债总额及结构、股东权益、存款总额及结构、贷款总额及结构、资本净额及结构（包括核心一级资本、其他一级资本和二级资本）、加权风险资产净额、贷款损失准备。主要财务指标包括营业收入、利润总额、归属于本行股东的净利润、归属于本行股东的扣除非经常性损益后的净利润、资本充足率、一级资本充足率、核心一级资本充足率、不良贷款率、存贷比、流动性比例、单一最大客户贷款比率、最大十家客户贷款比率、正常类贷款迁徙率、关注类贷款迁徙率、次级类贷款迁徙率、可疑类贷款迁徙率、拨备覆盖率、拨贷比、成本收入比。

《特别规定》要求商业银行应在定期报告中披露报告期信贷资产质量情况，包括按五级分类中的正常类贷款、关注类贷款、次级类贷款、可疑类贷款和损失类贷款的数额和占比，以及与上年末相比的增减变动情况，还应披露报告期公司重组贷款、逾期贷款的期初、期末余额以及占比情况。

根据《特别规定》，商业银行应在定期报告中披露报告期内贷款损失准备的计提和核销情况，应收利息的增减变动情况，营业收入中贷款利息净收入、拆放同业利息收入、存放中央银行款项利息收入、存放同业利息收入、债券投资利息收入、手续费及佣金净收入及其他项目的数额、占比及同比变动情况。

根据《特别规定》，商业银行应在定期报告中披露贷款投放的前十个行业和主要地区分布情况、贷款担保方式分布情况、金额及占比，前十大贷款客户的贷款余额以及占贷款总额的比例。披露截至报告期末抵债资产情况，包括抵债资产金额、计提减值准备情况等。

另外，《特别规定》要求商业银行应在定期报告中披露信用风险状况、流动性风险状况、市场风险状况、操作风险状况和其他风险状况的计量方法，风险计量体系的重大变更，以及相应的资本要求变化。

资料来源：中国证券监督管理委员会官方网站.

问题：

1.银行会计是如何进行信息披露的？

2.年度决算工作必须遵循什么原则？

第一节　年度决算概述

一、年度决算的含义及意义

年度决算是指在每个会计年度终了，对银行全年的会计核算资料进行归纳、整理、核实，办理结账，结转损益，编制年度财务报告，集中反映全行年度业务活动和财务状况的一项综合性工作。

根据会计制度的规定，每年从1月1日起至12月31日止为一个会计年度。凡是进行独立会计核算的单位，以每年12月31日为年度决算日，进行年度决算，无论是否遇节假日，均不得提前或延后。不作为独立核算单位的附属机构，应通过并账或并表方式，由其管辖机构合并办理年度决算。准确、及时完成年度决算工作，向监管者、投资者、债权人等社会公众提供准确、真实、完整的财务会计信息，具有以下重要的意义：

1.有利于提高银行会计工作的质量

银行会计部门在办理年度决算过程中，要对全年的业务活动和财务活动等进行全面的核实和整理，根据核实结果，发现差异，查明原因，进行调整，使会计记录与实际相一致。这有利于总结和检查银行的日常会计核算工作，以形成数字真实和内容完整的年度会计报告，进一步提高银行会计工作的质量。

2.有利于促进银行经营管理水平的提高

年度决算能够汇总反映银行全年的业务和财务活动情况，考核银行各项经济指标的完成情况，便于清理和调整账务，以及时采取措施，促进银行提高经营管理水平。

3.有利于加强宏观经济调控

银行是国民经济的综合管理部门，是全国信贷、结算、货币发行、外汇收支的中心，是社会资金往来的枢纽。银行会计日常记录的各项业务活动信息，是国民经济各部门、各单位经济活动的综合反映。通过年度决算可以将这些日常资料进行核实、整理，并以报表的形式汇总，更加集中系统地反映出整个国民经济资金活动情况，为宏观经济决策提供准确、及时的经济信息，以加强宏观经济调控。

二、年度决算的基本要求和步骤

年度决算是银行一项全局性的重要工作，是会计工作的全面总结，涉及面广、政策性强、工作量大、质量要求高。因此，年度决算工作必须遵循以下原则：

1.坚持统一领导、各部门紧密配合

银行的年度决算是一项综合性工作，涉及各个职能部门，相互之间必须提供便利，密切配合。要成立年度决算领导小组，由主要领导负责，以会计部门为主，各职能部门密切配合，沟通协调，才能确保决算工作顺利进行。

2.坚持会计资料的真实、准确和可靠

会计核算的数字、资料必须真实、准确地反映银行业务和财务活动，绝不能篡改会计数据、伪造会计资料、提供虚假的会计信息。

3.坚持会计报告的完整性、统一性和及时性

财务会计报告是会计信息的主要载体，是年度决算的文字和数字说明，必须按照会计制度的规定进行披露、编报、汇总和报送；必须坚持完整性，不能任意取舍，漏填漏报；必须坚持统一性，上下级保持一致，按照统一的种类、格式编报汇总；必须坚持及时性，按规定的时间编制完成，及时报送和披露相关报表信息。会计报告的编报不仅要遵循企业会计准则的相关规定，对于上市公司，还应该遵循证监会、证券交易所等机构对会计报告编报的相关规定。同时，还应该满足投资者、行业监管部门等对会计报告编报的要求。

每年的12月31日是银行会计的年度决算日，按照银行会计的工作步骤，年度决算可以分为以下三个阶段：

一是决算前的准备工作阶段，主要包括全面核对内外账务、清理资金、盘点财产实物，核实损益、调整账务、试算平衡等，一般从每年的第四季度开始。

二是年度决算日的工作，主要包括组织年终日账务的入账，检查各项库存、计算外汇买卖损益、结转本年利润、进行新旧账簿的结转等工作。

三是年度决算日后，在规定的时间内编报会计报告和说明。

第二节　年度决算的准备工作

银行年度决算是一项重要工作，时间紧、任务重。为了保证年度决算的顺利进行，决算的准备工作一般应在每年第四季度初就要着手进行。银行会计决算的准备工作主要有以下几个方面：

一、清理资金

银行年度决算前，会计部门要与其他业务部门密切配合，对各种资金进行清理。

1.清理业务资金

银行的业务资金主要包括存款、贷款、短期投资、借入资金、拆放资金等，对这些业务资金应该全面进行核对，如对各项贷款办理收回或转期手续；对各类存款账户逐户进行清理，长期未发生资金收付活动的睡眠账户，应与客户联系督促其办理销户手续；对于借入和拆出款项，应根据合同确认归还或收回的期限，及时办理等；对于暂时没有结果的，要予以详细、及时的说明。

2.清理支付结算资金

对于各种支付结算资金，如委托收款、托收承付、应解汇款等，根据使用票据和结算方式的不同，进行全面清理。该划出的款项要及时划出，应收回的要积极催回，对应解汇款及临时存款应积极联系解付，经查找确实无法解付而又超过规定期限的，应办理退汇。

3.清理内部资金

内部资金是指银行的暂收暂付款及其他过渡性款项，主要包括其他应付款、其他应收

款、呆账准备金、坏账准备金、投资风险准备金等。对这些资金要逐项清理，该收回的收回，该上缴的上缴，该摊销的摊销，该报损的报损，该转收益的转收益，该核销的核销，使内部资金减少到最低限度。经过清理，暂时无法解决的，要注明原因，以备日后查验和清理。

二、清点财产物资

银行在决算前还需对各类实物财产物资进行认真盘点核实，如发现与账面记载不一致，要查明原因，按照有关规定处理。此外，要检查库房制度的执行情况、安全措施和落实情况，如有问题，必须纠正。

1.清查核实现金、金银、有价单证和重要凭证

银行应将库存现金、金银、外币、有价单证、重要空白凭证和储蓄业务备用金等，与相关的账簿余额核对相符，如发现溢缺，应查明原因，并按有关规定调整账簿记录，做到账实相符。

2.清查核实抵押品和质押品

银行应将各种抵押品、质押品与相关的账簿记录的数额核对相符，如有不符，应查明原因，予以处理。

3.清查核实固定资产和低值易耗品

银行应对房屋、设备、器具、电脑等固定资产以及各种低值易耗品进行全面的清查盘点，并与相关的账簿记录核对相符。对于尚未入账的财产，应在年度决算前予以入账，以确保账实相符。

三、核对和调整账务

1.检查会计科目的使用情况

在年度决算前，应根据会计科目使用说明和当年有关科目变化调整的文件规定，对其使用情况进行全面检查，如发现科目归属和使用不当，应及时调整科目，以便真实反映各项业务和财务活动情况。

2.核对内外账务

年度决算前，要对银行内部所有的账、簿、卡、据进行一次全面的检查核对。检查核对的主要内容包括：

（1）账账核对相符。按照会计核算的钩稽关系，各科目总账与明细账以及卡片账、登记簿等，发生额、余额都要做到账账、账卡之间相符。如有不符，应立即查明原因并解决。

（2）账款核对相符。库存现金日记账余额与库存现金应核对相符。核对时应按各类逐项核对，对于经办外汇业务的银行，还应将各类库存外币逐一核对相符，若发现溢缺，应查明原因，并按规定程序进行调整，做到账款相符。

（3）账据核对相符。每一张会计凭证（传票）不是随意填制的，必须有足够的证据支持，账据相符是会计核算的基本要求。银行在决算前可做重点检查或抽样检查，主要是对各项费用开支，基本建设，暂收、暂付款项，以及其他有关科目的原始单证与会计凭证进行审验核对，检查原始凭证是否合规，与账簿记载是否一致。

（4）账实核对相符。账实核对，一般在年末前一两个月开始进行。根据账面记录对各项财产实物逐一核对，在盘点过程中发现的溢缺，应查明原因，若属正常损耗，可按照程序报批核销。

（5）账表核对相符。银行的会计报表是根据有关账簿记录的数据编制的，通常情况下，账表的数据是相符的。但有时可能因冲改错账、中途科目变更等因素，发生账表脱节，出现金额不一致的情况。在决算前，银行应核实以往月份的各项报表与账簿的数据。

3.核对往来账项

银行往来项目较多，银行与客户往来、系统内往来、银行间的同业往来、银行与中央银行的往来等账务都要核对一致，这是决算的一项重要任务。在决算前，银行应向企业、单位发送对账单，并按照收回对账单所注明的情况及时联系调整；对于系统内往来账务，由管辖行向辖属分支机构签发对账单，办理对账工作；做好与中央银行各类存款户的对账，年终日余额双方必须核对一致。

四、核实损益

在年度决算前，银行要按照财务制度和会计制度的要求，对营业收支和其他财务收支进行核实，对于发现的各项差错，应及时进行更正。

1.核实业务收支

对各项利息收支、金融机构往来收支、营业外收支等要进行复查。重点复查利息收支的计算，包括计息的范围、利率的使用、利息记入科目是否正确等；对存放同业和拆借资金，应按规定及时收回利息，对尚未收回的，年终必须全面清理收回；对出售固定资产净收益、罚款收入、出纳长款收入等营业外收入应如实反映，不得隐瞒、漏报，更不得作为小金库开支；营业外支出必须按国家有关规定列报，具体项目应有详细的文字说明。

2.检查各项费用开支

对于各项业务费用，应按照开支范围和费用标准进行复查。检查费用支出是否超过指标或控制规模，检查应经有关主管部门审批的手续是否齐备。对超过范围和标准开支的，应查明情况，若发现差错或问题，应及时进行更正。

五、试算平衡

银行在上述几项准备工作基本完成的基础上，一般应于每年的12月份组织一次报表试算平衡，根据11月月末的各项数字编制试算平衡表，检查并验算各科目余额是否正确。对试算中发现的问题，银行应及时查明原因，尽快解决，为年度决算报表的编制打好基础。

第三节　年度决算的基本内容

一、年度决算日的工作

1.处理当日账务，全面核对账务

决算日当天，银行照常营业，这一天发生的全部账务应于当日全部入账。收到的联行报单或同城交换票据，须当日处理完毕；各种往来款项全部结清，不得跨年；应收应付利息、应交税费等，按权责发生制要求确认的收入、费用全部列账；中国人民银行与商业银行之间有关业务的划拨凭证，应纳入当日账内，保证双方各账户的存、欠余额一致。当日业务全部入账后，还应对全年账务进行一次核对，将各科目总账与明细账进行全面核对，做到账账相符，保证年度决算报表数字的准确性。

2.检查各项库存

决算日营业终了，银行应对现金、金银等贵金属、外币、有价证券、未发行的空白存单等重要空白凭证以及其他有价实物进行全面核对。如果年终查库的工作量较大，也可于12月的某日进行抽查，查库由主管行长、稽核人员、会计主管等在库管员的陪同下共同完成，保证账款、账实相符。

3.计算外汇买卖损益

决算日，银行应将“外汇买卖”科目中所有外币明细科目余额按年终决算牌价折算成人民币，将该金额与“外汇买卖”科目中人民币明细科目余额进行比较，差额计入汇兑损益，列入有关损益账户。

4.结转本年利润

决算日营业终了，银行应将损益类科目各账户的最后余额，分别结转到“本年利润”账户，以确定全年实现的净利润。若“本年利润”账户的余额在贷方，则为净利润；若在借方，则为净亏损。确认净利润后，应将实现的净利润进行分配，最后将“本年利润”账户余额转入“利润分配”账户。具体核算参见第九章的相关内容。

二、办理新旧账簿的结转

银行在决算日结转本年利润后，应及时办理新旧账簿的结转，结束旧账，建立新账，保证新年度业务的正常进行。

1.总账的结转

总账每年更换一次，年终结转时，新账页日期应写新年度的1月1日，加盖“上年结转”戳记，将旧账余额过入新账的“上年余额”栏。银行本年度如有新旧科目结转，应编制新旧科目结转对照表。新账建立后，应进行总分核对、试算平衡，保证新旧账簿结转正确。

2.明细账的结转

银行的明细账在年终结转时，除卡片账不办理结转、储蓄分户账可继续沿用外，其余的明细分户账均应办理结转手续。对于逐笔记入、逐笔销账的丁种明细账，应在旧账簿内尚未销账的各行销账日期栏内注明“结转下年”的字样，并将其金额逐一计入新开启账簿第一页余额栏内，在摘要栏内注明“上年结转”的字样。对于一般明细账的结转，应在旧账簿年末余额的下一行内加盖“结转下年”戳记，将最后的余额过入新账页第一行余额栏内，并注明“上年结转”字样。

3.登记簿的结转

银行的各种表外科目和其他登记簿，年终也可根据其是否可继续使用而采取不同的处理方式。若登记簿可继续使用，则不需要结转，下年度继续使用；若是按年设立的登记簿，则需要结转，其方法可比照明细账的结转。

第四节　财务会计报告的编制

年度财务会计报告是综合反映商业银行全年财务状况和经营成果的书面报告，是提供会计信息的重要手段。企业会计准则对商业银行财务会计报告的格式、内容等都做了详细规范，银行应按照准则统一规定的格式编制财务会计报告。

一、财务会计报告的含义

财务会计报告是企业对外提供的反映企业某一特定日期的财务状况和某一会计期间的经营成果、现金流量等会计信息的文件。财务会计报告又称财务报告，包括两个部分：

1.会计报告

会计报告是财务会计报告的核心内容，由会计报表及其附注两部分构成。会计报表包括资产负债表、利润表、现金流量表、所有者权益变动表；附注是对会计报表的编制基础、编制依据、编制方法及主要项目等的解释，报表附注是会计报告的重要组成部分。

2.其他应在财务报告中披露的相关信息和资料

除了会计报告之外，财务会计报告还包括其他相关信息，具体可以根据有关法律法规的规定和外部使用者的信息需求而定，如企业可以在财务会计报告中披露其承担的社会责任、对社区的贡献、可持续发展能力等信息。

二、资产负债表

资产负债表是反映会计主体在某一特定日期的资产、负债和所有者权益的财务报表，是反映会计主体财务状况的会计报表。

1.资产负债表的格式

资产负债表的格式按照报表项目的排列方式不同可以分为报告式与账户式两种。报告式资产负债表又称为垂直式资产负债表，按照“资产-负债=所有者权益”等式垂直排列，即先列示资产，然后负债，最后是所有者权益的排列方式。目前上市银行采用的都是报告式资产负债表。账户式资产负债表又称水平式资产负债表，按照“资产=负债+所有者权益”等式左右排列，左边列示资产，右边列示负债和所有者权益。

在资产负债表上，资产应当按照其流动性分类分项列示，包括流动资产、固定资产、无形资产及其他资产。负债也应按其流动性分类分项列示，包括流动负债、非流动负债等。银行的各项资产和负债有特殊性的，按照其性质分类分项列示。所有者权益应当按照实收资本（或股本）、资本公积、盈余公积、未分配利润等项目分项列示，具体见表10-1。

表10-1　**某商业银行资产负债表**

编制单位：　　2022年12月31日　　单位：百万元人民币

	2022年12月31日	2021年12月31日
资产		
现金及存放中央银行款项	2 896 619	2 811 653

续表

	2022年12月31日	2021年12月31日
存放同业及其他金融机构款项	130 245	622 665
贵金属	32 008	59 105
拆出资金	505 269	580 949
以公允价值计量且其变动计入当期损益的金融资产	577 965	417 955
衍生金融资产	28 284	31 460
买入返售金融资产	540 386	323 051
应收利息	118 693	110 370
发放贷款和垫款	10 316 311	9 319 364
债权投资	3 489 135	2 882 152
其他债权投资	1 426 420	1 408 881
应收款项类投资	659 223	624 547
长期股权投资	227	213
固定资产	155 258	158 669
在建工程	0	0
无形资产	24 535	25 266
商誉	1 381	1 381
递延所得税资产	97 751	83 187
其他资产	53 672	109 193
资产总计	21 053 382	19 570 061
负债		
向中央银行借款	465 947	291 052
同业及其他金融机构存放款项	974 730	1 156 044
拆入资金	280 061	302 021
以公允价值计量且其变动计入当期损益的金融负债	391 772	301 170
衍生金融负债	30 872	20 758
卖出回购金融资产款	319 789	205 832
吸收存款	16 194 279	15 038 001
应付职工薪酬	40 222	39 902

续表

	2022年12月31日	2021年12月31日
应交税费	40 164	21 578
应付利息	228 805	229 115
预计负债	10 709	13 590
已发行债务证券	475 017	388 215
递延所得税负债	87	58
其他负债	171 531	241 134
负债合计	19 623 985	18 248 470
股东权益		
普通股股本	324 794	324 794
其他权益工具	79 899	79 899
资本公积	98 773	98 773
盈余公积	134 348	115 136
其他综合收益	（19 722）	5 203
一般风险准备	230 750	198 305
未分配利润	577 573	496 083
归属于母公司股东权益合计	1 426 415	1 318 193
少数股东权益	2 982	3 398
股东权益合计	1 429 397	1 321 591
负债和股东权益总计	21 053 382	19 570 061

法定代表人、董事长： 财务管理部总经理：

2.资产负债表的编制

资产负债表期初数反映各项目的期初余额，一般与上期末资产负债表“期末数”栏内所列数字一致。如果本期资产负债表规定的各项目的名称和内容同上年度不相一致，应对上年年末资产负债表各项目的名称和数字按照本年度的规定进行调整。如果本期存在采用追溯调整法的会计政策变更以及采用追溯重述法更正的前期差错，也要对“期初数”进行相应调整。

资产负债表中各项数字的来源主要通过三种方式取得：根据总账或明细账余额直接填列；根据总账或明细账余额合并填列；根据总账或明细账余额分析后填列。下面具体说明资产负债表各项目的内容和期末数的填列方法。

（1）现金及存放中央银行款项，反映商业银行库存现金和存放在人民银行的各种款项。本项目根据“库存现金”、“银行存款”、“存放中央银行准备金”和“存放中央银行财政性存款”科目的余额合计填列。

（2）存放同业及其他金融机构款项，反映银行存放于境内、境外银行和非银行金融机构的款项。如果计提了减值，应以减去减值准备后的净额列示。

（3）贵金属，该项目主要用于核算本行为交易目的所持有的黄金、白银等贵金属的公允价值。该类资产占总资产的比例为0.4%左右。

（4）拆出资金，反映银行拆借给境内、境外其他金融机构的款项，应根据“拆放同业”和“拆放金融性公司”科目的期末余额减去减值准备后的净额列示。

（5）以公允价值计量且其变动计入当期损益的金融资产，反映银行持有的以公允价值计量且其变动计入当期损益的债券投资、股票投资、基金投资等金融资产的公允价值。

（6）衍生金融资产，反映银行期末持有的衍生工具、套期工具、被套期项目中属于衍生金融资产的金额，根据以上科目的借方余额计算填列。如果“衍生金融工具”科目的余额在贷方，则填入“衍生金融负债”项目。

（7）买入返售金融资产，反映银行按照返售协议约定先买入再按固定价格返售的票据、证券等金融资产的摊余成本，如果计提了减值，应以减去减值准备后的净额列示。

（8）应收利息，反映银行因存放中央银行款项、拆出资金、买入返售金融资产、交易性金融资产、债权投资、其他债权投资、发放贷款等资产应收取的利息。

（9）发放贷款和垫款，反映银行发放的贷款、卡透支和贴现资产扣减贷款损失准备期末余额后的金额。

（10）债权投资，反映银行为取得债权所做的投资的摊余成本，以减去减值准备后的净额列示。

（11）其他债权投资，反映银行持有的以公允价值计量且其变动计入其他损益的长期债权投资的期末账面价值，以减去减值准备后的净额列示。

（12）应收款项类投资，反映银行持有的划分为贷款应收款项的债券投资，以减去减值准备后的净额列示。

（13）长期股权投资，反映银行持有的按照成本法和权益法核算的，对子公司、联营企业和合营企业的长期股权投资，以减去减值准备后的净额列示。

（14）固定资产，反映银行各种固定资产原价减去累计折旧和减值准备后的净额。

（15）在建工程，反映银行期末各项未完工程的实际支出，包括交付安装的设备价值、未完建筑安装工程已经耗用的材料、工资和费用支出、预付出包工程的价款等，以减去减值准备后的净额列示。

（16）无形资产，反映银行持有的无形资产，包括专利权、非专利技术、商标权、著作权、土地使用权等，以减去减值准备后的净额列示。

（17）商誉，核算本行因企业合并而形成的商誉，以合并成本大于合并中取得的被购买方可辨认净资产公允价值份额的差额作为初始资本。商誉不予摊销。由企业合并形成的商誉会分配至每个从合同中因协同效应而收益的资产组或资产组组合。该类资产占总资产比例极小。

（18）递延所得税资产，反映银行确认的可抵扣暂时性差异产生的递延所得税资产。

（19）其他资产，反映银行除上述各项资产以外的资产。其主要包括其他应收款、抵债资产、长期待摊费用、长期应收款等。本项目根据有关科目的期末余额填列。

（20）向中央银行借款，反映银行从中央银行借入的期末尚未偿还的借款。本项目根据“向中央银行借款”科目余额填列。

（21）同业及其他金融机构存放款项，反映银行从境内外银行、非银行金融机构借入的、期末尚未偿还的款项。本项目根据“同业存放”和“法定存款准备金”等科目余额填列。

（22）拆入资金，反映银行为了弥补头寸的不足而从境内外金融机构拆入的款项。本项目根据“同业拆入”和“金融性公司拆入”等科目的余额填列。

（23）以公允价值计量且其变动计入当期损益的金融负债，直接根据该科目余额填列。

（24）衍生金融负债，反映银行持有的衍生工具、套期项目、被套期项目中属于衍生金融负债的余额。本项目根据“衍生金融工具”科目余额填列。

（25）卖出回购金融资产款，反映银行按照回购协议先卖出再按固定价格买入的票据、证券等金融资产所融入的资金。本项目根据该科目的期末余额填列。

（26）吸收存款，反映银行吸收的除同业存款以外的其他各类存款，包括单位存款（企业、事业、机关、社会团体等）、个人存款、信用卡存款、特种存款、转贷款资金和财政性存款。

（27）应付职工薪酬，反映银行根据有关规定应付给职工的工资、职工福利、社会保险、住房公积金、工会经费、职工教育经费、非货币性福利、辞退福利等各种薪酬。

（28）应交税费，反映银行按照税法规定计算应缴纳的各种税费，包括所得税、城市维护建设税、房产税、城镇土地使用税、车船税、教育费附加等。代扣代缴的个人所得税，也通过本项目列示。税金不需要预计应交数的，如印花税，不在本项目列示。

（29）应付利息，反映银行按照合同约定应支付的利息，包括吸收存款，分期付息到期还本的长期借款、债券等应支付的利息。

（30）预计负债，反映银行确认的对外提供担保、未决诉讼、重组义务、亏损性合同等预计负债。

（31）已发行债务证券，是指借贷资本、股额、股份、入口或出口贸易汇票或存款证以外的所有可转让证券。

（32）递延所得税负债，反映银行确认的应纳税暂时性差异产生的所得税负债。

（33）其他负债，反映银行除上述负债以外的负债，主要包括递延收益、应付股利、其他应付款、长期应付款、外汇营运资金占款等。

（34）普通股股本，反映银行各投资者实际投入的资本（或股本）总额。

（35）其他权益工具，是指本行发行的除普通股以外的归类为权益工具的各种金融工具。

（36）资本公积和盈余公积，分别反映银行资本公积和从净利润中提取的盈余公积的期末余额。

（37）其他综合收益，反映银行未在当期损益中确认的各项利得和损失。

（38）一般风险准备，反映银行根据金融监管规定从净利润中提取的一般风险准备金额。

（39）未分配利润，反映银行尚未分配的利润。本项目根据“本年利润”和“利润分配”科目的余额计算填列。未弥补的亏损应在本项目内用“-”号表示。

三、利润表

利润表是反映银行在某一会计期间的经营成果的会计报表。在某一会计期间，符合确认条件的各项收入、费用、利润均应按照规定的计量方法及格式，在利润表中列示。

1.利润表的格式

利润表通过将本期的收入与相应的成本与费用配比来核算当期的经营成果，我国企业会计制度规定利润表的结构为多步式利润表，即将利润的计算分解为多个步骤，以反映收入与费用之间的内在联系，有利于分析银行的经营情况和预测未来的盈利能力。多步式利润表的编制分为三个步骤：（1）营业收入减去营业支出和税金及附加，得到营业利润；（2）用营业利润加上营业外收支净额，得到银行的利润或亏损总额；（3）利润总额减去所得税后得到净利润。某商业银行利润表各项目的内容和格式见表10-2。

表10-2 **某商业银行利润表**

编制单位： 2022年度 单位：百万元人民币

项目	2022年	2021年
一、营业收入	537 041	506 016
利息净收入	441 930	398 104
其中：利息收入	713 699	657 190
利息支出	（271 769）	（259 086）
手续费及佣金净收入	72 903	90 935
其中：手续费及佣金收入	85 257	100 819
手续费及佣金支出	（12 354）	（9 884）
加：投资收益	6 278	（2 060）
其中：对联营企业和合营企业的投资收益/（损失）	14	（9）
公允价值变动收益	（18 196）	7 137
汇兑收益	11 021	（98）
其他业务收入	23 105	11 998
二、营业支出	（301 683）	（281 421）
税金及附加	（4 953）	（11 449）
业务及管理费用	（177 010）	（175 013）
资产减值损失	（98 166）	（86 446）
其他业务成本	（21 554）	（8 513）

续表

项目	2022年	2021年
三、营业利润	235 358	224 595
加：营业外收入	5 871	4 103
减：营业外支出	（1 751）	（2 074）
四、利润总额	239 478	226 624
减：所得税费用	（46 345）	（42 564）
五、净利润	193 133	184 060
归属于母公司股东的净利润	192 962	183 941
少数股东损益	171	119
六、其他综合收益的税后净额		
归属于母公司股东的其他综合收益的税后净额		
以后将重分类进损益的其他综合收益		
其他债权投资公允价值变动	（23 268）	（18 851）
外币报表折算差额	（1 657）	1 788
其他综合收益税后净额	（25 512）	（17 380）
七、综合收益总额	167 621	166 680
归属于母公司股东的综合收益总额	168 037	166 878
归属于少数股东的综合收益总额	（416）	（198）
八、每股收益		
基本及稀释每股收益（人民币元）	0.58	0.55

法定代表人、董事长：　　　　　　　　　　财务管理部总经理：

2.利润表的编制

编制年度财务会计报告时，利润表“本年数”栏反映各项目的本期实际发生数，根据年末有关总账科目本期发生额填列；“上年数”栏应按上年决算利润表的实际数填列。如果上年度利润表与本年度利润表的项目名称和内容不一致，应对上年度报表项目的名称和数字按本年度的规定进行调整，以便于两栏的数字进行对比。

（1）营业收入，反映银行取得经营业务各种收入的总额，根据“利息净收入”、“手续费及佣金净收入”、“投资收益”、“公允价值变动收益”、“汇兑损益”和“其他业务收入”

等项目的金额合计填列。

（2）利息收入，反映银行取得的利息收入，包括发放的各类贷款、与其他金融机构之间发生资金往来业务、买入返售金融资产和债券投资等实现的利息收入等。应根据“利息收入”“金融企业往来收入”等科目期末结转利润科目的数额填列。

（3）利息支出，反映银行各项借款和吸收存款的利息支出，包括吸收的各种存款、与其他金融机构之间发生的资金往来业务、卖出回购金融资产和发行债券等产生的利息支出。根据“利息支出”“金融企业往来支出”等科目期末结转利润科目的数额填列。“利息收入”和“利息支出”的差额填入“利息净收入”项目。

（4）手续费及佣金净收入，反映银行结算业务、咨询业务、担保业务、代保管等代理业务以及办理受托贷款及投资业务等取得的手续费及佣金，根据“手续费收入”和“佣金收入”科目期末结转利润科目的数额填列。

（5）手续费及佣金支出，反映银行委托其他企业代办业务而支出的手续费、佣金等支出，根据“手续费支出”和“佣金支出”科目期末结转利润科目的数额填列。“手续费及佣金收入”和“手续费及佣金支出”项目的差额填入“手续费及佣金净收入”项目。

（6）投资收益，反映银行对外投资，按合同或协议规定分回的投资利润、股利收入、债券投资的债息收入等，根据“投资损益”科目期末结转利润科目的数额填列。

（7）公允价值变动收益，反映银行所持有交易性金融资产、交易性金融负债，以及采用公允价值模式计量的投资性房地产、衍生工具、套期保值业务等公允价值变动计入当期损益的利得或损失。以公允价值计量且其变动计入当期损益的金融资产和金融负债等公允价值变动形成的利得和损失也在本项目反映，根据“公允价值变动损益”科目余额填列。

（8）汇兑收益，反映银行进行外汇买卖或外币兑换等业务而发生的汇兑收益或损失，根据“汇兑损益”科目期末结转利润科目的数额填列。

（9）其他业务收入，反映银行的其他营业收入，如买入返售证券的差价收入、咨询服务收入、证券销售差价收入、证券发行差价收入等。本项目应根据各种类收入期末结转利润科目的数额填列。

（10）营业支出，反映银行各项与经营业务有关的支出费用的总和，根据“税金及附加”、“业务及管理费用”、“资产减值损失”和“其他业务成本”项目汇总计算填列。

（11）税金及附加，反映银行按规定缴纳应由经营收入负担的各种税金及附加费，包括城市维护建设税、教育费附加等，根据“税金及附加”科目期末结转利润科目的数额填列。

（12）业务及管理费用，反映银行在业务经营及管理工作中发生的各项费用，根据“销售费用”期末结转利润科目的数额填列。

（13）资产减值损失，反映银行按规定提取的计入损益的各项资产减值准备，不包括其他债权投资所提取的资产减值准备，根据“贷款减值损失”、“股权投资减值损失”和“债券资产减值损失”等相关科目的发生额分析填列。

（14）其他业务成本，反映银行确认的除上述费用支出以外的其他经营活动所发生的支出，如卖出回购证券的差价支出、存货性贵金属买卖支出、租赁支出等，根据“其他业务成本”期末结转利润科目的数额填列。

（15）营业利润，反映银行当期的经营利润，根据“营业利润=营业收入-营业支出”等式计算填列，如发生经营亏损也在本项目用“-”号表示。

（16）营业外收入，反映银行发生的与经营业务无直接关系的各项收入，包括处置固定资产、无形资产、抵债资产的利得，债务重组利得，接受捐赠利得，各种罚款收入等。

（17）营业外支出，反映银行发生的与经营业务无直接关系的各项支出，包括处置固定资产、无形资产、抵债资产的损失，债务重组损失，公益性捐赠支出，非常损失等。营业外收入和支出各明细项目，应在利润表的补充资料内详细列示。

（18）利润总额，反映银行当期实现的全部利润（或亏损）总额，金额等于营业利润加上营业外收入减去营业外支出。

（19）所得税费用，反映银行从当期利润总额中扣除的所得税费用，包括当期应交所得税和当期产生或转回的递延所得税，根据“所得税费用”科目填列。

（20）净利润，反映银行的税后利润，金额等于利润总额减去所得税费用。

（21）外币报表折算差额，反映银行境外分行报表折算时产生的差额。

（22）基本及稀释每股收益。基本每股收益，反映当期每股普通股的净收益，金额等于属于普通股股东的当期净利润除以发行在外普通股的加权平均数；稀释每股收益，反映在存在稀释性潜在普通股的情况下，以包含稀释性普通股产生的费用和收益的净利润，除以包含稀释性潜在普通股的加权平均数。

四、现金流量表

1.现金流量表的作用

现金流量表是反映银行在某一会计期间现金和现金等价物流入、流出的会计报表。由于利润表是建立在权责发生制基础上的，不能反映银行的现金流量状况，而现金流量表是严格建立在收付实现制基础上来反映现金和现金等价物的变动情况，可以为投资者预测银行未来现金流量提供必要的信息。现金流量表中的现金包括现金及现金等价物两部分。

编制现金流量表的目的是通过如实反映企业各项活动的现金流入、流出情况，从而有助于使用者评价企业的现金流、现金充足程度和资金周转情况等。

2.现金流量表的内容及格式

现金流量表要求按照不同的业务分别反映现金的流入、流出和净流量，一般分为经营业务、投资业务和筹资业务三大类来反映每一类业务的现金流量。

现金流量表要求用直接法来编制。直接法是通过现金收入和支出的主要类别反映来自银行经营活动的现金流量，以利润表中的营业收入为起算点，调整与经营活动有关项目的增减变动，然后计算出经营活动的现金流量。同时现金流量表的附表中用间接法来反映现金的变动，即以本期利润为起算点，调整不涉及现金的收入、费用、营业外收支以及有关项目的增减变动，据此计算出经营活动的现金流量。某商业银行现金流量表具体内容和格式见表10-3。

表10-3　　**某商业银行现金流量表**

编制单位：　　2022年度　　单位：百万元人民币

项目	2022年	2021年
一、经营活动产生的现金流量		
客户存款和银行同业存放款项净增加额	717 124	905 272
向中央银行借款净增加额	168 638	451 386
向其他金融机构拆入资金净增加额	21 052	—
存放中央银行和同业款项净减少额	114 349	—
收取利息、手续费及佣金的现金	614 271	559 687
收到其他与经营活动有关的现金	304 686	59 216
经营活动现金流入小计	1 940 120	1 975 561
向其他金融机构拆入资金净减少额	—	（194 626）
发放贷款和垫款净增加额	（985 177）	（914 251）
存放中央银行和同业款项净增加额	—	（119 413）
支付利息、手续费及佣金的现金	（274 722）	（248 382）
支付给职工以及为职工支付的现金	（81 478）	（80 504）
支付的各项税费	（67 803）	（82 674）
支付其他与经营活动有关的现金	（124 804）	（153 630）
经营活动现金流出小计	（1 533 984）	（1 793 480）
经营活动产生的现金流量净额	406 136	182 081
二、投资活动产生的现金流量		
收回投资收到的现金	2 063 262	2 137 555
取得投资收益收到的现金	121 552	123 780
处置子公司、联营企业及合营企业投资收到的现金	5 176	27 857
处置固定资产、无形资产和其他长期资产收到的现金净额	8 736	11 201
收到其他与投资活动有关的现金	3 640	—
投资活动现金流入小计	2 202 366	2 300 393
投资支付的现金	（2 657 496）	（2 509 672）
购建固定资产、无形资产和其他长期资产支付的现金	（46 011）	（34 247）
取得子公司、联营企业及合营企业投资支付的现金	（3 949）	（2 860）
投资活动现金流出小计	（2 707 456）	（2 546 779）
投资活动产生的现金流量净额	（505 090）	（246 386）

续表

项目	2022年	2021年
三、筹资活动产生的现金流量		
吸收投资收到的现金	2 152	7 733
其中：少数股东投入的现金	2 152	7 733
发行债券收到的现金	586 789	150 721
收到其他与筹资活动有关的现金	—	33
筹资活动现金流入小计	588 941	158 487
分配股利、利润或偿付利息支付的现金	（76 412）	（75 893）
其中：向本行股东分配股利支付的现金	（56 211）	（58 236）
子公司支付给少数股东的股利	（4 508）	（6 003）
偿还债务支付的现金	（446 896）	（83 560）
支付其他与筹资活动有关的现金	（49）	（747）
筹资活动现金流出小计	（523 357）	（160 200）
筹资活动产生的现金流量净额	65 584	（1 713）
四、汇率变动对现金及现金等价物的影响额	（27 125）	33 187
五、现金及现金等价物净增加额	（60 495）	（32 831）
加：年初现金及现金等价物余额	1 019 247	1 052 078
六、年末现金及现金等价物余额	958 752	1 019 247

法定代表人、董事长：　　　　　　　　　　财务管理部总经理：

3.现金流量表的编制

（1）经营活动产生的现金流量

经营活动是指商业银行除投资活动和筹资活动以外的所有交易和事项。在现金流量表中，经营活动的现金流量应当按照银行经营活动的特点分项列示。

①客户存款和银行同业存放款项净增加额，反映报告期内吸收单位、个人等客户的各类存款，以及境内外金融机构存款所形成的现金流入，以吸收和支付款项的净额列示。

②向中央银行借款净增加额，反映银行本期向中央银行借入款项所形成的现金流入，以借入和偿还的净额列示。

③向其他金融机构拆入资金净增加额，反映银行向境内外金融机构拆入款项所取得现金减去拆借给境内外金融机构款项而支付的现金后的增加额。

④存放中央银行和同业款项净减少额，反映存放在中央银行、其他金融机构的，除现金及现金等价物之外的款项的减少引起的现金流入，以存放和支取的净额列示。

⑤收取利息、手续费及佣金的现金，反映银行发放各类贷款、债券投资、经营各类中间业务，以及同其他金融机构之间的往来所形成的现金收入。

⑥收到其他与经营活动有关的现金，主要包括卖出回购资产、衍生工具买卖、委托代

理业务、租赁业务等经营活动形成的现金流入。

以上各项合计列入“经营活动现金流入小计”项目。

⑦向其他金融机构拆入资金净减少额，反映银行向境内外金融机构拆入款项所取得现金减去拆借给境内外金融机构款项而支付的现金后的减少额。

⑧发放贷款和垫款净增加额，反映各种客户贷款、代垫各类款项所形成的现金流出，以贷款、垫款及其偿还净额列示。

⑨存放中央银行和同业款项净增加额，反映存放在中央银行、其他金融机构的，除现金及现金等价物之外的款项的增加引起的现金流出，以存放和支取的净额列示。

⑩支付利息、手续费及佣金的现金，反映吸收各类款项利息支出、接受中间业务服务，以及与其他金融机构的资金往来利息支出所形成的现金流出。

⑪支付给职工以及为职工支付的现金，反映银行为职工支付的工资和各项福利费用形成的现金流出。

⑫支付的各项税费，反映银行按照规定支付的城市维护建设税、教育费附加、所得税等形成的现金流出。

⑬支付其他与经营活动有关的现金，反映除上述项目外其他与经营活动有关的现金流出。

以上各项合计列入“经营活动现金流出小计”项目。

（2）投资活动产生的现金流量

①收回投资收到的现金，反映银行出售、转让或者到期收回投资性房地产，子公司、联营公司和合营公司股权所取得的现金，扣减支付的相关费用后形成的现金流入。

②取得投资收益收到的现金，反映长期股权投资、债权性投资收益取得的现金流入。

③处置子公司、联营企业及合营企业投资收到的现金，反映企业处置子公司、联营企业及合营企业投资所取得的现金减去相关处置费用以及子公司及其他营业单位持有的现金和现金等价物后的净额。

④处置固定资产、无形资产和其他长期资产收到的现金净额，反映处置固定资产、无形资产和其他长期资产取得的现金，减去为处置这些资产所支付的有关费用后形成的现金流入。

⑤收到其他与投资活动有关的现金，反映除收回投资、出售固定资产、无形资产等长期资产以外的投资活动所形成的现金流入。

⑥投资支付的现金，反映为获取子公司、联营公司和合营公司等长期股权投资所形成的现金流出。

⑦购建固定资产、无形资产和其他长期资产支付的现金，反映银行购买、建造固定资产，取得无形资产和其他长期资产而支付的现金及税款。

⑧取得子公司、联营企业及合营企业投资支付的现金，根据银行本期长期股权投资的借方发生额分析填列（只反映为取得长期股权投资而实际支付的货币资金的部分）。

（3）筹资活动产生的现金流量

①吸收投资收到的现金，反映银行因发行股票方式筹集资金实际收到的款项净额，其中发行过程中有银行直接支付的审计费用、咨询费等直接费用在收到的款项中扣除。

②发行债券收到的现金，反映银行因发行债券方式筹集资金实际收到的款项净额，其

中发行过程中由银行直接支付的审计费用、咨询费等直接费用在收到的款项中扣除。

③分配股利、利润或偿付利息支付的现金，反映分配给其他投资单位的利润（或股利），以及支付的债权利息、融资租赁利息等形成的现金流出。

④偿还债务支付的现金，反映银行偿还其所发行的债券所形成的现金流出。

五、所有者权益变动表

1.所有者权益变动表概述

所有者权益变动表是反映构成银行所有者权益各组成部分在某一会计期间增减变动情况的会计报表。它包括会计政策变更和前期会计差错更正对期初余额的影响，当期损益对所有者权益的影响，直接计入权益的利得和损失对所有者权益的影响，所有者当期投入和减少资本的影响，以及利润分配对所有者权益的影响，同时反映所有者权益内部结构的变化。

新准则下的会计报告体系取消了利润分配表，取而代之的是所有者权益变动表。利润分配表反映以前期间未分配利润及当期利润的分配情况，而所有者权益变动表不仅包括利润分配的信息，还包括所有者权益其他各组成部分的增减变动情况，是对旧制度体系下利润分配表的完善和补充。所有者权益变动表能够更全面地反映包括未分配利润在内的全部所有者权益项目的变化，能够更好地连接资产负债表与利润表。

2.所有者权益变动表的格式

所有者权益变动表采用矩阵式的结构。一方面，列示导致所有者权益变动的交易或事项，如当年获得净利润、其他债权投资公允价值变动、增资等；另一方面，按照所有者权益各组成部分（包括实收资本、资本公积、盈余公积、未分配利润和库存股等）及其总额列示各种交易事项对所有者权益的影响。某商业银行所有者权益变动表的格式见表10-4。

表10-4 **某商业银行所有者权益变动表**

编制单位： 2022年度 单位：万元人民币

项目	股本	资本公积	盈余公积	一般风险准备	未分配利润	外币报表折算差额	合计
一、2021年年末余额	253 839	69 668	14 348	22 025	32 004	（1 042）	390 842
加：会计政策变更							
前期差错更正							
二、2022年1月1日余额	253 839	69 668	14 348	22 025	32 004	（1 042）	390 842
三、本期增减变动金额	—	13 936	7 732	15 814	28 252	-539	65 195
（一）净利润	—	—	—	—	77 182	—	77 182
（二）直接计入所有者权益的利得和损失	—	13 936	—	—	—	—	13 936
1.其他债权投资公允价值变动净额	—	17 569	—	—	—	—	17 569

续表

项目	股本	资本公积	盈余公积	一般风险准备	未分配利润	外币报表折算差额	合计
(1) 计入所有者权益的金额	—	3 705	—	—	—	—	3 705
(2) 转入当期损益的金额	—	13 864	—	—	—	—	13 864
2.现金流量套期工具公允价值变动净额							
3.权益法下被投资单位其他所有者权益变动的影响							
4.与计入所有者权益项目相关的所得税影响	—	(3 695)	—	—	—	—	(3 695)
5.其他	—	62	—	—	—	—	62
上述(一)和(二)小计	—	13 936	—	—	77 182	—	91 118
(三)所有者投入和减少资本							
1.所有者投入资本							
2.股份支付计入所有者权益的金额							
(四)利润分配	—	—	7 732	15 814	(48 930)	—	(25 384)
1.提取盈余公积			7 732	—	(7 732)	—	—
2.提取一般风险准备				15 814	(15 814)	—	—
3.股利分配	—	—	—	—	(25 384)	—	(25 384)
(五)所有者权益内部结转							
1.资本公积转增资本(或股本)							
2.盈余公积转增资本(或股本)							
3.盈余公积弥补亏损							
4.一般风险准备弥补亏损							
(六)外币报表折算差额	—	—	—	—	—	-539	-539
四、2022年12月31日余额	253 839	83 604	22 080	37 839	60 256	(1 581)	456 037

法定代表人、董事长： 财务管理部总经理：

3.所有者权益变动表的编制

(1) 上年年末余额，反映银行上年资产负债表中股本(实收资本)、资本公积、盈余公积、未分配利润的年末余额。

会计政策变更和前期差错更正两行，分别反映企业采用追溯调整法处理的会计政策变更的累积影响金额和采用追溯重述法处理的会计差错更正的累积影响金额。为了反映会计政策变更和会计差错更正的影响，银行应当在上期期末所有者权益余额的基础上进行调整得到本期期初的所有者权益，根据“盈余公积”、“利润分配”和“以前年度损益调整”等科目的发生额分析填列。

（2）本年年初余额，反映本年年初实收资本（或股本）、资本公积、盈余公积、未分配利润的金额。

（3）本期增减变动金额：

①净利润，反映当年实现的净利润（或净亏损）金额，对应“未分配利润”列。

②直接计入所有者权益的利得和损失，反映当年直接计入所有者权益的利得和损失金额。其中：

其他债权投资公允价值变动净额，反映持有的其他债权投资当年公允价值变动的金额，并对应列在“资本公积”栏，对应“可供出售债券公允价值变动储备”列。

现金流量套期工具公允价值变动净额，反映现金流量套期工具利得或损失中属于有效套期的部分，对应“资本公积”列。

权益法下被投资单位其他所有者权益变动的影响，反映按照权益法核算的长期股权投资，在被投资单位除实现净利润以外其他所有者权益变动中应该享有的份额，对应“资本公积”列。

与计入所有者权益项目相关的所得税影响，反映按照资产负债表债务法核算所得税时，按规定应计入所有者权益项目的当年所得税影响金额，对应“资本公积”列。

③所有者投入和减少资本，反映当年所有者投入的资本和减少的资本。其中：

所有者投入资本，反映接受投资者投入形成的实收资本（或股本）和资本溢价或股本溢价，对应“实收资本”和“资本公积”列。

股份支付计入所有者权益的金额，反映处于等待期中的权益结算的股份支付当年计入资本公积的金额，对应“资本公积”列。

④利润分配，反映当年对所有者（或股东）分配的利润（或股利）金额和按规定提取的盈余公积金额，对应“未分配利润”和“盈余公积”列。其中：

提取盈余公积，反映按照规定提取的盈余公积。

提取一般风险准备，反映按照规定从当年利润中提取的一般风险准备。

股利分配，反映对所有者（或股东）分配的利润（或股利）的金额。

⑤所有者权益内部结转，反映不影响当年所有者权益总额的所有者权益各组成部分之间当年的增减变动，包括资本公积转增资本（或股本）、盈余公积转增资本（或股本）、盈余公积弥补亏损、一般风险准备弥补亏损等的金额。

六、会计报表附注

1.会计报表附注的作用

会计报表附注是对资产负债表、利润表、现金流量表和所有者权益变动表的报表项目的文字描述或明细资料，以及对未能在这些报表中列示项目的说明等。会计报表中的数字是经过分类与汇总后的结果，是对企业发生的经济业务的高度简化和浓缩的数字，如果没有形成这些数字所使用的会计政策、理解这些数字所必需的披露，会计报告就不能充分发挥效用。因此，会计报表附注与会计报表具有同等的重要性，是财务报告的重要组成部分。

2.会计报表附注的内容

新会计准则对报表附注的内容及格式都做了详细规范，报表附注主要包括以下内容：

（1）财务报表的编制基础。这包括：会计报表不符合会计核算基本前提的事项；应说明纳入合并范围的子公司的名称、业务性质、注册地、注册资本、实际投资额、所持有的权益性资本的比例及合并期间等。

（2）遵循企业会计准则的声明。遵循不同会计准则编制的会计报告在报表内容和格式方面都存在较大差异，直接影响报告使用者对会计信息的理解和运用。因此，报表附注中应当声明编制的财务报表符合企业会计准则的要求，真实、完整地反映了企业的财务状况、经营成果和现金流量等有关信息。

（3）重要会计政策的说明。这包括会计报表各项目的确认、计量基础和会计政策的确定依据等。企业经济业务复杂多样，新准则允许企业根据自身生产经营的情况对某些经济业务会计处理方法进行选择，也就是说对于相同的业务或事项，不同的企业可能采用不同的会计政策，从而编制出不同的会计报表。因此，为了有助于报表使用者了解报表信息的生成方法，需要对这些会计政策加以披露。

（4）重要会计估计的说明。会计估计是指企业对结果不确定的交易或事项以最近可利用的信息为基础所做的判断。由于会计估计中需要对客观情况做一定的假设，并且只能依据最近可利用的有限信息，当可利用的信息改变或增加时，以此为依据做出的判断很可能进行调整。因此，披露重要估计事项，有助于提高财务报表的可理解性，使报表使用者了解信息可能存在的不确定性。

（5）会计政策和会计估计变更以及重大会计差错更正的说明。当会计政策、会计估计在本期发生变更，或者本期存在重大前期差错更正时，需要对相关信息进行披露。

（6）对已在资产负债表、利润表、现金流量表和所有者权益变动表中列示的重要项目的进一步说明。在新准则下，会计报表高度抽象概括了企业的财务状况、经营成果，为了便于报告使用者的理解，报表附注需要对报表中的重要项目做进一步的解释说明。一般以文字和数字描述相结合的形式，并尽可能以列表形式披露项目的构成、当期增减变动情况。

（7）或有和承诺事项、资产负债表日后非调整事项、关联方关系及其交易等需要说明的事项。这些信息由于无法在会计报表中反映，会对报告使用者理解和运用会计报表产生影响，根据谨慎性和充分披露的原则，需要在报表附注中披露这类信息的性质及影响。

（8）各类风险和风险管理情况。这包括信用风险、流动性风险、市场风险、其他风险等风险情况及风险管理方法。

（9）其他需要在报表附注中披露的信息。

【本章小结】

本章主要讲授商业银行年度决算的含义和意义，年度决算的基本要求和程序，年度决算的准备工作、基本内容和会计报告的编制。

年度决算是指在每个会计年度终了，对银行全年的会计核算资料进行归纳、整理、核实，办理结账，结转损益，编制年度财务报告，集中反映全行年度业务活动和财务状况的一项综合性工作。

年度决算的意义包括：有利于提高银行会计工作的质量；有利于促进银行经营管理水平的提高；有利于加强宏观经济调控。

年度决算工作遵循的原则有：坚持统一领导、各部门紧密配合；坚持会计资料的真实、准确和可靠；坚持会计报告的完整性、统一性和及时性。

年度决算的准备工作包括：清理资金、清点财产物资、核对和调整账务、核实损益和试算平衡。

年度决算的基本内容包括：年度决算日的工作、办理新旧账目的结转、编制年度财务会计报告。

财务会计报告是企业对外提供的反映企业某一特定日期的财务状况和某一会计期间的经营成果、现金流量等会计信息的文件，包括会计报告和其他应在财务报告中披露的相关信息和资料两部分内容。

【复习思考题】

一、单项选择题

1.银行按税后利润的一定比例提取、专门用于职工福利设施建设的是指（　　）。

A.资本公积　　B.实收资本

C.法定盈余公积　　D.任意盈余公积

2.资产负债表是根据（　　）填制的。

A.账户的发生额　　B.账户的发生额和余额

C.账户的期末余额　　D.账户的期初余额

3.在银行会计科目表中，“存放中央银行款项”属于（　　）性质科目。

A.资产类　　B.负债类

C.资产负债共同类　　D.损益类

4.下列不属于银行流动负债的是（　　）。

A.向中央银行借款　　B.同业拆入

C.系统内存放款项　　D.发行的两年期银行债券

5.属于银行内部产生的、无限期的、不可辨认的且不可转让的无形资产是指（　　）。

A.专营权　　B.土地使用权

C.商誉　　D.商标权

6.年末，银行会计应将全年实现的净利润或亏损总额从“本年利润”账户转入（　　）。

A.“盈余公积”账户

B.“利润分配——未分配利润”账户

C.“实收资本”账户

D.“营业收入”账户

7.不包括在资产负债表中“应交税费”项目里的是（　　）。

A.所得税　B.房产税

C.印花税　D.城镇土地使用税

8.在下列项目中，属于经营活动产生的现金流入的是（　　）。

A.存放中央银行和同业款项

B.向中央银行借款

C.处置固定资产和无形资产取得的现金

D.发行银行债券取得的现金

9.在银行资产负债表中“应解汇款”属于（　　）。

A.流动资产　B.长期资产　C.流动负债　D.长期负债

10.（　　）是商业银行的对内报表。

A.资产负债表　B.日记表　C.利润分配表　D.现金流量表

11.现金流量表中不包括的项目是（　　）。

A.借入现金　B.利息收入

C.盈余公积转增资本　D.处置无形资产收到的现金

12.（　　）是银行资产安全性分析指标。

A.资本充足率　B.可用头寸

C.资本公积　D.盈利资产率

二、判断题

1.金融机构往来是指商业银行与中央银行之间的资金财务往来。（　　）

2.中期会计报告是指在年度中期结束后60天内提供的会计报告。（　　）

3.资产负债表是反映会计主体在某一特定日期的资产、负债和所有者权益的财务报表，是反映会计主体业务状况和财务成果的会计报表。（　　）

4.资产负债表的格式按照报表项目的排列方式不同可以分为报告式与账户式两种。（　　）

5.目前上市银行采用的都是账户式资产负债表。（　　）

6.现金流量表是反映银行在某一会计期间现金流入、流出的会计报表。（　　）

7.现金流量表要求按照不同的业务分别反映现金的流入、流出和净流量。（　　）

8.所有者权益变动表采用账户式的结构。（　　）

主要参考文献

[1] 中华人民共和国财政部. 企业会计准则——应用指南 [M]. 上海：立信会计出版社，2022.

[2] 周江银. 银行会计 [M]. 北京：中国人民大学出版社，2021.

[3] 贺瑛，钱红华. 银行会计 [M]. 5版. 上海：复旦大学出版社，2021.

[4] 温红梅. 银行会计 [M]. 5版. 大连：东北财经大学出版社，2021.

[5] 刘东辉. 银行会计学 [M]. 2版. 北京：高等教育出版社，2020.

[6] 吴胜. 商业银行会计 [M]. 3版. 北京：高等教育出版社，2020.

[7] 康国彬. 商业银行会计学 [M]. 3版. 北京：高等教育出版社，2019.

[8] 志学红. 银行会计 [M]. 4版. 北京：中国人民大学出版社，2019.

[9] 汪运栋，孙速超，李莹. 银行会计 [M]. 北京：清华大学出版社，2018.

[10] 戴桂荣，廖艳琳，朱庆仙. 银行会计业务 [M]. 2版. 北京：高等教育出版社，2018.

[11] 关新红，李晓梅. 金融企业会计 [M]. 3版. 北京：中国人民大学出版社，2018.

[12] 刘银玲.商业银行会计学 [M]. 成都：西南交通大学出版社，2018.

[13] 孟艳琼.金融企业会计 [M]. 2版. 北京：中国人民大学出版社，2016.

[14] 岳龙. 银行会计 [M]. 3版. 北京：高等教育出版社，2015.

[15] 中国人民银行支付结算司. 中国支付结算制度汇编 [M]. 北京：中国长安出版社，2009.